· 教育家成长丛书 ·

姚嗣芳
与主体学堂

YAOSIFANG YU ZHUTI XUETANG

中国教育报刊社·人民教育家研究院 组编

姚嗣芳 著

北京师范大学出版集团
BEIJING NORMAL UNIVERSITY PUBLISHING GROUP
北京师范大学出版社

图书在版编目（CIP）数据

姚嗣芳与主体学堂／中国教育报刊社人民教育家研究院组编；
姚嗣芳著. —北京：北京师范大学出版社，2020.1
（教育家成长丛书）
ISBN 978-7-303-25060-8

Ⅰ.①姚…　Ⅱ.①中…②姚…　Ⅲ.①语文课－课堂教学－
教学研究－中小学　Ⅳ.①G633.302

中国版本图书馆 CIP 数据核字（2019）第 182970 号

营 销 中 心 电 话　010-57654738　57654736
北师大出版社职业教育与教师教育分社　http://zhijiao.bnup.com

出版发行：北京师范大学出版社　www.bnup.com
　　　　　北京市西城区新街口外大街 12-3 号
　　　　　邮政编码：100088
印　　刷：北京玺诚印务有限公司
经　　销：全国新华书店
开　　本：787 mm×1092 mm　1/16
印　　张：21.5
字　　数：350 千字
版　　次：2020 年 1 月第 1 版
印　　次：2020 年 1 月第 1 次印刷
定　　价：55.00 元

策划编辑：倪　花　伊师孟　　　责任编辑：肖　寒
美术编辑：焦　丽　　　　　　　装帧设计：焦　丽
责任校对：包冀萌　　　　　　　责任印制：陈　涛

教育家成长丛书

编委会名单

总　序

　　教育是国家发展的基石，教师是基石的奠基者。古人云："国将兴，必贵师而重傅。"兴国必先强教，强教必先重师。党中央、国务院高度重视教师队伍建设。2013年教师节，习近平总书记在给全国广大教师的慰问信中指出："百年大计，教育为本。教师是立教之本、兴教之源，承担着让每个孩子健康成长、办好人民满意教育的重任。"2014年，在第30个教师节前夕，习总书记到北京师范大学视察并发表重要讲话，指出："一个人遇到好老师是人生的幸运，一个学校拥有好老师是学校的光荣，一个民族源源不断涌现出一批又一批好老师则是民族的希望。"《国家中长期教育改革和发展规划纲要（2010—2020年）》也明确提出，"有好的教师，才有好的教育"，要"努力造就一支师德高尚、业务精湛、结构合理、充满活力的高素质专业化教师队伍"。"倡导教育家办学"，要创造有利条件，鼓励教师和校长在实践中大胆探索，创新教育思想、教育模式和教育方法，形成教学特色和办学风格，造就一批教育家。"两个一百年"奋斗目标的实现、中华民族伟大复兴中国梦的实现，归根结底要靠人才、靠教育，而支撑起教育光荣梦想的，是千百万的教师。

　　时代呼唤好老师。有一流的教师，才有一流的教育；有一流的教育，才有一流的国家。出名师、育英才、成伟业，是时代赋予我们教育战线的神圣使命。"所谓大学者，非谓有大楼之谓也，有大师之谓也。"好学校、好教育的最重要标准，就是要有好老师。一所学校、一个地区，乃至一个国家，如果教师有理想、有爱心、有学识、有高超的教育艺术，那么即使硬件设施有些简陋，家长、学生也会心向往之。教师是中国梦的奠基者。教师的重要使命，就是为每个孩子播种梦想、点燃梦想，并帮助他们实现梦想。每一间平凡的教室，每一节朴实的课，都不仅是知识的传递，而且是人类文明精神的接续、人生梦想的起航。正是有亿万个孩子梦想的放飞、绽放，中国梦才更加光彩夺目。如果说中国梦最坚实的土壤是学校，那么教师就是最伟大的"筑梦师"，他们用默默无闻、孜孜不倦的智慧劳动，让每一颗年轻的心灵都与中国梦激情相拥。

倡导教育家办学，造就一批好老师，首先要尊重、珍惜我们的本土智慧、本土创造。教育家不是凭空产生的，而是扎根于自己的民族文化土壤，同时吸收人类文明成果，从而创造出独特而生动的教育实践、教育智慧和教育文明。五千年源远流长的中华文明，不但形成了有我们民族特色的教育理论体系，而且涌现出了千千万万优秀的教育家，有被推崇为"大成至圣先师""万世师表"的孔子，有"匹夫而为百世师，一言而为天下法"的韩愈，有"捧着一颗心来，不带半根草去"的人民教育家陶行知，等等。改革开放 40 年来，随着教育改革的不断深入，教育战线涌现出了一大批杰出教师。他们痴情于教育事业，坚守理想信念和教育良知，在三尺讲台上默默耕耘、刻苦钻研，同时以敢为天下先的精神大胆创新，不断进取、不断超越，形成了各具特色的教育思想和教学风格。正是他们的成功探索和实践，创造了具有中国风格的教育经验，丰富了具有中国特色的教育理论宝库。原由教育部师范教育司组织编写，现由中国教育报刊社人民教育家研究院组织编写的"教育家成长丛书"，就是要向这些宝贵的本土创造性的教育经验致敬。

当前，教育领域综合改革正在深入推进，考试招生制度改革的大幕已经拉开，立德树人、培育和践行社会主义核心价值观成为大中小学教育的头等任务。可以预见，中国教育将发生深刻的变革，将从"中国制造"向"中国创造"转变。"没有革命的理论，就没有革命的运动。"没有适合中国土壤、具有中国智慧的教育理论，就不可能为未来的中国教育改革提供有效的指导。我们的教育要向"中国创造"飞跃，

3

必然要首先创造属于我们自己的教育理论，而不是"言必称希腊"或者老是贩卖欧美的教育理论。170 多年前，美国思想家、诗人爱默生发表了著名演说《美国学者》，号召美国知识界："我们依赖旁人的日子，我们师从他国的长期学徒期时代即将结束。在我们周围，有成百上千万的青年正在走向生活，他们不能老是依赖外国学识的残余来获得营养。"由此，美国迈入精神立国阶段。

如今，我们也面临与爱默生同样的情形。随着我国 GDP 已从世界第二向第一迈进，我们的经济崛起已成为事实，但在道德文明、文化精神等方面，我们还需奋起直追。没有文明的崛起，经济崛起就难以持续。当务之急，是我们需要化解内心深处的文化自卑情结，摆脱对他国文明的精神依附，自觉养成强烈的"中国意识"，独立的中国文化品格，并由此去俯视世界，去改造本土实践，去创造属于我们自己的精神养料——这在教育界显得尤为紧迫。"教育家成长丛书"，旨在把我们本土教育实践中蕴含的中国智慧提炼出来，从而形成具有时代意义的中国特色的教育话语体系，再以此去观照、引领、改造中国的教育实践，为伟大的教育改革提供经验、理论支持，也为未来的教育家提供丰富、可资借鉴的精神养料。

让我们为中国教育的伟大未来一起努力吧！

2018 年 3 月 9 日

前　言

　　见证着中国基础教育半个世纪的春华秋实，代表着中国基础教育教学成果的最高成就——"首届基础教育国家级教学成果奖"，闪耀着李吉林、窦桂梅、吴正宪、张思明、洪宗礼、唐江澎、邱学华、于永正、孙双金、薄俊生、龚春燕等一大批优秀教师的名字。而上述这些教师杰出代表恰恰都是《人民教育》"名师人生"栏目中最受读者喜爱的名师，都是"教育家成长丛书"的作者。

　　"教育家成长丛书"（以下简称"丛书"），是在第20个教师节前夕，为了研究、总结、宣传和推广我国众多优秀中小学教师的先进教育思想和鲜活的宝贵的教育教学经验，培养造就一大批德才兼备的优秀教师和杰出的教育家，促进教师队伍整体素质的提高，根据教育部党组安排，由师范教育司组织编写的一套凝聚着一大批教育家成长智慧的大型教育丛书。

　　"丛书"自2006年问世以来，不但得到国务院和教育部领导同志的高度重视，而且先后印刷多次尚不能满足广大读者的需求。这其中的奥秘何在？

　　当你翻开"丛书"，每一部著作都讲述着一位教育家成长的故事。这些著作主要从"成长历程""思想概述""课堂实录"和"社会反响"等方面全景式反映其教育思想、教育智慧、专业精神和专业人格的形成过程与教学实践过程。这是教育家成长的基本素质所在。

　　当你沿着教育家成长的足迹走近他们的时候，你会融入这些带有"草根色彩",扎根中华教育实践大地,充满田野芳香的真实感人的教育故事中。

当你从"丛书"中,从这些当年和自己一样的普通教师,成长为今天受人尊敬的教育家的成长过程中受到启迪,当你触摸着自己的心,把学生的成长和祖国的未来紧紧连在一起的时候,你会真切地感受到教育家离我们并不遥远。

当你用整个身心蘸着自己的生活积累去品味"丛书"中的每一部著作的"成长历程"时,在一位位名师不断学习、不断超越自我、不断超越学科教学的求索足迹中,你会读懂"教育是事业,其意义在于奉献"的丰富内涵。

当你研读"丛书"中的每一部著作的"思想概述",和每一位名师展开心灵对话的时候,都会深深地感受到,一名教师对教育独立的理解与执着的追求有多么重要。从一名普通的教师成长为受人尊敬的教育家的过程中,你会读懂"教育是科学,其价值在于求真"的深刻含义。透过"丛书",你会看到一代代教师用爱与智慧塑造民族未来的教育理想。

随着我们从"知识核心时代"走向"核心素养时代",教师教育教学活动的视野已拓展到人的生存与发展的方方面面。教师要结合自己的教学实践去感悟"教育理念是指导教育行为的思想观念和精神追求",应该把爱化为自己的教育行为,让爱充盈课堂,触摸到一个个灵动的生命,让爱产生智慧,让爱与智慧在学生心中留下岁月抹不去的美好回忆,让教育者和受教育者都感受到教育的幸福。这是"丛书"给我们的启示,也是每位教师应有的胸怀和视野。

时代呼唤教育家。为了进一步把我们本土教育实践中蕴含的中国智慧提炼出来,从而形成具有时代意义的中国特色的教育话语体系,以此去观照、引领、创新中国的教育实践并在更大范围加以推广,"丛书"将由中国教育报刊社人民教育家研究院继续组织编写,希望能够在更广大教师的心田中播种教育家成长的智慧,从而出更多的名师,育更多的英才,成就中华民族复兴的伟业。这是时代赋予广大教育工作者的神圣使命。如果广大教师能在每位教育家成长、探索教育智慧的过程中受到启迪,形成自己的教育智慧,则实现了我们编辑这套"丛书"的初衷。

"教育家成长丛书"
编委会
2018 年 3 月

目 录
CONTENTS

姚嗣芳与主体学堂

聆听回声
——我的社会影响

每一次发现，都是新感觉
——我的成长之路

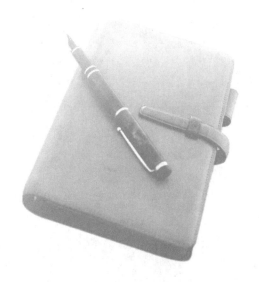

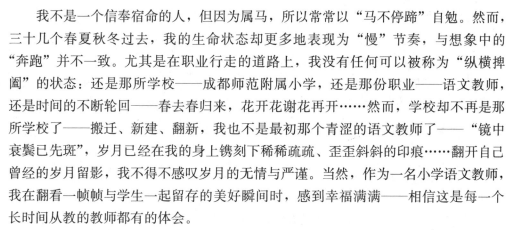

　　我不是一个信奉宿命的人，但因为属马，所以常常以"马不停蹄"自勉。然而，三十几个春夏秋冬过去，我的生命状态却更多地表现为"慢"节奏，与想象中的"奔跑"并不一致。尤其是在职业行走的道路上，我没有任何可以被称为"纵横捭阖"的状态：还是那所学校——成都师范附属小学，还是那份职业——语文教师，还是时间的不断轮回——春去春归来，花开花谢花再开……然而，学校却不再是那所学校了——搬迁、新建、翻新，我也不是最初那个青涩的语文教师了——"镜中衰鬓已先斑"，岁月已经在我的身上镌刻下稀稀疏疏、歪歪斜斜的印痕……翻开自己曾经的岁月留影，我不得不感叹岁月的无情与严谨。当然，作为一名小学语文教师，我在翻看一帧帧与学生一起留存的美好瞬间时，感到幸福满满——相信这是每一个长时间从教的教师都有的体会。

　　假如，我们要把自己的人生分段，那么，职场人生会是最具生动情节的，也是最让人感慨和回味的。于我，执教的这段人生，更是自己不断发现的历程。

一、从来就没有广阔天空可供无所事事

时间和空间，共同组成人生。

然而，我们在发现时间存在的时候，常常忘记了空间。

只有时空同时存在，人生才真实存在。

（一）当你相信了别人说你"适合干什么"，说不定就真的能干什么

　　我出生于成都，一个被称为天府之国的地方。

　　我读书的时候是"乖乖女"，个头小，成绩好，经常领同学们早读，还多次在学校的各项活动中担任主持人。有不少老师都说我适合当老师，我自己也在不知不觉间加入了教师的行列。

　　我的母亲曾经就读于我的母校——成都师范学校，后来因为身体的原因不得不退学，这成了她终身的遗憾。或许"母志"希望"女继"吧，在母亲长年累月的"女孩子当教师多好啊"的感叹中，15 岁的我考上了成都师范学校，成了一名中师生。

　　1985 年那个灿烂的夏天，在许多人眼里"是一个默默的、轻巧巧的小姑娘"的我，带着"全优生"的荣誉，走出了成都师范学校的大门，怀揣着理想，幻想着自己今后的人生，迈着轻巧的脚步，走向未来……

　　那时的成都师范学校在全省同级学校中是翘楚，有一大批专家型的教师，像教汉语的刘维翰老师、教数学的肖建模老师、教心理学的刘锦英老师、教教育学的李汉华老师等。他们的专业功底之深厚，至今也让我感叹。

　　当时我们是成都师范学校（以下简称"成师"）的第一批四年制中师生，学校对我们寄予厚望。在成师学习的四年，是单纯成长的四年。学校依靠简陋的设施，竭尽所能为我们营造自由的学习氛围，用扎实的基本功训练打磨每一个学生，无论是普通话、"三笔字"、简笔画，还是教育教学的理论知识、教育教学的组织协调能力，我们每个人都经过了长期严格的训练，直到我们具备了一个教师的基本功。

成都师范学校八一级三班毕业照（第一排右六系作者　摄于 1985 年）

　　在成师学习的四年，是我"师心"发育的四年。每一个职业人，如果对自己的职业有发自内心的热爱，那他一定会有最基本的职业道德，就像医生的"医者父母心"一样，我以为教师最基本的职业道德就是"安教"。"安"的是不与他人攀比生活优劣的清静，"安"的是面对孩子时发自内心的热爱，"安"的是培养国家栋梁的精神畅快……"安"于"心"，便不会浮于事，方能"乐"于"教"，成师给了我们最初

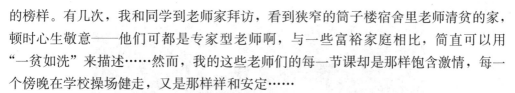

的榜样。有几次，我和同学到老师家拜访，看到狭窄的筒子楼宿舍里老师清贫的家，顿时心生敬意——他们可都是专家型老师啊，与一些富裕家庭相比，简直可以用"一贫如洗"来描述……然而，我的这些老师们的每一节课却是那样饱含激情，每一个傍晚在学校操场健走，又是那样祥和安定……

我们能感受到学校和老师着眼于每个学生未来的成长所付出的艰辛努力：学校给予了学生足够的发展空间，对于成长中的我们给予了足够的宽容；老师们尊重学生的个性和特点，因材施教，鼓励学生彰显自己的特长，关注学生的全面发展，教会我们要以系统的眼光思考教育，要从教育的规律出发看待孩子的成长。这一切不仅使我们有了最初的教育思想和教育悟性，更影响着我们后来对教育的理解……从师范学校那些老师的身上，我明白了不仅要做一个辛勤的耕耘者，而且要追求科学与艺术的统一，做一个拥有教育智慧和精湛教育艺术的人。成师生活的熏陶，成为了我飞翔的翅膀，为我后来的事业发展奠定了基石。

那时的我，在学校的学习与在初中学习时并无两样，虽然会把每一门、每一样功课完成得很好，但没有专业和特长的概念。记得有一次我在心理学课上发言，由于普通话流利标准，被刘锦英老师大加赞赏。课后，刘老师还亲切地鼓励我说："你的语感很好，以后肯定会成为一个好语文老师！"那时的我们，各门学科都要学，除了语文数学以外，还要学物理、化学、英语、地理、历史等，我也没有想过自己毕业后会当什么学科的老师，所以对刘老师的话并不在意。周末回到家，我把刘老师的话向母亲说起，母亲说："我也觉得你更适合当一名小学语文教师！"人有时候就是这样，当你相信了别人说你"适合干什么"，也许你就真的能够干什么。有些懵懂的我开始并没有想到要为当好一名语文教师做一些准备，只是开始喜欢读书了。于是，我常跑图书室。那时的学校图书室很简陋，但藏书很多。每天下午放学后，同学们就会排着长队，在图书室外的窗口借书还书。慢慢地，我成了学校图书室的常客。

现在想来，真的要感谢那些年在成师的阅读。那时我们读的多是文学经典，古今中外都读。尽管，后来我也一直在读书，但更多的是专业阅读。我常常想，一个人如果没有坚持阅读文化经典，就没有厚实的文化土壤，从业后的专业阅读，或许可以获得技术性提升——"匠"的娴熟，但不可能真正获得"道"的飞跃。

成师对我的影响是深远的——忠诚的感召、宁静的力量、责任的魅力。成都师

读中师时的姚嗣芳（中间系作者　摄于 1984 年）

撤并后，我曾经写过一篇文章《感念成师》。每个人，无论后来飞得多高，永远都有一个成长的起点，我以为，成师是我职业生涯的第一个起跑点。

于我，这个起跑点有三个内涵：一是安教，二是身正，三是示范。

（二）摸着石头过河或许是一种笨方法，但却是必须经历的过程

我毕业被分配到成都师范学校附属小学（以下简称"成师附小"）。这是一所有着百年历史的老牌名校，有成都市小学"五朵金花"之誉。尽管，我们在成师学习时按照学校的安排，经历过短时间的见习和实习，但见习说到底就是在一旁"见"，没有真正地"试水"；实习是在指导老师带领下备课和上课。指导老师都是实习班级的学科教师，一旦发现我们上课不到位，他们会及时补救。所以，实习于我们而言，只能算是"下了水"，但没有真正地"游泳"。

1985 年 7 月，到成师附小报到后，学校领导分配我担任数学老师。于是，整个假期里我一心为当一名数学老师认真准备着。可万万没有想到的是，临到开学前学校领导突然通知我改教二年级语文，并担任班主任。突然之间自己就成了一名小学语文教师，可我心里却没有底，不知道自己未来能不能胜任。回到家里，我跟父母说了自己工作安排的变动，他们一个劲儿地鼓励我，说成师附小是成都市的重点学校，学校里有那么多优秀的老师，好好跟他们学，我一定能行的。

或许是因为坚信自己能够成为好老师，我满怀信心地开始了自己的教师生涯。

刚开始上课时，我按照自己的理解，认真备课，课堂上我学着师范校老师的样子，努力讲解，可是学生们叽叽喳喳地说个不停，完全不给我这位新老师面子。我硬着头皮把教案"走"完，最后到巩固环节，抽学生认字，却只有少数学生能完成识字目标，我沮丧极了。

为什么会这样？我百思不得其解。

那时，我和许多年轻老师都住在学校的宿舍里。那天因为难受特别想倾诉就回到家，把困惑告诉了母亲。母亲很轻松地说："其实，教师和医生一样，越老越有经验。你才当老师，课上不好，是难免的。"

本来希望母亲能够给我解除困惑，母亲却没有给出任何方法，我有些懊恼。回到学校，有一段时间"课"成了我的梦魇，我连做梦都在想怎样上课才能让学生"懂"。很幸运，学校很快给我指派了指导老师——四川省特级教师刘世安老师。每天晚上，我和几个同事都在办公室或寝室里备课、学习、练基本功，心无旁骛。简陋的寝室没有凳子，我们就坐在箱子上，或趴在床上工作。我还给自己安排了一项特别的任务：把指导老师的指导落实在教案中。

我的教案写好后，就会拿给刘老师看。刘老师每次都会给我提出详细的修改建议，然后我再誊写到新的备课本上。就这样，我按照刘老师的修改建议，开始上课。作为省市的窗口学校，经常会有各种类型的研究课、接待课，凡是遇到这样的机会，我都会主动去听课。

那时，我们学校紧邻的龙王庙小学的叶乃涵老师是低段小语教学的名师。我自己教的低段，就特别想去听她的课。在学校领导的支持下，我每周都会抽时间到叶老师的课堂上去学习，然后把自己觉得很好的"招式"用到课堂上。

学来的"招式"虽然有些生硬，但这些"招式"一旦纯熟就可能形成技能型系统，使自己的课堂多一些精彩的元素。对于喜欢读金庸小说的我来讲，竟然悟出了一个道理："摸着石头过河"或许是一种笨方法，但一定是一种职业行走必须经历的过程。

那时候，学校领导非常重视对年轻老师的培养，常常进我的课堂听课，当然课后少不了提出很多意见。还记得我那时最怕教导处的雷泗贤主任来听课，面对她的严格要求，我曾几次哭鼻子。但正是得益于领导们的严格要求，得益于经常听课时的"偷师学艺"，我慢慢在"摸着石头过河"中找到一些门道。在我工作的第二年，

姚嗣芳在全国模范教师颁奖会场（左一系作者　摄于 2005 年）

学校领导和好几位学校里的名师听了我精心准备的一节课"麻雀"，我把自己学到的"招式"发挥得极其纯熟，课后领导们大加赞赏，认为我素质很好、很有潜力。就这样，在领导和老教师们的帮助下，我的工作越做越顺手，在各种研究课、接待课、赛课的磨炼中渐渐成长起来。我慢慢确信，自己"最适合当教师"了。也许正是坚信自己"最适合当教师"，2003 年我主动放弃了担任锦江区教育局副局长的机会，毫不犹豫地选择了继续留在学校当一名普通教师，一如既往地实现自己作为一名普通教师的人生价值。

（三）有时候我们抱怨被领导"逼"着做的工作，说不定是事业的腾飞点

那时的成师附小在校长刘文璧、教导主任雷泗贤的带领下，教研氛围很浓。几乎每一周每一科都有教研课。

与别的学校不一样的是，成师附小教研活动有一项硬性任务：每一年每位老师都要写一篇原创论文。论文不仅要在校内交流，而且要邀请省内专家对这些论文进行评点、打磨，优秀的论文会由学校推荐参加评选。

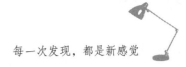

刚刚工作的我，根本不知道怎么写论文。不得不说，当时我的内心除了茫然之外，还有些抱怨。但是，抱怨是没有用的，只有"学"！

我的"学"的策略有三点。

一是重新研读初中学习过的论文写作知识，然后结合具体的课文，重温论文的写作方法，并把自己曾经写过的论文拿出来再练习，解决了论文"怎么写"的问题。

二是借阅历年来学校老师的论文。一个有趣的事实是：像刘校长、雷主任和特级教师傅先蓉这些优秀老师的论文我读不懂，而教龄不长的青年老师的论文，我反而觉得很贴近自己的想法。这些想法，打开了我实践中发现写体会的"视野"，解决了论文"写什么"的问题。

三是翻阅教育类杂志。那时学校为教师订了许多专业杂志，我在阅读这些杂志的过程中，发现了许多自己从来没有思考过的问题。这些在当时很新的问题，其实都与教育教学实践有关，这为写作论文解决了"创新"的问题。

通过以上阅读和训练，思考自己的工作，我艰难地寻找主题，慢慢找到了写论文的感觉。在我入职第二年，我写的论文就在区级研讨会上交流；入职第三年我写的关于课外阅读指导的论文就分别在省市区的研讨会上交流，并在教育杂志上发表。

我至今都有每年至少写一篇论文的习惯，这大概源于那时写论文的经历。这些论文，不仅反映了我每年的实践和思考，而且让我在既有的成绩前明白自己继续前行的方向。后来读到朱永新关于新教育教师专业成长的"专业阅读＋专业写作＋专业共同体"，我才发现，自己无意中被"逼"着走入了一条教师专业成长的道路。

现在想来，被学校"逼"写论文，实际上是被"逼"把平常的教研活动"串起来"，使自己在感受"招式"的同时，强迫自己解读"招式"背后的"要诀"。用通俗一点的话说，这个被"逼"写论文的经历，使自己的成长从实践的感性层面上升到理性层面，从而获得经验，实现飞跃。

（四）吸取前辈的经验，然后再往前走

很感谢命运，我的职业生涯几乎都是一路向前，很少有波折。

从1989年开始，我有幸跟着特级教师傅先蓉老师进行"语文情知教学"的研究。

那时的成师附小聚集了多位在省内外鼎鼎有名的语文教学大家——傅先蓉、刘世安、荣月辉等。傅先蓉老师当时是全国闻名的"情知教学"的掌门人。在跟随傅老师学习的过程中，我发现其实她早已经着眼于学生学习的深层研究了。

姚嗣芳与傅先蓉老师（右二）合影（右一系作者　摄于 1989 年）

作为成师附小的年轻人，我自然不能放过观摩她的课的机会。

一次刚刚观摩完傅老师研究课的我，在走廊上被傅老师叫住了，傅老师问我听课的感受，我说不出什么，只得把她课堂上的一个细节拿来敷衍。傅老师听后语重心长地说："小姚，看课除了看哪些方法用得好，更要多去看方法背后的观念，看出'道'来。"

傅老师这句话，让我受益终身，至今都让我心怀感恩。此后，我们几个年轻教师，经常都会在听课后缠住傅老师和其他老教师说刚听完的课。因为大多在走廊上进行，后来我们把这样的研修戏称为"走廊教研"。在这个"走廊教研"中，我吸收了好些优秀老师的"道"，它们滋养着我的语文教学生涯。

在我的教师生涯中，有一位不得不说的省内小语界奇人——成都市小语学会廖惠渝老师。

这是一名在知识馈乏年代，以自觉学习完成专家型教研员身份转型的典型人物。

在我的眼里，廖惠渝老师就是一个学习和思考的"巨人"。

因为有高中学历，廖老师在中华人民共和国成立之初作为少数有知识的人当上了教师；因为只有高中学历，他不断在教育活动和教研活动中，以自学完成学历学习和专业学习。可以说廖惠渝老师身上体现出来的精神，是一曲中国教育自强不息的颂歌。我曾经在他的家里，看到过他整理成册的学习、写作的手稿，以及按年度油印的教研活动方案、课评和论文。如今已经70多岁的廖老师依然在各种语文教学研究活动中引领着众多年轻老师前行。毫不夸张地说，廖老师指导过的教师优质课数以千计。

他对我的最初指导，是参研课题。我工作的第二年就有幸参与了廖老师指导的"小学生课外阅读指导研究"课题，后来又陆续参与了"注音识字，提前读写""小学生主体性研究"两个课题。

对于参加课题研究，我一开始完全是茫然的，是廖老师的学习研究精神感染着我。在他的耐心指导下，我渐渐掌握了一些课外阅读指导的方法。不光上研究课，写研究论文，还在各级研讨会中交流发言，课题自然顺利结题了。

廖惠渝老师指导我参与课题研究，使我受益匪浅，归纳起来有三点。

第一点是真正理性地思考语文教学。"小学生课外阅读指导研究"课题是教学理念的实践性探路，这使我能够把学生的语文学习分离成课内与课外两个维度，把学生的课堂学习与课外发展联系起来思考，拓展了对学生语文学习的视野；"小学生主体性研究"则主要针对问答式课堂教学中的知识取向明显、信息回馈单一、个体关注不够、设计痕迹明显的现象，进行课堂主体灵动性关注的教学实践性探索，使我开始关注课堂中的人，关注语文教育本身的"道"，这对我后来的"教学设计的落点在学生"产生了长远的影响，也为后来"主体学堂"的提出奠定了最初的理论基础。

第二点是严谨的治学精神和与时俱进的学习态度。一线教师的课题研究注重从实践中来，在实践中论证，所以注重资料的收集与研究、实践的信息整理与分析，是一线教师课题研究的基本策略。这为我以后凡事从实践中捕捉信息、展开思考、抓住要害、凝练点位提供了基本的科学思维方式。

第三点也是最重要的一点，就是职业境界的高度取决于自己学习和思考的态度。在廖惠渝老师身上，我感受最深的是：可能我还没有达到一定的认识高度，但只要不断地学习、思考，一定能够提高自己的职业境界。

最让我受益的是跟随傅先蓉老师进行的"情知结合教学模式"的课堂教学实践。

情知教学站在促使人的个性全面发展的高度来全面认识教学过程的本质，关注学生的精神生活，张扬学生的主体精神，在策略上保证了"情"与"知"的相互渗透、相互推动、和谐共进，使教学过程走向开放，走向交往互动，从而使其充满了魅力。

那时，学校里每周都有围绕情知教学进行的专题研讨活动，既有傅老师和学校骨干教师的示范课，又有专家们的讲座，有时我也承担部分研究课的任务。

情知教学的研究实践，让我真正踏上了教学个性化追求之路，领悟了教学的双主关系，明白了实践性研究的核心聚焦——学生的学，这为我后来在新课程改革的快速适应和探究，打下了坚实的理论基础。

人们习惯于把成功建立在"站在巨人的肩上"，因为这样可以让成功来得更容易；但更多的人常常抱怨，自己身边没有"巨人"。

我想说，其实每一个人都曾经与"巨人"有过交集，只是，太多的人与"巨人"擦肩而过。

可以说，在课程改革之前，我把身边每一个优秀的前辈当作"巨人"，因为我信奉托尔斯泰的名言——"正确的道路是这样：吸取你前辈所做的一切，然后再往前走"。

人在职场中，如果你不想无所事事，那么，你就必须选择最适合你的道路。因为，人生就是这样：从来就没有广阔天空可供无所事事。

（五）有一种旅行，也许会帮助我们找回"初心"，不迷失自我

"世界那么大，我想去看看"，这是旅行的初心。我们可以由此开始对大世界的触摸、感知和体会。

教师的职业生涯需要的旅行是支教，或许只有经历了支教，我们才会真正找回初心。

在我的教师生涯中，有两次支教经历记忆犹新。

一次是1990年跟随学校的领导和老教师们到广元市青川县青川镇支教。我们分乘的两辆车上，载满了全校学生捐献给青川县小伙伴的衣物和文具。

两辆车在前往青川的路上飞驰着，可是过了绵阳后不久，由于我们所乘的中巴车车况不好，一路修修停停，走错了方向，并在一个塌方处进退不得。那时我们没

姚嗣芳到四川省广元市青川县支教（第一排右二系作者　摄于1990年）

有传呼机，更没有手机，也找不到任何座机，我们无法与前面一辆车的老师取得联系。当时我们车上除司机外，还有雷泗贤主任、张显碧老师，以及我和另外三位年轻老师，都是清一色的女老师。从当天中午一直到第三天早上，我们与前面的车失去联系整整三十六小时！那时，我们做梦也没有想到居然会在那个前不着村、后不着店的山坳里滞留几十小时！公路四周树木茂密，望不到一户人家，一路上没有看到一家杂货铺，连厕所也要走好远才到；加上一路看见的"严打车匪路霸"的标语，使人不免生出一种不安全感。没有吃的，我们六人共吃一根火腿肠充饥；没有喝的，我们把山泉水当饮料；没有事做，雷主任就不停地给我们讲她的学生，讲精彩的故事，讲幽默的笑话，唱她喜欢的京剧片段。半夜，山坳里阵阵寒气袭来，我们冷得打颤，雷主任就拉着我们在车外跳起了优美的华尔兹来抵御寒冷……那时面对这些从未经历过的挑战，我们心里却很踏实，因为我们知道，有亲爱的雷主任与我们在一起，我们什么都不用怕。

　　第三天下午的五点多，我们才得到绵阳地质队一个干部的帮助，通过电话与早就到了青川镇并一直在四处焦急寻找我们的同事们取得了联系。那晚，由于车子仍然开不过塌方地带，司机无法离开，雷主任让我们五位老师先到附近的镇上休息，她自己坚持留在了那辆连玻璃窗也不全的中巴车上。

第四天上午，我们走进了一间非常简陋的会议室，里面密密麻麻地挤满了老师。我们将和镇上的老师们进行面对面的交流。由于连续几天的折腾，雷主任显得疲惫不堪，非常憔悴。可能是连续几日几乎未吃东西的缘故，加上又没有得到很好的休息，会议开始前，雷主任的腹部剧烈地疼痛起来。只见她捂住腹部，脸色苍白，额头上渗出细细的汗珠，我们都为她捏了一把汗，担心她会倒下。可没想到的是，雷主任只是淡淡地说："没关系，我喝两瓶藿香正气水就行了。"大概十来分钟后，雷主任好些了，她迅速打起精神，脸上又露出了和蔼的笑容，开始了她精彩的发言。

雷主任的发言结束后，会议室里响起了一阵热烈的掌声。后来，我们分别与老师们进行了交流，青川镇的老师们不时地提出教育中的困惑，询问我们教学上的问题。

在心与心的碰撞、情与情的交流中，我的心里涌起一股暖流。青川之行，我看到了那些在艰苦地区执教的老师们渴望接收新的教改信息的热切，以及他们坚强与乐观的职业精神。

另一次是 2002 年教师节当天，我随锦江区支教团到甘孜州德格县支教。经过三天的艰难行程，我们踏上了德格这片陌生的土地。

之前，我对这片土地一无所知。随着支教活动的深入，"德格"渐渐在我的头脑中清晰起来。在这片古老而神奇的土地上，藏文化源远流长，英雄格萨尔的史诗被人们世代传唱，绮丽的自然风光和人文景观让人流连忘返。这里散发着古老文化艺术的气息，这里激荡着康巴汉子粗犷、豪放的血脉跳动，这里谱写着生死轮回的乐章。然而，这里气候恶劣，交通不便，信息不灵，经济落后，是一个边穷少地区，全县年财政收入仅 200 多万元，教育发展严重滞后。

当时，全县还未普及小学教育，适龄儿童的入学率仅为 83％，不少牧区的孩子因生活窘迫无法上学，一些已经上学的孩子也因交不起学费而面临失学！我们没有想到，一个拥有六万多人口的德格县仅有一所在风雨中飘摇的县中学！

即便是条件最好的德格县城关小学，也是校舍简陋、设施陈旧、教法传统。一些寄宿学校则是间间简陋不堪的教室，一个个衣着破旧的身影，一张张黝黑的脸庞，还有一双双赤着的小脚！那些孩子满脸淳朴，澄明的眼睛里充满着对知识的渴求……虽然有的孩子三个人挤坐在一张凳子上，但从他们羞涩、腼腆的笑容中却能感受到一种宁静与满足。从教室门口望去，孩子们在专注地听讲，大声地朗读。从那一双双明亮的眼眸里，我们读懂了这样简单而沉重的愿望——我要读书！从孩子们稚嫩的声音中，我们听到了这样强烈的呼喊——渴望知识，渴望改变生活！

听校长介绍，这里就读的全是牧区藏族贫困家庭的孩子，他们生活窘迫，每月仅靠国家拨给的 35 元钱维持生活。到了 10 月，他们中好多人就会因为没有过冬的棉衣面临严寒的威胁。由于路途遥远，小小年纪的他们每学期只能到放假时才能回家。看着他们工整的作业、精美的藏画，再想想城里孩子优越的物质生活，我不禁感叹道：同在蓝天下，如此不一样！

走出寄宿学校，我的眼前老是浮现出那一张张黝黑淳朴的脸，不知不觉中，我的眼睛湿润了，我被孩子们在艰苦条件下强烈的求知欲深深地震撼了……

后来，我们在与德格县的老师座谈交流中了解到，由于信息闭塞，老师们对外界的教改信息知之甚少，但他们不甘在这艰苦的环境中得过且过，他们强烈地渴望改变环境，渴望改变落后的教育观念，提高教育教学水平，为藏区培养更多的优秀人才。因此，面对我们的观摩课和讲座，他们听得那么专注，如饥似渴。

我为当地孩子们上了赞美英雄欧阳海的《壮丽的青春》这篇课文。在昏暗的县礼堂里，几十个孩子拥挤地坐在一块儿，专心地听着我的每一句话。虽然他们可能不如城里孩子那样见多识广，他们中绝大多数人连火车都没见过，但他们的热情、真诚、淳朴、好学却一次次打动了我。我不曾想过，短短的一节课竟会把我和孩子们的心拉得如此近，竟会让我热泪盈眶！

我常常拿这两次支教的学生与我的学生相比，拿那些在恶劣环境下艰苦工作的老师与自己相比。说实话，每一个人都希望在职业中实现自己的梦想，但到底什么是梦想？也许，我们自己都不清楚。但作为一名教师，我们在最初选择这门职业时，一定有自己的初衷。孟子在谈自己的幸福时，就有"得天下英才而教之"的师者之幸福感，相信我们许多教师也有过这样的梦想，只是在我们习以为常的职业历程中，渐渐遗忘了初衷。我常想，那些少数民族地区的教师们之所以能够安教，也许是因为他们坚信自己那些苦寒中的学生就是"天下英才"。

姚嗣芳与藏区的学生在一起（后排左一系作者 摄于 2002 年）

二、最不忍看见还有那么多"陪读"的表情

阅读哲学书籍时，我常常试图回到人类思考的原点。比如，我常常突发奇想，人类是靠不断认识世界来获得知识和创新，从而产生并推进人类的文明。人之所以要认识世界，是因为世界是人类生存的地方，如果连世界都不能认识，那么怎么与世界达成依赖的关系？

由哲学而及教育，我会思考一组至关重要的关系：教师与学生。

我们有太多教育教学理念来自对这对关系的辨识。

比如，中国传统的"亲其师，信其道"；比如，陶行知的"教育躬行"说；比如，乌申斯基的"教师人格影响"说；比如，佐藤学的"学习共同体"……无疑，教师的教育教学行为是一种服务，服务于学生的成长。如同我们对世界的认知一样，假如我们连自己服务的对象都认识不足，那么，我们对师生关系的阐释必然陷于茫然和混沌。

我始终认为，教育教学最大的缺失恰是对学生的研究。

如果要论我的专业成长的基本起源，我以为，对学生的认识、热爱和关注是我专业成长的暗线，而课堂表现和取得的成绩，则是这条暗线串起的珍珠。

（一）爱应该有一种姿势：俯下身去，与孩子平等交流

我常常在追索自己是什么时候开始关注师生关系这古老而年轻的话题的。

也许，最初与学生建立和谐关系是因为自己 19 岁就为人师，心理单纯，置身于孩子们中间，俨然就是家庭式的姐姐带弟妹。

人与人之间相处久了，自然就有了感情。我对学生发自内心的爱，最初源于依恋。当周末来临，学生都不上学的时候，我会发自内心地想念他们，回想与他们过去一周发生的有趣活动，盼望周一与他们见面。

后来，在职业学习和思考中，我知道了这种心理叫师爱，与职业道德密切相关，后来，我也知道了那句著名的教育名言：没有爱，就没有教育。

事实上，我早已经置身于师爱浓郁的环境中。从以傅先蓉老师为代表的成师附小老一辈教师中，我发现了他们对学生发自内心的爱，并以之作为自己教育的信条。课堂上，我发自内心尊重每一个孩子，班务工作中，努力发现孩子们的个性差异，以欣赏的眼光，发现每一个孩子的闪光点，关注每一个孩子在校的生活，并经常在与家长的沟通中，了解每一个孩子在家的情况。

随着职业经验的积累，我开始思考：教师基于职业道德对学生的热爱，到底应该有什么独特性内涵？

1995 年元旦前夕，我所教的班学习"士气低落"，我想鼓励他们，但又担心传统的"谆谆教诲"会让孩子们厌烦，便决定给每个学生送一张卡片，并有针对性地写上一段话，以寄托我对孩子们发自内心的鼓励与热爱。接连三个晚上，我都坐在灯下认真地写着一张又一张卡片。当我写完最后一张卡片时，已是凌晨三点钟了，早已冻麻木的双脚才让我想到这是个万籁俱寂的寒冬的深夜，而我想象着在大雪纷飞的时刻，孩子们拿到我送的贺年卡！

我没想到的是，当初自己一个小小的举动，竟会带给孩子们深远的影响。多年之后，我接到了这个班一个女学生的电话，她激动地告诉我，正是我那个冬季送给她的那张小卡片鼓舞了她，为她增添了许多的勇气……说到后来，她已泣不成声。

后来，她毫不犹豫地选择报考师范院校，立志做一名能带给学生深远影响的老师。

那时，我还没读到裴斯泰洛齐的名言："我决心使我的孩子们在一天中没有一分钟不从我的面部和我的嘴唇知道我的心是他们的。我们一同哭泣，一同欢笑。"

我只是想给我对学生的爱赋予一种最基本的形态，那就是"他们的幸福就是我的幸福，他们的欢乐就是我的欢乐"，教师对学生发自内心的这种热爱，才是第一教育力。这种爱，有一种姿势，那就是俯下身去，与孩子们真正平等。

因为，没有真正的平等，说爱对方，本身就是一种"悖论"。

2000年秋冬之交，在北师大学习的三个月里，我多次给孩子们写信，让他们经常能感受到老师那来自千里之外的惦念与牵挂。雪花飘飞的时刻，我把北京的雪景描述出来，并且附上徐志摩的《雪花的快乐》，寄给冬日少雪的成都的孩子们，让他们感受快乐。

（二）一个都不能少的意义：是"善心"发现，更是"学习共同体"建设的合力凝聚

每一位教师都曾经遇到过特殊学生，每一位有"善心"的老师都会用不同的方法最终化解特殊学生与其他学生的矛盾，最终改变了这些特殊学生的生命成长轨迹。

如果说，电影《一个都不能少》是对教师职业道德的颂扬，那么真实教学情境中，我们心怀"一个都不能少"的观念，面对特殊学生，更是全面育人观的落实。

说实话，我所教的每一个班级，都会有一些学习习惯特殊或生理、心理特殊的孩子，从最初基于爱学生、不放弃每一个学生的职业道德出发，到后来发现，改变一个特殊学生就是为班级"学习共同体"建设增强凝聚力，就是为未来社会增添一份和谐。

记得我初为人师的时候，班上有一个当时被称为"双差生"（成绩差、纪律差）的调皮孩子，身强体壮，经常打架。他的妈妈经常向我哭诉：家里管不了孩子，请老师一定要好好管教，免得将来"蹲班房"（坐牢）。那时，没有多少经验的我，仅凭对家长的一份承诺，与他苦口婆心的交流，给他授予特别的"职位"，多次邀请他到我家里吃饭。几年的时间，我渐渐改变了这个学生的粗暴性格。后来，这个孩子上完初中读了职高，当了一名技术工人。之后，这个班的学生邀请我参加他们的同学会，我欣喜地得知，他已经是一个六岁女童的父亲了，生活幸福满满。

随着教育视野的扩大，再次遭遇特殊学生，我发觉用时间来"耗"是最笨的办法，我想到了去利用班集体的力量，班集体成员都参与对特殊学生的改变，本身就是一种成长。

2007年9月，我接了一个二年级新班。报到那天，一个小男孩的表现让我非常意外：他呆坐在座位上，一言不发，眼中透露着胆怯。无论我怎样启发，他都以沉默回答我。旁边的一位同学小声地告诉我："他不爱说话。"下课后，我知道了这个同学叫小禹。

开学第一天，在学生做早操的过程中，我发现小禹一直站在队伍中一动不动，当我上前问他怎么不做操时，他仍然用怯怯的眼神看着我，什么也不说，直到早操结束，他也没有做一个动作。我了解到，这样的状况居然已经持续了整整一年！但他的身体发育情况很正常。

接下来的几天，我进一步观察到，这个孩子脸上几乎没有出现过笑容。上课时，他很安静，也不发言；下课后，同学们无论玩得怎样开心，他总是远远地站在一旁，从不参与。在他的身上，我丝毫看不到属于孩子的快乐。班上的学生对他的这些表现好像早就习以为常。

我急切地找到他的家长进行交流。原来，这个孩子从小身体很差，经常生病，所以在入学前几乎没有过集体生活。家长对孩子的关心特别多、特别细，随时都担心孩子生病。上学后，孩子非常不适应学校生活，不说话、不发言、不做操、不运动、不与同学交往，而老师、同学也顺着他的个性由他去了。所以，一年级结束了，身体与智力都很正常的他成了一个特殊的孩子，成了一个不愿来学校的孩子。我想，这样的校园生活，于他而言，哪里还有快乐呢？不能让孩子再这样下去了，否则，他就真的毁了！而我更担心的是，这样的班级会成为一个冷漠的班级、涣散的班级，班级中的学生就会成为只顾自己的自私的人。我决定，借助集体的力量来帮助他，不让任何一个学生成为班级中的旁观者。同时，让学生在帮助他人的过程中学会付出、学会关心，成为集体的主人。

我利用班会的时间，对全班同学说："小禹是我们班的一员，可是他一直不会做操，这样他就得不到锻炼，你们说该怎么帮助他呢？"马上就有学生热情地说："我们教他做！"可是有学生立即问我："他不理我们怎么办呢？"我就问小禹："你最信任谁？希望谁教你做操？"小禹不吭声。我接着说："那用手指吧！"犹豫了好久之后，终于有两个学生被小禹选中。当天下午，两位学生把小禹留下教他做操，可是他怎么也不愿伸出手来。第二天下午，两位"小老师"沮丧地对我说："姚老师，我们没办法，小禹就是不做动作。"之后，我又选了三位特别热心的孩子每天放学后留下来教小禹做操。这三个孩子非常负责，但教操的过程也很艰难！开始，小禹一点儿也不动，渐渐地手伸出来了，脚也动了，当三位小老师兴奋地告诉我"小禹学会一节操了"时，我跑进教室一看，他仍然什么也不做。我不急不躁，每天都让小老师在全班反馈小禹做操的情况，并让学生们给他真诚的赞美。在课堂上，我也有意识地请小禹发言，无论对与错，同学们都会报以热烈的掌声。三周后，小禹终于学会了两套广播操。可是，他仍然没有勇气在全校学生面前做操。在全班学生不断地鼓励、赞美之下，三个月后，小禹终于可以像别的孩子一样站在操场上做操了！我不仅给小禹发了表扬信，而且给所有帮助他的孩子发了表扬信。

之后，我又鼓励全班同学与小禹交朋友，教他做游戏，帮他解决各种困难。渐渐地，再也看不到小禹孤独的身影了，他的脸上终于有了笑容，孩子们也从中体会到了关心他人的快乐。

当我们把"构建生命活力的课堂"作为目标时，应该首先"构建有生命活力的班级"。因为，"课堂"由"班级"承载，无论教师有多么高超的教学艺术，如果没有一个氛围和谐的"班级"，教育教学质量的提升是不可能实现的。多年后，我知道，这就是叶澜教授"'新基础教育'三个转换"之"改革学校日常的教学生活与班级生活，实行实践层面上的转换"和"转变师生在学校的生存方式，实现师生生命在生存意义上的转换"。

我想，这也是雷夫"喋喋不休"的"56号教室"的价值所在。

当然，更是我们熟悉的"学习共同体"建设的意义所在。

（三）最不能容忍我的班级中那些"陪读"的眼神

2001年年初，我有幸参加了中小学骨干教师国家级培训。

在北师大，林崇德教授、王宁教授、肖川教授、石中英教授等的讲座让我有了更为广阔的视野，尤其是其中关于教学的"有效性"和师生平等关系的再认识的讲解，可以说是我在这次北师大培训中的最大收获。

但是，基于这种理念的课堂教学到底是什么样的，一直是我们的困惑，毕竟没

有现成的模式可供我们"依样画葫芦"。

作为为数不多的国家级培训参培教师，我必须"拿课说话"。我最初把"没有交流就没有教学"作为课堂教学的基本理念。课堂上，改讲授式为交流式，改单一信息反馈式为多元信息反馈式，还为省内培训做了几节课改示范课。后来在自己的日常教学中，我基本延续着我上示范课的方法。

尽管这些课在很多同事眼里，是有很多先进理念的课改课，但我心里始终没有课改成功的快乐感觉，原因很简单：课堂上无论我怎么努力营造和谐的民主氛围，无论怎么鼓励学生大胆发言，发言的始终只是班上的小部分"发言专业户"，更多的学生没有展示的机会，我也不可能全面获得来自学生的信息反馈，当然也无法真正了解学生真实的学习情况。

之后，我参加了四川省教科所理论室周林主任主持的"小学生主体性研究"课题组，并成了课题的主研人员之一，经常上研究课，周林主任也多次到我的课堂听课指导。那时，周主任说得最多的就是我的课堂有太多的单生答问。我当时对周主任的批评完全无法理解，所以，我精心准备的课常常被"批"得体无完肤。多年以后，当我进行主体学堂研究时，我才真正领悟了"从关注一个转向关注每一个"的内涵。

就这样，"教学的唯一任务是学生的发展"这句话深深刻在了我此后的职业生涯中。

正因为"从关注一个转向关注每一个"，我才发现，我的课堂上，原来一直都有"陪读"者，而且不在少数！

当我醉心于自己课堂的精心设计、激情演绎和完美呈现，获得了众多好评和证书时，我心里并没有那么多的满足和喜悦。因为，我清楚地知道，我的课堂上还有一些毫无生气的眼神，还有一些被我忽略的学生，他们长期作为默默的陪读者在教室里存在着。有时，我会忍不住想：假如教室里那些整节课"陪读"的学生就是自己的孩子，我该怎么办？

我实在不能容忍，自己的课堂还有那么多"陪读"的眼神！

我深知，自己的教育之路还很漫长。

姚嗣芳和工作室成员合影（第一排左四系作者　摄于 2017 年）

三、以"研究性变革"实践接近教育的本质

我是 2015 年才读到叶澜教授的《突围》一书，才熟悉了"研究性变革"这个词的。我在课改后，实实在在走了一条"研究性变革"的改变之路，从而真正让自己的教育实践接近教育的本质。

我常想，或许教师专业成长要到达一个卓越期，必须由"研究性变革"来实现。

（一）致力于合作小组建设：破解全面质量观下的课堂参与面瓶颈

融入课改的历程，是把理念落实到课堂的历程。

课改十年后，我曾听一位专家讲，课改实际上有三种层面的形式：一种是国家层面的课改，一种是学校层面的课改，还有一种是个体教师层面的课改。我深以为然。

2002 年起，我先后为中国教育学会"九五"重点课题"小学情知结合教育研究"结题献课，以《开放·实践·发展》为题，在成都市语文实践活动研究与实践研讨会做大会主题发言，在全国小学语文新课程骨干培训研修现场发言……这些活动，其实说到底就是对课改理念的落实性体会。从某种角度讲，是把公众性话语做个性化解读，还没有真正走上属于自己的课改之路。

在我参与的"小学生主体性研究"课题实践中，作为主要研究人员，我努力按照周林主任的指导，破解课堂上教师对学生全员性关注问题，提高学生课堂参与度。

钟启泉教授提出，课改关键是改变学生的学习方式，改传统的被动式学习为自主、合作、探究式学习。

我把小组合作学习作为课堂上保障学生主体地位的一个突破点。

实际的教学情境，永远没有教育理论来得直接。

最初，我在常态教学中，着手合作小组建设，却没想到，小组建设困难重重。先是家长找到我，对合作小组的成员搭配表示不满：凭什么把学习落后的孩子分在自己孩子一组？对于个别不理解合作小组建立意义的家长，我的解释始终显得无力。

接着是学生之间的矛盾出来了。当课堂上开展合作学习时，一些强势的学生占据了话语权，平常本来就不喜欢发言的孩子，基本上就是"收音机"，我只得一组一组地指导，甚至在有些小组编上发言的序号，规定发言时间。展示环节也有些地方不尽人意，许多小组不是推荐主发言人，而是整组上台你一言我一语，说的只是自己的理解。我费尽心思指导主发言人注意收集大家意见，总算有些改变。

以小组合作学习为主要形式的课堂，一时间成为四川课改课的重要方式。然而，当我听完别人的小组合作学习示范课后，我开始追问：小组合作学习怎样才能不流于形式，并有效承载课堂教学呢？

命运再一次青睐我。

四川省社科院查有梁教授主持编写了《小学语文教学建模》一书，邀请我参与该书的撰写，我负责完成"小学语文探究性教学模式建构"这一章节。

因为探究性教学一定是以学生为主体的，离不开学生之间的合作，所以，那段时间，我查阅了大量的资料，对"合作学习""学习共同体""探究性学习"等概念进行了细致梳理，尤其从哲学的辩证角度，思考"合作学习"的契机、时机、全程管理等，结合自己课堂实践中的大量案例，最终完成几万字的手稿，让我对合作学习有了全新的认知和实践体系的完整思辨。

当然这些研究也最终落实在我的课堂里，并由教学实践来印证。

如今，我的课堂一定有小组合作学习，并且在小组合作中能够看到思想的碰撞。

（二）广州之行：生本教育对课改的加速驱动

2008年5月发生的四川汶川大地震，让我再次在思想上聚焦"生命"这个话题。

我查阅了许多关于"生命教育"的资料，也反复观摩了许多当今活跃在一线的名师的课，当然更反思性地观看了自己的课堂录像。我始终觉得，"构建充满生命活力"的课堂流于公众话语，换句话说，语文课堂中主体性落实不充分。

2008年年底，《语文教学通讯》的一篇年度总结性文章《丈量生命的高度》引起了我的共鸣。文章所列的几节名课，我找出来仔细辨析，依然觉得，不是我心中主体性强的课。

2009年8月，在读到《人民教育》中郭思乐教授的"生本教育"的专题展示后，我心里特别激动。

一直以来，我总在苦苦冥思：怎样才能真正地让每一个孩子在课堂上获得最好的发展？怎样才能真正落实"以学生为本"的课改核心理念。

于是，带着憧憬，我们一行人去了广州。

说实话，我那时多少还是有些带着怀疑的意味去看看的。在不同的学校、不同的班级观摩了两天后，我信服了。我相信，只要真正落实"生本"理念，学生可以创造一切可能。

我激动地打电话给成都市教科院的杨霖所长，把自己观摩的感受告诉她，杨霖所长说，自己正好在广州出差，要顺道来看看。

当杨霖所长也表现出与我同样的激动后，我下决心要开始自己新的探索。

回到学校，我和同事们立即开始了"生本教育"的校本化实践。

我把学习"生本教育"后自己的努力方向锁定在以下几点：

先学后教、不教而教：我们所说的"学"，不是那种漫无目的的学，也不是没有教师指导的学，"学"是在学校教育的框架下进行，有着鲜明的学校教育认识目的。

以学定教：以学定教最重要的一个好处，就是始终保持学生浓厚的学习兴趣。

一般来说，学生会选择他最感兴趣的点作为内核，教师也就可以选择大多数学

姚嗣芳与郭思乐教授合影（左二系作者　摄于 2009 年）

生都喜欢的点作为活动的内核。

　　讨论是学习的常规：在生本教育的课堂中，几乎天天有讨论，堂堂有讨论，人人参与讨论，只要是学习需要的，没有什么不可以讨论。我们认定，讨论是最佳学习方式之一。

　　注重感悟：学习的核心部分应当是感悟。人固然可以训练，动物也可以训练，而感悟、创造只有人才能做到。仅仅依靠训练，不能有所创新，创造性是无法训练出来的。学生创新是"学大于教"的行为，是以感悟作为其基本的活动形式。

　　把深刻的道理附着在浅显的事物上——这就是深入浅出。感悟的东西是难以遗忘的。学生感悟的程度越高，学习的效率就越高，学习的把握就越大。

　　思想家可以引领我们的思想，但不能代替我们的思想。

　　显然，在郭思乐倡导的"一切为了儿童""高度尊重儿童""全面依靠儿童"的思想主张下的"生本教育"，从不同角度指向了一个核心词语——儿童（学生）。

　　2009 年 10 月，我开始把学习"生本教育"的成果转化为自己课堂改变的行动，并尝试着上了一节公开课。结果极不理想，我自己感觉都有点"四不像"。

一时间，朋友电话劝慰不断，更多的是"没必要折腾"的忠告，但我没有气馁。我知道，我要做的是自身一直在追求的、可能接近教育本质的事情。我坚信，路子是对的，只是需要坚持！

（三）"主体学堂"的提出：基于个体研究与学校文化的高度融合

仔细分析了第一次变革后的课堂失序状况，我找到了原因：学习"生本教育"课堂的呈现痕迹十分明显，没有形成基于本校学情的教学模式。

"学情"恰恰是"主体性"与"生本"的外显。

找到了原因后，我重新回顾自己曾经的课题"小学生主体性研究"，不仅分析其课堂呈现与"生本教育"课堂呈现的关联点和不同点，而且分析自己班学生的学情与"生本教育"实验学校的学情差异，半个月后我再次上课，竟然有极大的惊喜。

2010年4月，国家课程中心副主任刘坚听了我的课后，鼓励我说："作为一名特级教师，你依然不断探索深度课改，勇气可嘉，很了不起！"这句话给了我无尽的动力。

姚嗣芳向教育部课程中心刘坚副主任汇报课改情况（左边系作者　摄于2010年）

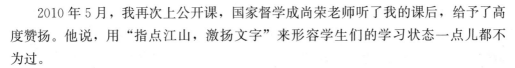

2010 年 5 月，我再次上公开课，国家督学成尚荣老师听了我的课后，给予了高度赞扬。他说，用"指点江山，激扬文字"来形容学生们的学习状态一点儿都不为过。

有了刘坚和成尚荣两位专家的认同，我的信心大增。

在几次尝试之后，我认定自己的探索是与教育本质相吻合的新一轮个体性课堂变革。

课堂变革，意味着在某些方面要否定自我、超越自我。否定与超越不仅要"敢于"，而且要"善于"，尤其是当原有的课堂秩序被打乱，应如何重建课堂新生态，保持课堂新的平衡？

在实践中，我逐渐形成了课堂变革的基本思路："放风筝"，自由飞翔不断线——拓展学生自由发展的空间；"找靶子"，能力训练不盲目——增强学生获取成功的自信；"搭积木"，变化组合不散架——适应学生自主发展的需求。

如果说，坚定"主体性"是理念，那么，"放风筝""找靶子""搭积木"就是方法论，我需要清晰地归纳出自己的变革策略，在深入对课堂元素组合的实验中，得出策略体系：变教材关注为课程关注——广角镜头，大视野；变"教案剧"为"规划书"——整体构建，随机导；变教师讲为主体学——生活语文，真过程；变单一"教"为多维"学"——活动丰富，显主体。

变革方式则有独立先学、小组互学、全班共学、教师导学。

我们把变革后的课堂教学与学校文化结合，提炼出校本性强的名称——"主体学堂"。

我们把"主体学堂"进行了意义解读，认为主体学堂就是教师讲得很少，大部分时间是学生在老师的引导下进行自学、小组讨论、班级发言等；主体学堂是学生学习的阵地，学生主体地位要真正凸显出来。但这并不是弱化教师的作用，更不是让学生无师自通。学生是课堂的主人，教堂转变为了学堂，因此，在主体学堂中，语文教师的主要角色不是知识的传递者，而是学生在语文学习中主动、健康发展的促进者、鼓励者，是与学生在语文课堂上共同实现生命成长的互动者、对话者。学生也因此从单纯的"听老师讲""答老师问"的角色中走了出来，转换为"听者""思者""讲者""问者"等多种角色。教师以不现自我的方式，去成就学生潜能迸发的自主学习。

在具体的实践中，我们把主体性学堂中的外显形式归纳为：个体主动——每个学生个体都是主动的，全体学生都参与活动；多向互动——课堂上师生互动、生生互动，尤其以师生互动促进生生互动的高效为主；有效活动——以学生的活动为主，教师为学生的学服务，保证活动的有效性；状态生动——课堂氛围轻松自然，课堂教学结构简洁、灵活，教学方法简便、实用，学生表现出浓厚的兴趣，积极性高。

　　从 2010 年秋季开始，学校组成了"主体学堂"研究团队，在不断实践中，取得了较大突破：主体学堂的语文教学以大阅读、大思考、大表达为中心，以读引读，以读引说，以读引研，以读引写。学生在阅读中形成思想，在写作中表达思想，在讨论中交流思想。阅读教学以课文为基点，激发学生更广泛地开展阅读，从大量的相关主题内容的研读中，感悟语言、感悟文学并学习以语言为载体的多种文化。在课堂的交流碰撞中，他们不断感受汉语言的魅力，形成自己的思想和情感，体验到了语文学习的快乐与成就感。越来越多的学生热爱语文、热爱阅读，他们乐此不疲、陶醉其中。学生的语文素养得到明显的提高，他们的主动性、自信心不断增强。

　　学生倾听的习惯好了，听的能力强了，能及时捕捉课堂中重要的信息，并迅速做出反应。

　　班级中能说会道的孩子越来越多了，学生表现的欲望更强了，更自信了。每个学生在课堂上心是敞开的，自信快乐，充满阳光，他们不会因为自己的幼稚而胆怯。个个都敢面对众人自信大声地表达自己的意见，反驳或者补充他人的意见。

（四）探索永远在路上：有顺序的思考，没有顺序的思想

　　"主体学堂"研究性变革的成功，重新确立了成师附小小学语文学科建设的新航向，之后大家把我的"主体学堂"与傅先蓉老师的"情知教育"联系起来，我心里清楚，这是对我的研究性变革的肯定，实质是一所学校的教育文化的传承。

　　在理性地研究完诸如《跳水》《信任》《规则》《阅读大地的徐霞客》等带有我个人标签的典型课例后，我依然觉得不够满意。

　　2014 年秋季，送走那一届毕业生后，我静心分析了三年的主体学堂实践，感觉仍有不少需要完善和深化的问题：第一，教学内容更多的还是教材内容，学生阅读量不够；第二，学生的辐射阅读基本是在课外进行，不能保证人人落实，且学生的课外负担有所增加；第三，老师对课外阅读的指导不够，特别是经典诵读和整本书的阅读相对较弱。

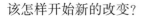

该怎样开始新的改变？

我的教学改变从教学内容入手，指导的实践理论是"教什么"比"怎么教"更重要。具体路径是走"整合"和"拓展"之路：立足单元主题，整合课程资源，进行全面考虑的单元整体备课、教学，让学生省时高效地学完教材内容，从而挤出时间在课上实现大量阅读。

进行这样的改变后，课堂变得容量大、负担轻、效率高，教学过程的开放性、学生之间的互动性、学习内容的多样性、阅读过程充满生机是大单元整合教学的基本特征。教学之前，我会花大把的时间，围绕主题选择多篇思想文字俱佳的文章或者整本书，将学生引向更广阔的阅读天地。

大单元整合教学实施了一年多后，我再次反思：语文作为一种交际工具，其核心功能在于能够熟练"运用"口头语言和书面语言参与社会交流，只有不断地运用语言，才能真正地提升语言能力。在逐渐发现自己语文教学形态的单调之后，我决定改变"以阅读为中心"的课程设置，合理压缩"阅读课"的课时数，为语文课程中的口头语言、书面语言活动和综合性学习活动腾出足够的空间。

随着改革的推进和学生年级的升高，我越来越清醒地认识到：语文教学的本质是言语能力建构，将阅读能力转化为语用能力，才是语文教学之本，两种能力之间，隔着一个心理学名词——迁移。为此，我进一步调整课时结构，"均衡读写"，"理解"和"表达"并重，给足"运用"的时间。

在大单元教学的设计中，我聚焦学生语用能力的培养，较多地关注单元教学中的读写联动。在解读单元教材时，我特别重视从单元内各篇文章中去寻找语言表达的规律与方法，发现文本瑰丽景致的关键所在，找到文本最具阅读和习作价值的核心点，寻找单元教学共振点。这个"共振点"，可能是某种表达顺序，可能是某种构段方式，也可能是某种描写方法……在兼顾单元内的其他相关目标的同时，着重从培养学生语用能力的角度确定单元的核心目标，尤其重视引领学生感知、揣摩段落的表达方式和文章谋篇布局上的特点，并把学到的相关表达规律及方法迁移到习作中实践，从而不断提高学生的语用能力。

为此，我紧紧围绕各个单元的核心目标精心处理教材，有效整合教材。北师大出版社出版的教材是围绕单元主题来组合单元内容的，有些表达方法与规律并不是在整个单元的各篇文章中都有体现。很多时候我感觉某篇文章中一些零散的表达方法与技巧，并不足以帮助学生掌握结构化的表达方法。这种情况下，我就会引导学生从本单元的文章阅读拓展开去，与嵌入的阅读资料进行对比学习、类比学习，从中领悟相应的表达方法，这样更有利于发现语言规律，汲取语言精华。

带着写作中的问题进行阅读教学，教学生阅读的同时，潜心触摸语言文字，一面接受情感熏陶，一面揣摩表达方法，巧妙地把知识训练点融合在文本的感悟之中，让学生经历一个从感受到理解，再到积累、运用的过程，使文本解读与语言训练有机融合，让学生的语文学科核心素养不断提升。

就是这几次改变，不断丰富了"主体学堂"的课堂教学内涵，使我深刻体会到，每一次发现都是新感觉。也使我真切体会到，教学艺术如果不满足现状，就会有新的发现。

四、向着那梦中的地方去

我喜欢于丹写的《此心光明万物生》，一个人心里有光明照耀，一切都得永远处于光合作用之中。

2016 年，成都市锦江区为我举办了"姚嗣芳从教 30 年暨教学艺术研讨会"，或许这是对我 30 年来安于平凡的工作岗位，静心、用心、潜心的工作作风的肯定，我把它当作自己不断深耕的一种奖励。在研讨活动上，我用了"不忘初心，必有轴心"来总结自己的从教感受。

我常常想，我是一个平凡的人，30 多年就在一个地方从事一种职业，几乎没有波澜壮阔的人生，但社会给了我许多荣誉，让我经常把自己的人生反复阅读，我总是会从别人说的"你适合当老师"开始，正是从这些鼓励性话语开始筑梦。

安于职业，却不安于教学境界的平庸，这或许是支撑我成长的动力吧！

就如 20 世纪曾经流行的一首歌《人在旅途》所写：

> 从来不怨命运之错
> 不怕旅途多坎坷
> 向着那梦中的地方去

错了我也不悔过

人生本来苦恼已多

再多一次又如何

若没有分别痛苦时刻

你就不会珍惜我

千山万水脚下过

一缕情丝挣不脱

纵然此时候情如火

心里话儿向谁说

我不怕旅途孤单寂寞

只要你也想念我

我不怕旅途孤单寂寞

只要你也想念我

走马人生，何为坚持，为何坚持。每一个有教育情怀的人，都应该回望来路！

姚嗣芳在与工作室老师在一起（摄于 2017 年）

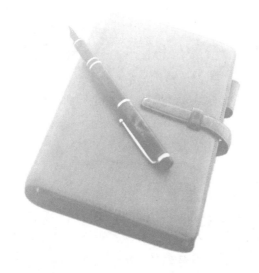

置主体于中心，化讲堂为学堂
——我的教育思想

教师是一种经验性很强的职业。尤其是一线教师，对于职业的认知散于经验的碎片中，当时间串起经验，谁能说一线教师就没有教育思想？一线教师的教育思想，尤其珍贵！梁启超说："思想者，事实之母也。欲建造何等之事实，必先养成何等之思想。"一线教师的教育思想是从教育"事实"之"建造"的实践而养成"思想"的深刻！

"以人为本"是时代主流价值，"以学生为本"是教育的主流价值。这些主流价值的落实，只有依靠一线教师的实践。"一切为了学生的发展，为了一切学生的发展"不应只是口号，每位老师应从真正认识"学生"开始，审视自己。

"让学习发生"应成为课堂存在的唯一方案，我们必须变"课堂"的内涵为"学堂"。一切教育的目的都是造就和谐发展的人。

一、教育的本质是主体生命的发展

我以为，"坚持学习者中心"与"坚持学生为本"都有以落实主体性为一切教育教学活动的本质性前提的倡导，但二者又有一定区别。以"学习者"来代替"学生"更能规定主体的状态——学习。这显然可以作为我所倡导的"主体学堂"的高度统摄。教育教学活动方式的一切内涵，都将以"坚持学习者中心"为最深刻的指导思想，只有如此，教育教学本身才具有真实的意义和价值。

"主体学堂"承载了我教育生涯的最大理想，也支撑着我不断超越自我。今天，"主体学堂"已成为我所在学校教育文化凝练的一个标志，我一直在尽可能地描述它。也许，我的描述未必能够工笔出其真容，但我希望我所呈现出的，能够有独特的风韵。

（一）多维视点话"主体"

1990年央视春晚有一个小品——陈佩斯与朱时茂这对黄金搭档演出的小品《主角与配角》，至今让人回味无穷。

我认为这个小品的主题是"主角不是争来的"。戏有"主角"，教育教学有"主体"。

1. 词源演义：描述本体的关键

汉语对"主体"一词的阐释包括"主"与"体"两个要素。

"主"是象形字。甲骨文字形为点燃的火把，下面是木材。"主"是"炷"的本字。小篆字形则是从上往下依次为：火焰、油盏、灯台、灯座。本义为"灯芯"。引申为"主要"或"关键"。

因为先民认定主宰世界的是"神"，所以《周礼·春官》有："司巫掌群巫之政令。……祭祀，则供匰主。"这里的"主"是"神所依也"，大抵与基督教之"主"一样。

由于现实中权利是一切的主宰，"人主"即万民之"主"，所以《吕氏春秋》有："朝臣多贤，左右多忠，如此者，国日安，主日尊，天下日服，此所谓吉主也。"此处之"主"，已经衍生为"君主"。

一件事物，一块土地的持有者，也称"主"。所以《三国志·诸葛亮传》有："而其主不能守。"黄宗羲《原君》的"天下为主"则有主宰意义，演变为"事物的根本"。至此，"主"的意义实际上与"主体"相近。

"体"是会意字，"人"之"本"为"体"，意为事物的本身或全部。

那么，"主体"就是事物的主要部分。

人的认识常常是从事物的主体出发，抓住主体而描述本体。比如，对"鸟"的描述，一定是有翅、有羽。反之，人们把抓住次要部分来描述本体称为"盲人摸象"。所以，主体是描述事物的关键。只有抓住了主体这个关键，事物（包括活动）才可以凸显出它的本质来。

2. 哲学寻义：居于关系中心之实体

人类认识的生动源自于对世界和谐相处的诉求。

人类把物质世界作为认知的对象而为其命名"客观世界"，与之相对的是自己"主观"。

事实上，汉语也有这样的描述，比如，去别人家相聚，自己便是"客"，对方是"主"，于是要"主客有别"。成语"喧宾夺主""反客为主"等，都标识了秩序的相对性关系。

由关系事实而寻求哲学辨识，"主体"一词实在意义非凡。

潘志恒所著的《主体与存在》一书专门对"主体"一词进行了哲学性阐释：

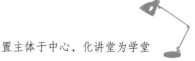

"主体"是当今哲学界非议最多的概念之一。

不论是分析哲学还是结构哲学，不论是语言哲学还是交往哲学，都无一例外地将"主体"作为评析、批判乃至否定的对象。

福柯的一句"主体死了"不知引起了多少哲学家的共鸣。然而，人们到处使用"主体"一词，但似乎并未在意"主体"一词的确切含义。不但主体哲学的批判者们从未下功夫去弄清楚"主体"的含义，就连开创和发展主体哲学的众哲学家们也从未对"什么是主体"做过认真、深入的研究。

事实上，人们所使用的"主体"一词从来就没有与"人"的概念相分离——无论是主体哲学的批判者，还是主体哲学的弘扬者都无一例外地是在人的范畴之内使用"主体"一词的。迄今为止似乎还没有一个哲学家是在超出人的范畴之外对主体下定义的。

我们可以将目前流行的对"主体"一词的各种各样的定义罗列如下，看看是否有哪一种定义可以与人的定义相分离，而单属于"主体"自身的：

1. 主体是认识活动和实践活动的承担者，而客体则是认识和实践的对象。

2. 主体是自我确认、自我认识、自我决定、自我实现的存在。

3. 主体是赋予一切存在以存在，并是一切存在的尺度和准绳的存在者。

4. 主体是与其他主体共在的交互主体。

不难看出，上述四项定义中每一项都是以人为背景的。或者说都是对人的定义的一种说明。没有一项是属于"主体"自身的定义：认识活动和实践活动的承担者无疑是人；自我认识和自我实现的存在无疑也是人之自我；自认为是一切存在的尺度和准绳的还是人；而与其他主体共在的所谓"交互主体"则更是只属于人。正因为人们总是从人的角度来定义主体，而不是用主体的定义来衡量人，才导致了由笛卡尔开启，由康德集大成的主体哲学之式微，也才导致了当今对主体哲学的各种批判都总有隔靴搔痒，不中要害之感觉。

以人来定义主体，使得主体哲学自始便埋下了无法自圆其说的根本矛盾。这个根本矛盾不可避免地导致主体哲学最终因走入歧路而式微。按照哲学界通行的观点，主体哲学是由笛卡尔开创的。但笛卡尔并不是通过论证主体是什么来确立主体的存在的，而是通过发现那个可以怀疑一切但本身却不容怀疑的"我"来确立主体的存在的。按照笛卡尔的逻辑，既然"我"是不容怀疑的，而不容怀疑的"我"却可以怀疑一切，则"我"当然就是主体——怀疑一切的主体；而被"我"怀疑的一切无疑也就成为"我"的客体——被"我"所怀疑的客体。但是，这个通过不容怀疑而确立的主体自始便处于问题之中：假如"我"是主体，"我"就不可能被思想、被确认。一旦"我"被思想，被确定为不可怀疑之存在，"我"就已经不再是主体，而是被主体所思想、所确定的客体了！那谁又是确定"我"是不可怀疑的存在之主体呢？概而言之，主体不能"被"确定，被确定者非主体。这便是笛卡尔的矛盾——被确定为不可怀疑的主体不能是被确定者。为解决这个矛盾，后来的主体哲学家们采取了两条完全不同的途径：康德采取的是区分现象与本体的二分法来解决这个矛盾；而费希特、谢林等则是采取将"自我"绝对化的方法来解决此矛盾。康德不但将客观世界区分为本体世界和现象世界，宣称人只能认识现象世界，而不可能认识本体世界；而且将自我也区分为先验的"本我"与现象的自我。本我是不可作为对象而认知的。人们只能认知本我的表象。按此逻辑，笛卡尔的那个不可怀疑的"我"并不是被现象的"我"确定为不可怀疑的，而是作为先验的本我先验地就是不可怀疑的。康德的方法虽然在表面上解决了笛卡尔的矛盾，但是，将主体哲学的基石——"主体"——宣布为不可知的，这无疑为主体哲学的式微埋下了伏笔：不可知的主体如何能够成为哲学的主题？既然主体不可知，那主体哲学又能有什么作为？

　　费希特以所谓的"绝对自我"来取代笛卡尔的"我思"之"我"。"绝对自我"的绝对性在于：他是绝对不能被思、被对象化的主体。这个主体是世界的发源处，他不但设定自身，而且界定它物。他实际上被夸大为既创造自身，也创造世界的力量。这样，在费希特那里，原来只是可以怀疑一切而不可被怀疑的"我"竟然摇身一变，变为了能够创造世界的"我"。

　　谢林比费希特谦虚一些，他的"世界精神"虽然不能创造世界，但仍然是世界进化的顶峰，同时又是引导世界从无机界进化到有机界再进化到普遍界的绝对性力量。而这个"世界精神"不是别的，正是人的自我意识之巅峰。

　　费希特和谢林通过将笛卡尔的不可怀疑的"我"夸大为决定世界的存在和发展的绝对的"我"，似乎解决了笛卡尔的矛盾，但却与人的本质和世界的事实格格不入："自我"只要是属人的，就不会是"绝对"的，世界只要是属物的，其存在的原因就与人无关，其发展的动力就不取决于人的意识，哪怕是最巅峰的意识。更有甚者，20世纪以唯我论和人类中心主义为理论基础的几个荒唐的人类实验，给人类带来了一个又一个可怕的灾难，也使得走上唯我论歧途的主体哲学几乎变成了人人喊打的末路哲学。

所有这一切无疑都根源于主体哲学只是在人的背景下，在人的范畴内论证主体的存在和本质的错误路径。作为研究和论证主体的哲学流派，主体哲学却忽视了对"什么是主体"这个最根本的问题之研究。没有对超出人的范畴的纯粹主体之研究，主体哲学要想避免式微的命运应该说是不可能的。

如果说在人的范畴内研究主体是主体哲学走向式微的主要原因，那么，对主体哲学的批判仍然脱不开人的范畴则是批判永远都是隔靴搔痒的根本原因。例如，宣称主体死了的福柯对主体哲学的批判就没有跳出人的范畴。福柯要为主体配置的"真相"仍然是人的真相，即人的理性与非理性必须和谐共处、相辅相成，而绝不能相互否定，或非此即彼。概而言之，福柯所否定的主体，是强调人的理性而泯灭人的非理性之先验主体，其目的是为人的非理性张目！但是，在没有弄清楚"什么是主体"的问题之前，如何能够否定先验主体？如何能够阐明理性和非理性与主体的关系？又有什么底气宣称"主体死了"呢？

因此，无论是要弘扬主体哲学还是要否定或批判主体哲学，都必须首先厘清"什么是主体"的问题。这本应是主体哲学第一位的问题：人是否是主体，首先取决于主体是什么，其次才取决于人是什么。只有在这两个问题都解答之后才有可能回答人是否是主体、是什么样的主体之问题。即必须首先弄清楚主体是什么的问题，然后才有可能回答人是否是主体，或是什么样的主体之问题。因此，我们说"主体是什么"的问题是主体哲学的根本问题。

那么，什么是主体呢？或者主体究竟是什么呢？这其实是一个十分复杂的问题。在展开进一步的讨论之前，此处只能先提纲挈领地做一个简要的解答，以便能开始我们的讨论。而对此的比较全面的解答只能在本章的最后，在论述神与自由的关系时才能做出。

笔者以为，所谓主体起码要具备以下三个最基本的要素：

第一，主体必须是独立的存在。所谓"独立的存在"包括两个含义：其一，她不依赖于任何其他的存在而独在；其二，她必须相对于其他存在而存在。即她必须独立于客体，并相对于客体而存在。这里必须特别指出的是第一层含义，该含义揭示的是主体可以没有客体而"孤独"地存在。这一层含义如果不超出人的范畴是绝对得不到的。因为除了人所想象出的上帝，没有任何存在可以独立地并孤独地存在。假如世界真的如基督教所说的那样是上帝创造的，则创世前的上帝就是一个没有客体的"孤独"的主体。但人却既绝无可能是独立的存在，也绝无可能成为孤独的存在——人是在一个不是其创造的世界中存在的存在；或者说人是面对一个不是其创造的世界而存在的存在。因此，人如果是主体，就只能是与客体世界同在的主体，而绝不可能是可以独立存在的"孤独的主体"，也即：人只能相对于客体世界而在，而绝无"孤独地"存在之可能。

第二，主体必须具有主宰之意识。这种主宰意识既与尼采的"权力意志"根本不同，也与海德格尔的"去存在"之"去"完全相异。倒是基督教的《圣经·创世纪》对上帝创世的描述更类似于主体的主宰意识：上帝说"要有大地"，于是就有了大地。这里的"要有大地"之"要"，既是创造的意欲，也是主宰的意欲。概而言之，所谓主宰意识，即创造和主宰之意欲。没有创造和主宰之意欲，就绝不是主体。

第三，主体必须具有主宰之能力。这种能力既与萨特的在意识中将世界化归己有的能力不同，也与康德的为自然、自由和艺术立法的能力相异，而是如上帝一般的"要有即有"的能力。更通俗地说，即实现其创造欲和主宰欲之能力。只有实现了其创造欲和主宰欲，成为实际的主宰，才为真正的主体。

不难看出，以上三点中的任何一点都超出了人的范畴。作为"在世界中"的存在，人绝对不可能独立于世界而存在；作为生命的存在，人的生存欲望绝不可能完全被主宰欲所取代；而作为宇宙中十分渺小、十分有限的存在，能完全实现其生存欲望就已经十分困难，更遑论主宰欲之完全实现了。但是，超出了人的范畴之主体概念却并不是与人毫无关系。假如人与主体真的毫无关系，那主体概念也就绝不会在人类之中产生。既然主体概念是人所产生的观念，它就必然与人有着千丝万缕的关系。概括地说，人与主体的关系主要表现在如下几个方面。

就人与主体的存在之关系而言，人虽然不能独立于世界而存在，但人却可以相对于世界而存在。用萨特的话来说就是"面对……的在场"。萨特的这句话十分传神地勾勒出人的位置："在场"所表达的是人在世界之中之位置；而"面对"所表达的则是人相对于世界而在的位置。按照萨特的逻辑，唯其在场，才能面对；而唯其面对，方证明在场。但是，是什么使得存在于世界之中的人又能够面对世界而存在呢？萨特说是意识的虚无，而笔者以为这是人的"神性"。人正因为有神性，才能在存在于世界之中的同时超越出世界，将世界作为客体来认识、来把玩。

就人与主体意识的关系而言，人虽然总是脱不开生存的烦恼和纠缠，但即使在生存之忧还远未消除之时，在人的心中就已经有了蠢蠢欲动的主宰欲。远古时期人对野马的驯服虽然更多的是由生存的欲望所驱动，但谁又能说这不是人的主宰欲之初显呢？更有甚者，古时候的许多神话故事，如"嫦娥奔月""女娲补天"等，均与人的生存欲望并无多大关系，所彰显的几乎纯粹是人的主宰意欲。是什么使得人这种生命的存在能超越生存的需要与欲望，而凭空生出主宰世界之欲望呢？笔者以为这仍然是人的神性。

就人与主宰能力的关系而言，人高不过八尺，力不过千斤，何以能有主宰世界之能力？然而，人通过使用工具，利用能源，发展科技等等方法，使得人所能主宰的事物越来越多，人的主宰能力越来越大，更重要的是，人的主宰能力之提高的速度越来越快，使得越来越多的原本根本不可能的事情成为现实或变为可能。人何以能如此，笔者以为这仍然有赖于人的神性。是人的神性使得人的主宰能力越来越大，使得人成为越来越多的事物之主宰。

于是，人因为神性而与主体发生了关系。或者说，人因为神性而成为与主体相似的存在。

总而言之，主体概念是一个不限于人的范畴，但又不能不与人发生关系的概念。它必然要与人发生关系是因为人在某种意义上说已经是主体的存在；而它之所以不限于人的范畴，是因为人并不是完全意义上的"主体"。人离真正的完全主体还有着巨大的距离。

之所以引用潘先生这么长的原文，是想说明一个事实，我们常见的哲学词汇"主体"是指"对客体有认识和实践能力的人"。我十分赞同潘先生的这两个论断。

其一是"人并不是完全意义上的'主体'"。具体活动中有主体"存在"，那么，作为一种社会化实践，主体是相对而言的。比如，摄影主体是指"画面主要表现的对象，是主题思想的重要体现者，是控制画面全局的焦点"。只要具备"主题思想的体现者"的条件，都可能是主体。

其二是"人离真正的完全主体还有着巨大的距离"。

这个距离是什么？我想，是客体存在，且"人"真正因之"产生认识和实践"活动。譬如审美主体，因为有审美对象，人产生审美活动，才能真正成为审美主体。

教育的主体，只有当教育活动发生，且在教育活动中，能够把其他因素统整，使教育活动成为一种有意义的实践活动。

我想，从哲学的视角，我们其实获得的是辩证思考，在具体的社会实践中，主体存在的相对性和条件性，让我们更能够在实践中明了主体角色的存在条件。

3. 教育定义：学生是教育的客体，更是教育的主体

今天，当我们再从教育角度说"主体"，似乎显得有些落后。但是，课改十年，许多专家得出的结论是：学生的主体地位没有真正落实！

这包含两个基本信息：其一，主体是学生；其二，主体地位没有真正落实。

主体是学生，这与我们熟知的教学过程的基本规律中"教师的主导作用与学生的主体作用相统一"一致。也就是说，从教育学定义，教育主体就是学生。所以，新课程改革有一条基本理念：以学生为本。

所谓基本理念，就是一切理念之母，所有的教育教学理念都必须以此为依据，一切教育行为，都应该以此为出发点和归属。

我们后来从课程这个角度出发，开发与学科本质相统一的课程内容，诸如语文学科的"群文阅读""整书阅读"和"读写联动"等，这些课程如果不是把"以学生为本"作为出发点，那这些课程就没有开发的价值。《四川教育》杂志曾经有一组专题文章叫"创课设计支点：学生学习需要"，这是十分精准的。

那么，学生到底有无主体所应该具备的元素呢？

按照潘先生的说法，主体必须具备"独立的存在""主宰的意识""主宰的能力"三个要素。

我们可以一一进行对应，学生作为独立的存在无须质疑，每一个生命体本身就是一种独立存在。

而学生有无"主宰意识"呢？有！

首先，教育教学活动的"主宰"是什么？我以为就是教育教学活动本身。其次，学生作为主体的"主宰意识"是生命发展本身的需要，也就是学习的需要。

再看学生有无"主宰能力"。

教育教学活动的"主宰"者有以下几个：其一，国家意志——以国家教育方针和课标等文件，规定教育基本内容；其二，教师——在教育教学活动中组织教育教学内容；其三，学生——教育教学活动中通过自身的发展实现教育教学目标。

先说国家意志，作为上位主体，其人才培养目标的制定，体现了其主体性，那么学生作为培养对象，相对于国家意志，必然是客体。

再看教师，尽管我们以为具体的教育教学活动中，内容是由教师决定的，但实际上，教育教学内容是国家规定的，在国家课程之外，教师开发一些教育教学资源，也是基于学生的学习需要。所以，教师不是教育教学活动的"主宰"。

最后来看学生，作为国家意志的培养目标，他既是客体存在，又是主体存在，因为他是能动的，国家培养目标的最终实现，是学生通过自身的生命发展而存在。更为重要的是，在具体的教育教学活动中，教学内容、教师作用和氛围影响，都是以学生发展作为唯一目的，因而，学生才是核心要素，也具备裹挟一切因素的能力，可见，具体教育教学活动中，真正起"主宰"作用的是学生。

这就是说，学生作为"主体"的存在是毋庸置疑的。

这样的分辨的益处是：从人才培养目标的视角，我们知道了学生是客体，就可能在具体的教育活动中，按照国家意志，有目的有计划地将教育内容转化为学生成长的课程，而明了学生是教育活动的主体，就应该尊重学生的需要，让学生真正在课程中自主活动，获得成长的体验和乐趣。

4. 认识"学生"：让学生通过学习实践发展他自己

当今关于"学生"的理论有很多，譬如"非容器"说，譬如"成长中的人"说等。一般指正在学校、学堂或其他学习的地方受教育的人。

作为一个特殊的群体，学生还有其基本属性：

（1）学生是现实社会的成员。

作为人类社会的成员，学生拥有一切社会成员所拥有的权利，比如，生命和尊严受到法律保护，拥有独特的人格与个性，拥有独特的情感与思想，拥有人的主观能动性。

（2）学生是处于人生中身心发展最迅速时期的人。

所谓"学生"，即处于学习状态下的生命，所以，有其生物学与心理学的独特存在。比如，感知世界的独特性，一切人类经验的可塑性，可以与环境构成适切性强的交互，具有发展的潜在可能性和可塑性等。

（3）学生是学习的主体，是具有主观能动性的教育对象。

在人类特殊活动——教育语境中，学生既是教育的对象，又是学习的主体，这是极具独特性的。首先，国家对教育的意志是通过对"学生"（培养对象）的描述来体现的。比如，十九大报告中，习近平总书记以"要全面贯彻党的教育方针，落实立德树人根本任务，发展素质教育，推进教育公平，培养德智体美全面发展的社会主义建设者和接班人"重申我国的教育方针。事实上，学生最终要成为国家需要的"人"，是学生作为教育对象的身份描述。其次，学生的学习内容由国家的课程标准确定，学习过程是在教师的指导下进行，所以这也是学生作为教育对象的一个基本事实。最后，学生的学习经历是个性化的，学习结果决定教育教学的质量，这就反映了学生具有主观能动性。

（4）学生与社会的关系是一种辩证关系。

首先，学生的学习内容来源于社会生活，学习目的是适应社会生活。其次，学生的学习受社会影响，社会通过主流价值影响学生的精神品质，社会发展的成果改变学生的学习方式。最后，学生的学习取向又反作用于社会，我们经常看到学习活动对周边社区氛围的影响，就是明证。

显然，我们认定教育教学的主体是学生，是基于教育教学处于即时性状态而言的。

蒙台梭利有如下观点，儿童发展的时期是其一生中最重要的时期。道德教化的缺失和对人的心灵的危害正如身体的营养不良对于身体健康的危害一样。所以，必须为儿童设置一个适当的环境和一个适当的成长规程，这是十分迫切的需要。

显然当我们认定教育的即时性状态来定位"主体"时，又一个词语出现了，这就是"儿童"。

那么，什么是儿童？

我们都熟悉贺知章的那首《回乡偶书》：

少小离家老大回，乡音无改鬓毛衰。
儿童相见不相识，笑问客从何处来。

在我国传统观念中，"儿童"是指 15 周岁以下的未成年人。而据联合国 1989 年 11 月 20 日大会通过的《儿童权利公约》规定，"儿童系指 18 周岁以下的任何人"。

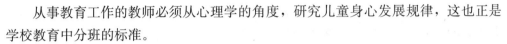

从事教育工作的教师必须从心理学的角度，研究儿童身心发展规律，这也正是学校教育中分班的标准。

无论学生与儿童的定义为何，最终在我们想描述主体时，都指向一个共同的概念——"人"。显然，这里的"人"是种类概念。与我们经常讲"上课要见人"一致，也与叶澜教授所倡导的"成人成事"之"人"一致。

马克思有一个著名的论断：人是通过实践成为自己的。虽然，马克思的这个观点是从人的产生的视角来说的，但是，这个观点也适用于人在成长过程中。人是在不断实践中改造自己的经验，并在这个过程中，完善自己对世界的认知的。

这就让我们坚定了教育活动中，学生主体的认识——无论作为教学内容的教材，还是起着引导作用的教师，都不能真正给予学生对世界的认知，只有学生通过实践，才能最终完成对世界的认知，并成为他自己。

那么，教材和教师如何介入学生的实践呢？

显然，教材通过人类已有的经验，让学生通过视觉实践，完成信息摄取，进而通过大脑的作用，实现筛选、组合和改变，形成新的经验。而教师在教材价值演变为教学价值的过程中，以陪伴的方式，确保学生自身实践完成的可能性。

总之，无论是教材影响，还是教师影响，最终都要通过学生自身的实践（学习），完成经验的"重组"。没有学生的学习实践，任何教材都会失去了价值，不论多优秀的教师，都不能完成教学活动。

所以，从根本上说，一切教育活动必须通过学生自己的学习实践来发展。

5."主体"认识的意义

我们知道，人类的一切活动，都是意义活动。这个意义，首先表现在人类的活动不是一种孤立的、简单的机械活动，即便是摄取食物这一看似简单的活动，人类都会从营养性、从口味出发，进行烹饪；其次，人类的活动是一种目的性和价值性强的活动，比如营养的摄取充满理性，并基于此选择食材。

人只有处于活动状态，并且与客观世界发生联系时，主体意义才能表现出来。而在这样的活动中，"主体"是一切活动的中心。

"主体"承载着整个活动的目的、意义、价值、秩序、过程和结果。

教育活动中，无论教学内容的制定，教学目标的确定，教学过程的调控……一切都应该置学生于中心。

"学习者中心"为一些先进理念提供了理论依据，诸如"儿童第一""学生是一切教育的第一命题""让学生站在课堂的中央"等。

把学生置于教育教学的中心，是当今教育教学对人的人文性关照，它使教育教学打上了人文主义的烙印，同时也使教育的本质得到了体现。同时在实践操作层面，为我们提倡的以学定教、先学后教、循学而教、多学少教等课堂改革提供了理论依据。

教育是一种特殊的人类活动。教育的特殊性在于教育的目的是基于"人"、发展"人"。换句话说，教育的起点和归宿都是"人"。在这个特殊活动中，确立主体地位十分重要。因为，主体是整个教育教学活动的中心，其他都是"客体"。

首先，客体是为主体服务的。

其次，教育教学必须在坚持"学习者中心"的前提下，使一切教育教学元素不越位，不要主客不分，不要喧宾夺主。

最后，教育教学要做到各元素合理配置，促进主体协调发展。

显然，传统教育教学的症结在于没有充分发挥学生的主体性。

教育教学活动中，学生的发展目标。教师作为一种特殊的资源，文本作为一种人类经验资源，环境作为一种物态性资源，"学生"利用这些资源，通过能动性促进自身身心发展，这就是"学生"作为"主体"事实的本质体现。

这样的认识对教育工作者来讲，意味着我们在教育教学工作中，必须坚持以学生为中心，同时在具体的教育教学活动中，必须唤醒学生的主体意识，积极营造宽松和谐的氛围，充分发挥学生的主体作用。

有了这样的认识，我们就会在教育教学中，从心理学的高度了解学生心理和个性特征，尊重学生作为教育主体的事实，采取有利于发挥学生主体作用的教育教学方法。

（二）教育发生即学堂

如果说"主体"表明了教育教学活动中，"主宰"一切的中心的话，那么具体的教育教学活动现场怎样落实主体性，就显得特别重要。

提出"主体学堂"，显然"学堂"有特殊意旨。

1. "学堂"历史探源：多元称谓，专义为学

"堂"在汉字中的本意是指高大的房子，后来逐渐演化为表示"场所"的意思。

显然，"学堂"之"堂"就是"场所"的意思。

郦道元《水经注·江水一》有："始文翁为蜀守，立讲堂作石室于南城。永初后，学堂遇火，后守更增二石室。"这是成都地区最早关于教育现象的记载，这里出现了两个意义相同的词语，"讲堂"和"学堂"。显然，"学堂"相当于今天的学校，而且，"学堂"即"讲堂"，主要是文翁讲学的场所，突出执教者的作用。

我们知道，中国历史上的学校教育体制有两种：一是官学，一是私学。官学有独特的称谓，如汉朝的"太学"，两晋时期开始的"国子监"。私学一般称为学宫、书院、教馆等。由于私学的主要场所多见于私人之第，所以"堂"习惯指私学。

当然，这种区别也不是十分明显。我们来读读韩愈的《秋怀十一首》：

> 彼时何卒卒，我志何曼曼。
> 犀首空好饮，廉颇尚能饭。
> 学堂日无事，驱马适所愿。
> 茫茫出门路，欲去聊自劝。
> 归还阅书史，文字浩千万。
> 陈迹竟谁寻，贱嗜非贵献。
> 丈夫意有在，女子乃多怨。

写《秋怀十一首》时，韩愈实际上是官学的"校长"——国子监博士。"学堂日无事，驱马适所愿"中提到的学堂，就是官学"国子监"。

清朝赵翼《己未元旦》诗云："青红省记儿童事，七十年前上学堂。"这里的"学堂"实际上指儿童时期的学习场所。而且，这里的意思已经不专指教师之"讲"，且含有"学"的成分。

显然，历史上的学堂，主要指基础教育的学校，当作为学堂规模不大且更多指私学时，学堂有讲学之堂的含义，相当于教室，与讲学相关，就等于"课堂"。但不管怎样说，古人尽管有师道尊严的理念，却仍然以"学堂"来规定教学场所，说明古人也对教学中让学习发生非常看重。

2. "学堂"与"课堂"分辨：现场性内涵思辨

韩愈与赵翼的诗，实际上已经表明了一个事实，学堂的意义都指场所。但如果我们仔细区别一下二者的角度，就会发现，两位诗人一个是从教师这个角度来说的，另一个是从学习者角度来说的。

从师者角度讲，"学堂"是教师执教之所，是讲堂；从学习者角度讲，"学堂"是学习之所，是真正意义上的"学堂"。

这让我们联想起一个词语：课堂。

事实上，课堂如果从汉语语义上讲，更多是"讲堂"，因为在汉语中，"课"有"监督""督促""考核"等语义，"课堂"实施者是教师，因而更多突出教师的作用。

而在英语中，课堂是"lesson"，来自拉丁语"lectio"，意思是"阅读"和"说出来"，显然主体是学生。

当然，我们今天依然习惯用"课堂"来指学习全过程之复合体，其意义更多出于与"课程"的关联。

我们认为，"学堂"应该更能描述以学生为主体的课堂教学现场的本质：主体活动的现象描述——学习。也就是说，"学堂"就是"让学习真正发生"的场域和时空。

这就让我们不得不仔细辨析"学习"这个词。

汉语中，"学"和"习"本有特指。《尚书大传》说："学，效也。近而愈明者学也。"即所谓"上所施，下所效"，就是"效仿"的意思。《说文》有："习，数飞也。""习"是小鸟反复试飞，也就是"练习"之义。所以孔子的"学而时习之"，就是"模仿后练习"。

小鸟通过模仿母鸟的动作，不停试飞，从而获得飞翔的本领，这就表明学习是一种生命发展的必然途径。人的发展，需要通过学习来实现。所以，汉朝哲学家王充说："人有知学，则有力矣。"当然，人的学习与动物的学习是有区别的。人的学习应该有三个方面的主旨：一是学以立德，通过学习，获得正确的世界观、人生观、价值观和社会道德观念；二是学以增智，通过学习获得人类经验、基本知识和专业能力；三是学以致用，把学习掌握的知识用于个人发展的具体实践。

如果说"学堂"是学习的场所的话，那么，真正让学习发生，作用还在学习者自身的内化，这就是杜威所倡导的"经验的重组"。换句话说，"学堂"指学习发生的在场性。作为人类特殊的社会活动，教育必须具备在场性，才能发生和发展，并产生期许的效果。因此，"学堂"描述了教育发生的客观事实。这就是说，我们以

"学堂"来描述主体存在的状态——主体在具体教育教学活动中，通过学习活动促使生命发展变化，就是"学堂"的本义。我们以"学堂"来取代"课堂"，就是从尊重主体在课堂中的主观能动性，让课堂中的主体，处于学习的状态，使学习成为学堂中的主体的条件得以满足，价值得以体现。

　　某种意义上说，没有学堂的支撑，主体就不具备主体的条件。

姚嗣芳在全国名师"小学生语文学科素养"研讨会上发言（摄于 2010 年）

（三）"主体学堂"新内涵

　　当我把自己的教育教学思想凝练为"主体学堂"的时候，分解"主体"与"学堂"自是免不了的。我工作了十三多年的成都师范附属小学有尊重学生主体地位的传统，有基于"情知教育"为基础的教育文化，有我多年进行的由语文学科课堂研究和小学生主体性研究，以及受郭思乐"生本教育"思想启发的语文教学样态实践研究。正是在这些实践研究的基础上，我们对课堂教学和学校教育进行了深入分析，在大量课例和教育案例中，我们找到了我校课改十年之后的新的教育文化内涵——"主体学堂"。

　　假如，我们按照字义和上述归纳，把"主体"与"学堂"合起来，就是以学生为主体，让学生的学习真正发生。

显然，"主体学堂"不是将"主体"与"学堂"的意义叠加，而是一种教育文化的重构。"主体"指的是一切学校教育教学活动中，认识活动和实践活动的承担者是学生，并让我们从心理学高度认可在教育活动中，学生的年龄特征与认知规律，使我们的教育教学有了真正的落脚点。"学堂"则进一步将教育活动的时空做了基本定型的描述：学习的在场性，可以让我们将教育活动的焦点聚焦在学习是否真正发生这个问题上。"主体学堂"的基本意义则是：遵从教育的规律，充分发挥学生的主体性，让学生自主地学习，并在学习过程中完成核心素养的提升、学科能力的提高、学习动力的存蓄。从这个意义看，"主体学堂"与新课程改革以来的基本理念一脉相承，是教育原点性常识的扩展描述。

"主体学堂"并非是新课程改革以来的基本理念和教育原点性常识在词汇上的创意，而是有本位上的创新，是基于当今教育哲学的发展，基于教育原点性常识的时代审视，基于社会背景的学情特点，在关注"中国学生发展核心素养""坚持学习者中心""教育均衡发展和受教育机会公平"的基础上，创新解读学习者本质和学校教育的本质。

我认为，"主体学堂"既关注"主体"的生命状态，又关注教育活动中主体心智的特殊状态，是生命终极关怀教育视点的人文性彰显；"主体学堂"既充分发挥教育主体能动性的"自觉"，又充分发挥人类文化育人性的"启示"，是教育的主体性探究的递进式成果；"主体学堂"既能够全面关注学生，又能够关注学生的个体特点；"主体学堂"既体现核心素养的学校教育落实，又昭示了"学习者中心"的课堂革命行动。

在深入探究的基础上，以学科教学为实践样态，我赋予了"主体学堂"思想体系。

1. 主体学堂的外显特征

曾经在我们的常态课中存在着如下问题：学生被动学习，主动参与不足；课前过多预设，课堂生成不足；太多单生问答，有效沟通不足；课堂气氛沉闷，师生活力不足等不理想的状态。这些状态所折射出的教师教学理念，不符合新课改确立的"以学生发展为本"的核心价值追求。反思已有的认识成果，我发现，我们的传统教学，更多的是从教师教的角度解决课堂教学问题，而没有把学生学的研究摆在重要位置。

姚嗣芳在成都市"内涵发展　聚焦课堂"系列展示活动中

执教《丝绸之路》（摄于 2010 年）

　　只有进行课堂变革，才能真正做到"以学生的发展为本"。课堂变革，意味着在某些方面要否定自我，超越自我。这需要教师在促进学生全面发展上求突破，在发挥学生主体作用上用心智，在指导学生有效学习上下功夫，把关注点从教师的"教"转向学生的"学"，这是教学改革的重要突破。"主体学堂"研究就是成师附小从学生"学"的角度开展的新一轮课堂教学改革。

　　学生的"学"应该是一种什么样的状态？我使用了"学习主动、交流互动、多元活动、成长生动"为以学生为主体的课堂画像。

　　"学习主动"——每一个学生都能在课堂上表现出自觉能动、积极投入的学习愿望和行为倾向。

　　"交流互动"——课堂上不仅仅是"教师讲，学生听"这样单一单向的学习方式，学生要和同伴、教师等进行更多的多面信息交流。

　　"多元活动"——学生在课堂上的活动内涵丰富，活动方式多样，并有多种活动结果。

　　"成长生动"——学生最终呈现出灵动、蓬勃的发展状态。

2. 主体学堂的内涵

学生在课堂上的"四动状态"如何通过实践层面的课堂教学得以实现？在"主体学堂"的实践探索中，我用"三学一导"赋予了其基本内涵。

（1）"主体学堂"以"尊重"彰显主体地位。

承认主体地位——学生既是教育的客体，又是课堂的主体。其主体性表现在学生既是认识和实践的主体，也是自我发展的主体。

在教学活动中，建立和谐的师生关系，并以"学习共同体"为纽带——课堂教学语境下，教学活动由活动设计、全员参与、展示评价和改进落实四部分组成。其中，教学设计由教师根据教学内容提供，全员参与则主要以小组合作学习形式展开，而展示评价突出学习活动的过程性和生成性，改进落实则由集体评议、教师参与和个体完成为主要形式。

相互尊重建立学习生活常态化——以师生相互树立"尊重每一个人的人格和尊严"观念为基础，教师以"尊重学生个体差异""尊重学生已有基础""尊重学生发展需求"三个"尊重"为前提，竭力保障每一个学生的学习权利。

（2）"主体学堂"以学生发展为主线。

"主体学堂"认为，发展是一种状态。学生的发展分为生命体发展和心智发展两个方面，生命体发展既有自然发展的形态，也有教育教学的作用，心智发展则主要通过教育教学活动来实现。教育教学活动下，学生通过学习人类文化，达成心智成长的"自觉"，表现出"学习主动、交流互动、多元活动、成长生动"的"四动"状态。

"主体学堂"认为，发展是一个过程，这个过程是在学生亲历学习活动时，具有全面参与性、经历体验性、获得感受性的心理活动过程，这个过程也是学生"参与—实践—认知—评价"的学习活动过程，这个过程更是"活动—交流—内化—表达"的生命体的实践活动过程。在这个过程中，教育教学的因素是"食材"，核心素养内容是"营养"，最终作用于学生的发展。

"主体学堂"认为，发展是一种生态。这种生态，表现为以"创新人才培养"的创新发展为引擎，以知情意行统一的协调发展为平衡点，以全面生动、身心协同、育人为本的绿色发展为根本，以兴趣激扬、疑思启发、视野拓展和沟通课内外、联通校内外为发展的通道，以构建合作学习为内涵的学习共同体为共享发展的载体，实现发展的生动性和内涵性。

姚嗣芳参与学生的小组讨论（右三系作者　摄于 2010 年）

（3）"主体学堂"以"三学一导"为内在特征。

所谓"三学一导"，是指"独立先学、小组互学、全班共学、教师导学"。

独立先学是学生独立面对学习材料的个性化学习，强调要带着独立学习的成果，以准备性作业为载体，让学生预热、尝试和积累，帮助学生明确学习目的、形成学习困惑、解决部分学习问题、找到学习的起点。同时在独立先学的基础上，找到与他人合作的学习盲点，使后续的学习在交往中实现"互惠""互助""互补"变为可能。

小组互学是指学生在小组中交流独立先学过程中的收获、体会、困惑、成果等，实现平等交流与共享，形成合作意识与能力。小组互学的方式包括听取、说明、求助、反思、自控、帮助、支持、说服、建议、协调。在小组互学过程中，老师的导学主要包括任务投放、合作能力培养、小组建设、过程指导。小组互学更凸显一个"互"，首先是交互中的学习，是你来我往，是静静地倾听与积极地回应，是民主的对话与愉快的分享，让合作学习活动愈加深入。

全班共学是指学生个体和学生小组面对全班以汇报、补充、质疑、反思、讨论的方式共同学习，形成更高层次、更广泛的共识。学生在独立先学和合作互学之后，通过广泛的全班交流反馈自己的学习内容、思路和方法，将成果内化到已有的认知结构中。在整个活动过程中，教师积极发挥主导作用，贯串教师导学的表现形式主要有追问（展现学生思维过程）、点拨（提升学生认知水平）、鼓励（支持学生的共学行为）等。

（四）主体学堂价值观

"主体学堂"描述了我近十年来的教育教学实践，我受到过不少专家的肯定和鼓励，也促使我去深入探究其内在的价值。

1. 让主体自主选择

主体的能动性体现在具体教学活动中，是以自主的方式存在，因为"自主"，故能"主宰"。

课堂教学中，让主体充分自主有以下体现：

（1）让学生自主选择学习内容。

在教学活动中，在学生整体把握课文内容的基础上，老师可以引导学生根据个人的兴趣，自主选择深入学习的内容。比如，有一次，学生在学完一组二年级的归类识字内容后，识字能力提高很快，学习兴趣非常高，他们向我提出能不能把第二组归类识字提上来接着学，我就尊重了学生的选择，满足了他们的愿望。在有些课文的教学中，我还可以鼓励学生按个人的需要确定学习内容的先后顺序。比如，《海滨小城》一课分别介绍了海滨、小城的庭院、公园和街道，我让学生把自己当作一名游客，愿意先到小城的什么地方去，就先学哪一段。

（2）让学生自主选择学习方法。

在教学活动中，学习方法是多种多样的。由于每个学生认知结构的特点不同，因而其认知的方法必然会有各自的特点。比如在理解词语时，孩子们可以通过造句来理解，可以联系生活经验说意思，也可以通过画画、做动作来理解。有一次，有学生提出不懂"挺立"这个词，有一个孩子说："我能解决这个问题。'挺立'就是站得很直。"另一个孩子说："我可以做动作来表示。"说完就做出了站得笔直的样子。还有一个孩子说："我可以画一个人挺立的样子。"在识字教学中，我除了引导学生根据汉字的规律来识字外，还可以鼓励他们选择巧妙简便的方法来记忆字形。有一个学生是这样来记"比"的：哥哥和弟弟在比赛跑步，哥哥因为脚要长一些，就跑在弟弟前面了。我及时肯定了这种独特而形象的记忆方法。比如，学习《登山》

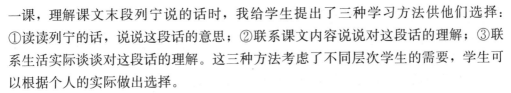

一课，理解课文末段列宁说的话时，我给学生提出了三种学习方法供他们选择：①读读列宁的话，说说这段话的意思；②联系课文内容说说对这段话的理解；③联系生活实际谈谈对这段话的理解。这三种方法考虑了不同层次学生的需要，学生可以根据个人的实际做出选择。

（3）让学生自主选择表达方式。

教师不仅要引导学生进行个性化的学习，而且要鼓励学生自主选择表达的方式，不搞"一刀切"。例如，有一次《成都商报》报道了一则新闻，说成都海洋馆的三只小海豹因为误吃了游人扔下的塑料袋、铁丝、硬币等东西致死。我就引导学生针对此事进行讨论并自由模拟角色写作，结果学生的表达方式非常丰富：有写海豹自述的，有模拟海豹妈妈给人类写控诉书的，有写海豹日记的，有模拟海洋馆工作人员写感受的，有写诗歌的，还有写剧本的……各种个性化的表达非常生动。

（4）让学生自主选择交流伙伴。

在教学活动中，学生的交流是经常的。针对不同的学习内容，老师要允许学生自主选择交流的伙伴。有时可以与同桌交流，有时可以在四人小组内交流，有时可以跨组自由交流，有时可以面向全班交流。

总之，学生是有差异的，如果用同一标准去要求所有学生，有些学生肯定不能达到要求。每个人都有各自的潜能，我们给予学生学习的选择权，就是为了把各自的潜能发挥出来，让每个人都获得成功。学生自主选择，是他们的主体意识、主体行为、主体能力的重要体现，我们在教学中要十分关注并满足他们在学习中自主选择的需求。

2. 让学习真正发生

如前所说，"课堂"一词在中国古代，主要指"讲堂"，以教师为施事者；在英语中，主要是"阅读"和"说出来"的意思。

我以为学习首先是一种对话与修炼的过程，是与客观世界、与他人、与自我不断对话从而获取人类经验和自我认知的活动过程。

说到底，学习就是把自己的经验拿来不断与他人的经验进行交流并相互印证，从而完成对自己原有经验的改造或重组，使认知结构随着新知的充实而不断调整、扩展，最终实现真正有意义的建构。

从这个意义上说，承认主体地位，即意味着让主体在具体的教学情境中，进入学习活动——唤醒学习热情，愉快展开交流，进行基于自身已有经验的信息提取、筛选、重组和提炼，最后实现信息输出。真正的学习常常是学生个体通过自我发现、自我感觉、自我体悟产生的。总而言之，真正的学习只有靠个人内化才能实现。

主体学堂的"独立先学"正是基于此——将前置性学习作为确保自我发现、自我感觉、自我体悟能够发生的条件，并在后续的环节中，实现学习层次的递进，确保每一个学生个体都能够实现真正的内化。

不可否认的是，班级授课制下，学习必须发生于群体。那么，如何在群体学习中使每一个学生的学习都能够真正发生？

"主体学堂"倡导以改变学习方式来实现"让学习发生"。

新课程改革提出要充分激发学生的主动意识和进取精神，倡导自主、合作、探索的学习方式。自主学习是基础，合作学习是关键，探究学习是根本。

（1）自主地学。

自主学习，就是要使每一个学生都成为学习的主人，在教师的指导下，每个学生都能通过自己的思考、探索、实践等活动去获取知识，并在主动探索的过程中，体会到学习的乐趣和成功的喜悦，逐步找到适合自己的学习方式，最终把学习变为自觉自愿从事的活动，养成自主学习的习惯，获得自主学习的能力，为他们的终生学习和发展打下良好的基础。自主学习，就意味着教师要给学生更多的学习自主权，引导学生自主提问、自主读书、自主讨论、自主评价，尽量增加学生个体独立学习的时间，落实每个学生个体的自主学习。为此，教师应对学生如何自学提出明确、具体的、可操作的要求，让学生独立思考、独立理解、独立品味、独立体验，以促进学生自主发展。

（2）合作地学。

合作学习是指学生在小组或团队中为了完成共同的任务，有明确的责任分工的互助性学习。合作学习有利于改善教学中的师与生、生与生的关系，有助于培养学生合作的精神、团队的意识和集体的观念，培养学生的竞争意识与竞争能力，真正促使每个学生的发展，帮助学生学会交往、学会交流、学会关心、学会做人。

当前的合作学习在实践中大致存在以下六大问题：一是独学的虚化；二是独学的不足；三是合作的过度化；四是合作的浅表化；五是合作的功利化；六是被合作现象。

为了确保合作学习的有效性，主体学堂强调合作学习小组的建设。小组合作学习有多种方式，如同桌互帮、四人研讨、多人协作、自由组合等。教师要根据教学实际需要恰当采用。例如，在执教《我爱故乡的杨梅》时，在学生充分感受杨梅的特点之后，老师抛出了一个又一个大胆新颖的问题："假如你是一个江南小镇的人，你将如何向游人介绍故乡的杨梅？""假如你是一个水果店的售货员，你将如何向顾客推销江南的杨梅？""假如你是一个刚从江南旅游归来的人，又将如何向亲朋好友介绍江南的杨梅？"在老师的启发下，孩子们很快找到了新的"角色"，开启了思想的大门。在那一刻，他们沉浸在了合作创造的愉悦和激动之中，一句句饱含真情的话语，一段段迸发创造激情的小品，在跳跃，在涌动，在喷发！瞧——有江南女子提着杨梅到成都走访亲友；有导游小姐带着游客参观江南的杨梅林；有游客正为买桂圆还是买杨梅争论不休；有成都朋友因贪吃杨梅连麻婆豆腐也咬不动了；还有杨梅树和杨梅果这对母子的精彩对话……别开生面的情境创设，鲜活而充满灵性的言语表达，这都是合作学习带来的奇迹。

当然，要想小组合作学习有序而高效，教师必须对学生进行小组合作学习技能与习惯的培训，教会学生进行角色分工，强化学生的责任意识、竞争意识、合作意识，有效地进行合作学习，避免合作学习流于形式。在学生进行合作学习时，教师要深入到各学习小组望（观察）、闻（耳听）、问（嘴动）、巡（走动），成为视导员、咨询者。

（3）探究地学。

有这样一个案例：中国某地的一节公开课，邀请了几个外国专家听课。那堂课上，老师的表现非常精彩，学生们的反应也异常热烈。听毕，在大家的掌声中，有人询问几位外国专家的观感。没想到，几位专家不以为然，而且非常吃惊地问："为什么看不到学生提出问题？所有的问题都是老师提出来的，学生没有疑问的话到课堂里学什么来了？"

那几位专家的疑问让我们反思：在很多的课堂上都充满了问题，可发问者大多是老师。而学生的学习过程，从本质上看，就是"发现问题—提出问题—分析问题—解决问题"的过程。可是这个过程的前两个阶段却往往由教师的提问取代，这对学生探究精神的培养和探究能力的提高是很不利的。

因此，在教师精心设计问题的同时，更要重视、鼓励和引导学生自己去发现问题、提出问题。正如肯尼恩·胡佛提出的："整体教学的最终目标是培养学生正确提出问题和回答问题的能力。任何时候都应该鼓励学生提问。"我们教师的责任就是要保护学生质疑的积极性，逐步引导他们从敢问到善问，使其拥有敢于质疑的精神、乐于质疑的心态、善于质疑的方法，成为质疑的主体、探究的主体。

无论是自主学习还是合作学习、探究学习，教师都应有明确的、具体的要求，切忌流于形式，只走过场。要防止自主异化为自流，合作学习异化为自由活动，也要防止用集体讨论来代替个人的静心阅读。

当然，学习是一个最终将经验重组并形成新的经验的过程。学生在既有经验的基础上，未必都能够实现这种经验的攀升，所以，"主体学堂"以"教师导学"为升华点，确保学生的学习过程更为丰富和完善，促进学习品质的提高。

可以说，我们提出的"主体学堂"，考虑到学生学习的发生学原理，确保在具体教育教学活动中，"让学习真正发生"不会成为一句空话。

3. 让学习满足需要

学习是主体在具体教学情境中的生命状态。

这种状态，有一个最为关键的因素，那就是学习动力。

从哲学上讲，这里有一个内因和外因的关系——教学内容、教师作用、教学情境都是外因，而学生的学习内需，才是真正的内因。

我们知道，内因是事物发展的根本条件，是事物发展的核心因素。

从心理学上讲，先要满足"需要"，然后才有"创造"，每个人在不同的发展阶段都会从自己的实际出发，形成一定的物质需要和心理需要。作为小学生，他们的各种需要理当得到充分关注，如此才有助于他们未来的发展。

（1）在小学生的发展过程中，有多种层次的需要。

人的活动都是有目的的，目的都是满足需要。在人的发展过程中，有各种层次的需要。

对于小学生来说，他们的需求主要有这样几个层次：一是生理需要，如衣食住行、安全、休息等；二是精神需要，包括获取知识，受到尊重，得到理解、爱护、赞许、友谊、荣誉等；三是发展需要，即希望自我实现、个性张扬，成为某方面的专家，取得某领域的成就等。

教师要全面关注学生需求，为其今后发展打好基础。

　　主体学堂坚定"以学生发展为中心"的教育理念，不仅要使学生获得知识、增长能力，而且要让学生在情感、态度、价值观方面得到良好的发展，还要使学生具备健康的体魄、健全的心理，为学生未来的发展打下坚实的基础。这样的教育价值取向，要求教师将学生的需求置于教学活动的出发点和核心地位。

　　因此，一名语文教师，不仅要关注学生语文知识和技能的获得、学生语感的形成，而且要关注学生与学习语文有关的情感态度和价值观。而且，语文教师的关注应从近期关注（学生学习语文的兴趣、人格尊严、心理需求和个性差异等）走向远期关注（为学生终生发展打好语文基础），以使学生形成良好的语文素养，带着希望和自信离开教师和学校。这样，才能用我们倾心的关注为学生的终生学习与精神成长填充最纯真亮丽的心灵底色。

　　为了学生的发展，必须关注学生的需求，用我们教师的爱心与智慧，用我们的引导，去改变教学活动中学生主体性失落的状态，让课堂充满勃勃生机，让教学显现真正活力。

姚嗣芳带领学生春游（第二排右一系作者　摄于 1988 年）

（2）教师营造平等对话氛围，让学生能够得到想要的信息。

　　新课程强调教学的本质是以对话、交流、合作为基础的知识构建活动，这就要求教师和学生在教学活动中共建一种互动互惠的师生关系。教师要创设引导学生主动参与的教学活动，激发学生的学习热情，培养学生掌握和运用知识的态度和能力，促进学生的发展。

教师要有民主的教学作风，建立平等的师生对话关系。教学过程是师生交往、积极互动、彼此感染、共同发展的过程。教师只有把自己放在和学生平等的位置上，与学生展开有效的交往和真诚的对话，学生才会有安全感，才会真正敞开心扉，积极主动地参与到教学中来，释放出自己的潜力、活力和创造力。因此，教师要诚心诚意地把学生当作学习的主人，对每一个学生付出自己的真爱，尊重学生的人格，尊重学生的主体尊严，努力营造民主、和谐、人道、平等的人际氛围，满足儿童的情感需求，使儿童身处充满爱的课堂气氛中，通过对话、交流、合作建立和谐、平等的师生关系。师生之间互相接纳、互相交心、互相理解，真正实现从师道尊严的教授者到平等民主的学习协作者的角色转换，打破学生对权威盲从的心理，使师生关系首先成为一种十分亲和的人际关系，使教学过程成为师生平等交流对话的过程，使学生体验到民主、信任、关爱、宽容与理解，进而受到激励、鼓舞、指导与建议，形成积极的丰富的人生态度与情感体验。

另外，教师要做学生的朋友，当好学生学习上的顾问、参谋和合作伙伴。在课堂上教师要积极关注学生的学习活动状况，耐心倾听学生的发言、谈话、询问、质疑，给予学生热情的鼓励、及时的引导，使学生获得一种被关注的满足感，进而激发他们积极参与、深入探究的热情。

教师要在课堂上创设"让儿童自由呼吸"的氛围。在教学活动中，教师要以一个组织者、参与者的身份置身于学生之中，与学生进行真诚、平等、和谐的对话，与学生一起探讨问题。在此过程中，教师的语言应该是亲切和蔼的，不应生硬责备；应是多谈话交流式的，而不都是提问回答式的。教师形象生动、富于智慧的语言，一个含蓄的微笑，一句鼓励的话语，一个富有启发性和创造性的问题，一次激起学生强烈学习动机的探索活动，都能使学生获得情感上的丰富体验。老师要自觉地和学生心理换位，站在学生的角度多想想。尤其是对那些性格内向，自信心和学力不强的孩子，要给予更多的关注，有意识地为他们提供表现自我的机会，使全体学生处于无拘无束、平等合作的教学氛围中，为学生创造最佳的学习环境。不用成人的标准去衡量儿童，以宽容之心接纳孩子真实的学习水平，不让学生带有任何精神压力参与学习，为学生的自主学习提供心理上的安全感和广阔的心理翱翔的自由空间。

让学生敢于说话，敢于提问，敢于发表自己的独特见解，使学生兴趣盎然、情绪高昂、思维活跃、畅所欲言，真正成为学习的主人，使各类孩子都能在自己原有的基础上得到最大程度的发展。

另外，教师要通过实施语文课程，引导学生营造一个丰富而充实的内部世界，一个富有诗意的心灵世界，一个可供精神自由翱翔的理想世界，让学生在其中睁开想象的眼睛，张开想象的翅膀，真正得到心灵的解放，给学生创造出安全而自由的心理环境，使学生真正走上发现创新之路。

现代语文教师角色不仅仅是传统意义上韩愈所说的"传道、授业、解惑"的人，而应是学生学习的伙伴，是与学生彼此平等的沟通对象。教学过程是师生互动、互促的过程，是焕发师生生命激情、激发师生生命潜能的过程。

一位好的语文教师，应是学习活动的组织者、倾听者、合作者，能够依据不同的学习内容、不同的学生特点，以不同的形式发挥自己的"主导"作用。一方面为学生提供必要的知识背景，提醒文本之中值得注意的地方；另一方面以自己的理解与学生进行心与心的坦诚交流，有心灵的投入，多向的交流，把教材、文本当作师生、生生对话的媒介，与学生一起走进文本，与作者的心灵和情感发生共鸣，从而得到心灵的滋养，使教学过程成为师生同构共建的过程。

教师还要引导学生善于质疑、巧于释疑。可用"这个问题谁懂？谁能帮助解决？"之类的语言激励学生参与探究，以扩大思维探究面的广度；可用"是这样的吗？大家都同意吗？还有没有别的意见和看法？"之类的语言启发学生参与议论，以开拓思维探究点的深度。

在师生平等对话的过程中，针对学生的疑点、难点、重点、分歧点等，教师要进行及时的点拨引导，具体有以下策略方法：

①引向仔细读书（对话应不脱离文本）。

②引向正确思维（点拨思维活动的方向）。

③引向自寻答案（"有疑问，不轻授，欲其自得"）。

④引向深入探究（允许理解的差异，鼓励求异的萌芽）。

⑤提倡各抒己见，欢迎保留意见，恰当表明己见。

（3）引导学生主动参与，完成学习需要的自我满足。

参与是人们表现自己、发展自己的重要途径，是人的基本精神需要之一。苏霍姆林斯基指出:"在人的心灵深处,都有一种根深蒂固的需要,就是希望自己是一个发现者、研究者、探索者,而在儿童的精神世界中,这种需要特别强烈。"传统的课堂教学往往忽视了儿童的这种需要,教师充当的是拿出现成答案或真理的角色,是课堂的主宰者,学生则进行着接受性的学习。新课程强调学生是语文学习的主人,要把课堂教学的过程变成在教师指导下学生自读、自悟、自求、自得的过程,使每位学生真正经历从不懂到懂、从不会到会的全过程。

改变被动状态,引导学生主动、能动地参与。教师要积极转变角色意识,以课堂的组织者、引导者和促进者的身份置身于学生之中,努力改变传统教学中教师讲学生听的被动接受、机械模仿的学习状态,调动学生的多种感官参与学习,眼、耳、手、口并用,激励、引导学生主动、能动地参与教学活动,真正成为学习的主人。

教师要注意灵活地选择和组织教学形式,善于创造"学"的空间,绝不要简单地把结论告诉学生,而要与学生一起学习、一起探讨、一起兴奋、一起激动,促进学生的自学、自读、自悟、自得。尽量做到规律让学生自主去发现,方法让学生自主去寻找,思路让学生自主去探究,问题让学生自主去解决。尽量减少教师讲授的时间,引导学生自己经历学习的全过程,进而获得亲身的体验,从而有所感受,有所发现。教师要特别关注学生的学习方式,在教法上不拘一格,引导学生围绕重点、难点、疑点,通过分析、比较、想象、讨论、诵读、习作、表演、游戏等多种形式的实践,深入进行听说读写和思考领悟的训练。在语文课中,教师要重视语言的感悟和情感的熏陶,大胆放手,尽可能把发现、选择、探究、体验、表现、合作交流以及评价的机会留给学生,突出学生的自主性,引导学生自读、自悟,并适时鼓励学生交流读书心得,品尝读书的喜悦,在汇报中碰撞思想、交换资源,赞成的、反对的都要拿出依据,相互启发补充,相互促进提高。

教师还应特别关注全体学生的参与状态。每堂课上,有一些非常积极的参与者,也有一些很被动的参与者,或者根本不参与的学生。教师要特别关注那些没有参与的学生在干什么。他们是在认真地倾听、思考,还是在很被动地接受,或是完全游离于教学活动之外。教师要通过各种方法调动这些学生的积极性,并反思自己的教学设计,思考如何让更多的学生参与到学习活动中来。

积极创造条件,为学生提供参与教学活动的平台。教师要积极创设引导学生主动参与的教育情景,激发学生的学习热情,为学生提供参与教学的平台。教师就要从知识的传授者变为学生学习的组织指导者、学生知识获得的点拨者、学生能力的训练者，充分保证学生自主活动的时空。教师应该相信学生的潜力，给时间，给机会，给指导，摒弃烦琐的分析讲解和穷追猛打式的提问，把问的权利还给学生，把思维的过程还给学生，把读的时间还给学生，把讲的机会让给学生，把写的安排挤进课堂，大胆放手，保证学生有足够的时间和空间自读、自悟，自我表现。教师尽可能少讲少问，凡是学生已经掌握和能通过自学掌握的内容以及与学生认知水平相距过远的内容，就不必教；对于使学生处于"愤""悱"状态的问题，则用心教，这是为学生的长远利益和终身发展负责。只有这样，才可以使学生既保持对学习的浓厚兴趣和旺盛精力，又能感到学有余力，享受"自得之美"，使学生感到课堂时间短暂而愉快，课堂空间广阔而丰富。

在具体的教学活动中，教师可以从以下几个方面为学生提供参与平台：

①让学生参与决策。

教学的最终目的是为了学生自身的发展，因此教师一定要"目中有人"，重视对学生的研究，关注学生的需要，关注学生所关注的问题，准确地了解学情。不能仅仅根据自己的主观设想确定教学内容和教学方法，而应尊重学生的自主性，注意教学民主，关注学生在学习过程中真正关心、感兴趣的问题。多征求学生的意见，让学生分享学习的决策权，引导他们按自身的需要确定学习目标，提出重难点，选择学习的方式方法，从而激发学生的主体意识和创造思维，提高主动参与的积极性。教师在构想教学内容和教学环节时，要尽可能地将学生的兴趣点、困惑点及发展点作为教学的重点和难点。例如，学生在预习《我们家的猫》时，提出了不少疑惑：为什么说大花猫有些"古怪"？为什么说大花猫"温柔可亲"？小猫不会哭，为什么说它"撞疼了也不哭"？为什么老舍先生的花被折腾得枝折花落他也不生气，还说"喜欢都来不及"？经过师生整合，就将本课的研究重点定为两点：感受猫古怪、淘气的特点；体会老舍先生对猫的喜爱之情。在预习《穷人》时，学生对文中人物的表现提出不少问题，如为什么写桑娜的内心活动时有很多处省略号？桑娜为什么不敢抬眼看丈夫，而且脸色发白？为什么文中两次写到桑娜和丈夫的沉默？针对学生的困惑与需要，老师就重点引导学生体会桑娜忐忑不安的心理活动。

②让学生参与示范。

有些时候，教师要让出自己的舞台，让学生走上讲台，放手让其当小老师，为同学讲解示范、表演示意、绘图解说等，充分展示学生的才干，锻炼学生的能力。

③让学生参与主持。

教师要充分相信学生，在适当的时候，可以让学生当主持人，组织全班学生讨论、交流、竞赛、辩论、评议、总结、设计板书等，培养学生的思维能力、表达能力和人际交往能力。

只有这样，学生才能真正在实践中获得学习需要的自我满足。

姚嗣芳执教研究课《叙事作品中的环境描写》(摄于 2015 年)

4. 让学科发展学生

按照新基础教育学派的理论，教育就是：教天地人事，育生命自觉。显然，前者指出了教育内容的博大，后者指明了教育的价值取向。

"天地人事"如果是泛指，那么一门学科则是其具体化。

传统意义上的学科教学，表现为人类经验的传递式和系统路径式，以知识作为内在线索。

"主体学堂"吸纳新基础教育学派的研究成果，认为学科知识是外显线索，内在线索是育人价值。

"主体学堂"以强化主体性为出发点，认为学科有其内在本质，教学要服从于学科本位，要创造性使用教材。

教材是学科内涵的核心，怎样做到以学科育人？

我以为，关键是如何科学地使用教材，将教材蕴含的育人因素演化成教育教学活动中学生自主发展的"营养"。

传统的教学观认为，教材是教师实施教学的依据，又是学生学习的依据。在课堂教学中必须忠实于教材，严格按照教材的程序与要求组织教学。在这种指导思想下，教师很少对教材进行合理的处理加工，导致其思路受制于教材，按部就班地呈现教材内容。学生学习的思路受制于教师的教案，课堂陷入以教师为中心，学生被动接受知识的局面。我国传统的语文教学中，教材一直顶替着课程，"教语文"成了"教课文"，教课本成了语文教学的唯一途径。无论教材怎样改革，教材的内容始终是文字的、静止的、平面的、结论性的，然而课堂本应是有声有色的、立体的、充满活力的创造活动。因此，教学质量主要取决于教师对教材的感受、理解、把握、实施的质量和效果。

"教材无非是个例子"，叶圣陶先生一言，精辟地对教材意义做了定位。"用教材教而不是教教材"是课程改革向教师提出的新要求。重新认识和理解教材，摒弃教材即课程的落后教材观，树立"教材是范例"的崭新教材观，教师要突破教材对学生的禁锢，创造性地使用教材，而不能成为教材的奴隶，要做教材的主人，既遵循于教材，又不囿于教材；既凭借教材，又要跳出教材。教师应在深入钻研教材的基础上，立足课标，大胆处理教材，充分挖掘教材中的学科思想和方法，紧紧围绕"以学生发展为本"这个主题加工、使用教材，把学生终身可持续性发展作为教学的根本目的。

（1）创造性地使用教材的表现。

创造性地使用教材要求教师在充分了解和把握课程标准、学科特点、教学目标、教材编写意图的基础上，融入自己的科学精神和智慧，设计出活生生的、丰富多彩的课来，充分有效地将教材的知识激活，以教材为载体，灵活有效地组织教学，拓展课堂教学空间。创造性地使用教材是教学内容与教学方式综合优化的过程，是课程标准、教材内容与学生实际相联系的捷径，是教师智慧与学生创造力的有效结合。

创造性地使用教材主要表现在两个方面：其一，对教材的灵活运用。对教材的灵活运用主要指的是教师结合本地区的实际情况，特别是联系学生的生活实际和学习实际对教材内容进行灵活的处理，及时的调整教学活动。比如，更换教学内容，调整教学进度，适当增减教学内容，重组教学单元，整合教学内容等。新课程标准要求教师创造性地理解和使用教材，可结合本地域经济发展、文化特点的特殊需要，充分利用具有本地区特色的丰富课程资源，开发出既符合课程标准又能体现当地实际、丰富多样的教材。其二，对课程资源的合理利用。教师对课程资源的合理利用首先表现为教师对教辅、教具的自主开发。当教师的教学成为极富创造性和个性化的活动时，教材出版单位及市场所提供的教辅、教具必然不能满足真实的课堂需求。适合自己课堂教学的教辅、教具的开发就成为教师教学活动中的重要一环。因此，创造性地使用教材的一个重要表现还在于要求教师依据新课程的理念和自己的教学需要，因地制宜地开发、制作简单的教辅、教具，尤其是有利于学生自主、合作、探究学习的教辅和适宜学生交流感受、动手操作及在小组合作中使用的教具。

　　合理、有效地利用一切可利用的资源，最大限度地做到资源共享，是教师创造性地使用教材的基本保障。对教师来说，教师之间及教师与学生、家长之间的合作尤为重要。教师要善于了解、发现学生及家长的情况、变化，及时挖掘与教学内容相关的教育教学资源，还可以请他们一起参与教学活动，使教学活动过程与学生生活实际密切相关，成为由师生甚至是家长和社会人士共同创造的过程。

　　创造性地使用教材的一个终极表现是有效地利用自身、班级及学校的特点，开创适合自己学校（班级）的、有特色的教学。例如，在教完《白杨》《桃花心木》《乌塔》这组文章后，学生们纷纷发表意见，认为中国独生子女的自理能力很差，这与中国父母的家庭教育观念密切相关。于是我就引导学生以书信的方式与父母交流，并倡导家长给孩子回信。这既锻炼了学生的书面表达能力，又促进了学生与家长的思想交流。

　　（2）创造性地使用教材对教师提出的新要求。

　　概括来说，就是要做到"三有"：脑中有课标、心中有教材、眼中有学生。

　　①准确理解教材——创造性地使用教材的基础。创造性地使用教材，必须以课程标准为依据，在充分把握教材编写意图的基础上进行，不得随意改变教学的目的，违背学科教学的特点；必须以有利于调动学生学习的兴趣，有利于有效教学为出发点；必须是"实"与"活"的高度统一，不能流于形式，做表面文章，应最大限度地避免主观行动，从实践中来，到实践中去；必须量力而行，不可一蹴而就，急于求成。教

师一方面要合理运用教材，正确理解教材，明确编写意图，把握知识点和教材主线。另一方面要灵活运用教材，科学合理地安排教学内容，适当调整内容进度，关注学生及其生活。挖掘教材的内涵，拓展学习的广度和深度，但是注意把握好尺度。

②明确目标重难点——创造性地使用教材的保证。新的教材观要求教师"用教材去教"，要积极主动地选择和自主开发教材视野以外的教学课程资源。但是任何新的课程资源的开发和利用都必须立足文本，本着"文本为主，课外资源为辅"的原则。文本是学生学习活动立脚的地，所以任何资源的开发和利用都不能盲目脱离教材、置教材于不顾，就如风筝飞得再高也断不得线，人走得再远也断不得根一样。学生学习如果离开了教材，就如同离开了立足的地，学习活动就会陷入茫然无措的境地。因此，教师在创造性地使用教材时应充分认识教学目标的重要性。每节课、每次活动都应有明确的教学目标，否则容易形式化——为活动而活动，为体验而体验，为了创造性地使用教材而刻意地去更改教材内容等。教学手段与教学目的和谐一致原则是创造性地使用教材的基本着眼点与归宿。

③保证教学的有效性——创造性地使用教材的出发点。保证教学的有效性，指的是教学要有利于调动学习的积极性、主动性，有利于学生学会学习，能够在单位教学时间里取得最好的教学效果。把有效教学作为创造性地使用教材的出发点，一切围绕目标教学，在培养学生的创新意识和实践能力上下功夫，杜绝一切浮华的形式，绝不能为改变教材而改变教材等。离开教学目标来奢谈创造性地使用教材，忽视教学的实效性，好比是在射"无的之箭"，甚至会有负面影响。

曾看到一位教师这样执教《赠汪伦》：

第一步，读一读诗歌《赠汪伦》。
第二步，请学生看课文情境的投影。
第三步，选择学习。
凭想象分组表演各种赠别的情境；
喜欢画画的同学画一画赠别的画；
喜欢音乐的同学到计算机中点击适合表现赠别的乐曲，并配乐朗读。
第四步，读两首赠别的诗。
第五步，学生总结收获，并合唱一曲《朋友啊朋友》。

课堂的确热热闹闹，但令人遗憾的是学完一节课后学生关于语文的知、能、素养的收获甚少。学课文只不过是走马观花式的旅游且仅是"到此一游"而已，缘由是虚化了汉语的学习的土壤——语言文字，没让学生到文字中去体味，忽视了语言文字和形式的积累，只在形式上追求"花样多"，把语文课异化成了各科杂烩的综合课，教学十分低效。这样创造性地处理教材是不可取的。

④树立新的课程观——创造性地使用教材的动力源。教师应进一步树立课程意识，以新的课程观（学生观、教材观、课程资源观）来重新审视、规划教学目标、内容和方法，以更高、更远的眼光来设计教学，看待学生，而不仅仅局限于教材和一时的教学效果。

教师在教学中应时刻树立通过自己的实践来验证、完善教材的意识，要克服权威定势中对教材、教参、教研员及专家的依赖，实事求是，勇于思考，勇于创新，把对教材的深入研究与教学实践相联系，在教学活动中学会探究、验证、思考，成为实践的研究者、探索者。当教师在自己的教学活动中有了明显的课程意识和研究、探索意识，他就不再是普通的"教书匠"了，而是已经步入学者型、专家型的实践研究者行列，他的专业化水平必然得到全面提高。

（3）创造性地使用教材要遵守两条原则。

一是"信奉而不唯是"，二是"遵循而有所立"。前者强调对教材的态度，要相信教材是在国家课程标准目标指导下经教育专家编写的，反映国家对培养人才规格的要求，具有很强的科学性，是教学很好的载体，不要轻易否定；"不唯是"即根据实际情况而确定教学，再好的教材也有需要改进、调整、重组的地方。后者是强调处理教材的行为，是指在用教材作为培养学生的工具时，要结合学生、学校、社会的情况而有所创新。具体依据什么，可从以下六个方面进行思考和探索。

①依据课程标准的要求而定——课程标准是创造性地使用教材的指导性标准，是学科教育目标的具体化，体现学科对学生最起码的要求，是教学和培养学生学科素质的主要依据，具有指导性作用。因此在处理教材时，首先要考虑课程标准的培养目标和具体要求。就教材来说，理解不一，其处理也就不同：一种理解是指根据一定学科的教学任务组织和编制具有一定范围和深度的知识和技能的体系——教科书；另一种理解是指教师用来指导学生学习的一切教学材料。教师深钻课程标准、教材、学生，找准三者的连接点，就可用教材教。能正确理解编者思路、编写意图

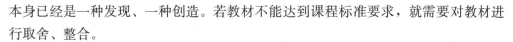

本身已经是一种发现、一种创造。若教材不能达到课程标准要求，就需要对教材进行取舍、整合。

在现实教学实践中，有不少教师丢掉课标，随意支配和改变教材、主持教学，美其名曰摆脱教条主义和本本主义，殊不知无规不圆、无绳不直。新课程标准明确了学科的性质、教学的目标和教材编写的意图，只有读懂、读透新课标，准确理解和把握课标精神，我们才能站在更高处审视教材的内容、教材的组织和编排、阶段性教学目标的确定、教学方法的选择与运用以及师生角色的定位、课程资源的开发和利用等问题，从而树立正确的课程观（学生观、教材观和课程观），这样我们才能以更高、更远的眼光来设计教学。只有真正把握新课标的精神，才不会让教材使用的"创造性"因脱轨而变得盲目、无序、流于形式。

②依据学生情况而定——学生情况是创造性地使用教材的核心。教学不仅仅是为了完成教材上的内容，更重要的是教育一个富有个性的人。我们面对的学生是各具特色的，尽管新一轮的课改要求教材要具有多样性，要尽可能满足不同地区、不同学校、不同学生的要求，但这毕竟只是尽可能，我们不可能编排出适合每一所学校、每一个学生的教材。教学质量还要取决于教师对教材的感受、理解、把握、创造、实施的质量和效果。创造性地使用教材，必须根据学生的认识水平、心理特征、学习规律而定。

③依据教学情境而定——教学情境是创造性地使用教材的氛围。教学情境是指课堂上教师、学生、教材、环境等多种因素所构成的氛围。教学课前的设计只是对教学现实的预计、构想，是建立在教师的经验基础之上的，有很强的主观性。而在教学现实中，往往会出现预想之外的许多事件、问题、情境。此时，教师若不根据教学情境灵活处理教材，而是按原计划教学，就会忽略课堂上真实的学情，自然不可能有精彩的成果。在新一轮的课改中，教师角色应转变为组织者、指导者，而不再是控制者。当教学情境发生偏差时，应在保护学生积极性的前提下灵活调整。要用问题引导学生向教材意图靠近，为学生创造良好的学习情境。当学生的身心状态处于最佳时，他们才能学得最好。好课应当是越教问题越多，问题越多，探究的内容也越多，学生的思路就越开阔。让学生思考、讨论、解决问题，有利于培养学生的灵活性和创造性。

例如，有一位教师在教《字与拼音（三）》üe 时，就处理得很灵活。她出示韵母 üe 的图片，原计划是想让学生看图识"月"字，用熟字"月"带出 üe。她让学生说说图上的月亮像什么，以建立感性认识，发展想象力。谁知学生一说就收不回来，同学们都把手举得高高的。他们说：像人的眼睛、像香蕉、像小船、像一张染黄的脸等。学生思维的闸门被打开后，一个比一个说得形象、生动。教师在此情境下，便让想说的都能说到，原计划两分钟完成的内容，八分钟才进行完。这不就是让学生在讨论中得到体验吗？

④依据教学环境而定——教学环境是创造性地使用教材无言的课程。教学环境分为教的环境与学的环境，它区别于教学情境，但与教学情境又有着密切的联系。特别是课堂内，某种意义上即是教学情境。教材、教室、学校并不是知识的唯一源泉，大自然、人类社会、丰富多彩的世界都是人生的教科书。依据教学环境确定教材的取舍是非常重要的，环境涉及学生所在的社区、学校、教室、家庭等多种因素，优化育人环境有利于提高教材对学生的适应性。

如果结合环境借教材施教可收到更好的效果，即把教材与环境结合起来，借教材上的内容让学生体会外面世界的精彩，培养学生对美好生活的向往、追求，激发努力拼搏的精神；另一方面，利用观察社区的方式，为学生建立教材与生活的联系，拓宽识字渠道，培养学生在生活中学习语文的能力。

⑤依据教学资源而定——教学资源是创造性地使用教材的坚实基础。教学资源是搞好课改实验的坚实基础。教学资源分硬件和软件两个部分。多数教师教学中往往更关注的是硬件，诸如教学场所、实验器材、多媒体教学手段、网络技术、图书、教具、学具等等。其实，优越的硬件设备只有在先进的教育理论指导下，通过教师努力，才能发挥出更大的效能。所以教师创造性地使用教材，一定要依据所在学校的教学资源而定，力求用最朴实的教学资源及手段去上最好的课。

⑥依据教学特长而定——教师素质是创造性地使用教材的关键。搞好教学工作的关键在于教师素质。就素质而言，不同的教师有不同的特长。有的擅长美术，有的擅长音乐，有的擅长朗读，有的擅长板书，有的擅长运用多媒体手段。新课程强调各学科之间的整合，强调知识与技能、过程与方法并重，强调培养学生的情感、态度、价值观。充分发挥教师的特长，更有利于教师用自身形象及人格魅力去感染学生，潜移默化地培养学生的综合素质，从而深入挖掘教材内涵，为学生学习活动提供有效的服务。课改的变动性、多样性，要求教师是一个决策者，而不是一个执行者。有的教师用多媒体手段去教学，效果好；有的教师用美术、音乐等来组织教

学，效果也同样不错。例如，有一位教师在教《海底世界》时，就充分运用音乐来帮助理解、欣赏、想象，把学生带到一个星光灿烂的时空。有一位教师在教《太阳》一课时，充分运用简笔画这一特长，在黑板上寥寥几笔就勾出大海、草原、山村、森林的画面，让学生联系画图体会课文，读句子，看图说话等。

总之，教师在教学中教材的实施已不能像以往那样就课本教课本，依样画葫芦。教师要尽可能由教材的"复制者"转变为教材的"创造者"，立足课标，以学生发展为本，多侧面、全方位地分析教材，认真按教材的编写意图，大胆处理教材。只有这样，才能使教材"为我所用"又"不唯教材"所束缚，充分发挥教材的潜在优势。也只有这样，课程改革的新理念，教学方法的改革才能有新思路、新视角、新突破，我们的课堂教学才能充满生机、充满创造力，我们的学生才能想学、乐学、会学。

（4）创造性地使用教材的操作措施。

我们对教材的执教过程是一个充满创造性的劳动过程。课上每一个细节的成功，都依赖于教师精心的设计。创造性地使用教材要遵守两条原则：一是"信奉而不唯是"，二是"遵循而有所立"。前者强调对教材的态度，不要轻易否定；"不唯是"即根据实际情况而确定教学。后者是强调处理教材的行为，是指在用教材作为培养学生的工具时，要结合学生、学校、社会的情况而有所创新。

创造性地使用教材可在"调""改""增""组""挖"五个字上下功夫。

①调整认知目标、教学内容、练习题以及教学顺序。教材安排是以知识体系和学生的认知规律为依据的，自有它的道理和逻辑，但有时候，因为各种原因，教材的认知目标、教学内容、练习题等和孩子的认知基础和原有生活经验的积累有一些差距。这时，教师可以针对实际情况进行适当的调整。

例如，我将人教版第12册的综合实践活动《对周围环境的调查》调整为采访活动，结合前面单元中的《走向生活》，指导学生练习采访技巧，写采访稿；将《第一场雪》的教学重点调整为引导学生感悟文章按顺序写、抓特点写的写法，以及品味作者在写景中运用的"有声有色、有静有动、如诗如画、由面到点、由景到人、情景交融"的独特方法。

又如，将二年级第二单元《妈妈的爱》提前到三八妇女节前教；将二年级第四单元《植树》提前到植树节前教；结合母亲节，将后面的《书信》单元提前教，引导学生给母亲写信。

姚嗣芳与于永正老师在一起（右一系作者　摄于 2012 年）

　　除改变教学顺序外，最常见的还有板块（阅读、表达与交流、探究性学习等）整合和单元重组。例如，在教《鸟的天堂》一课时，我没有按照课文的顺序教学，而是引导学生先学写鸟儿的部分，再学写大榕树的部分，从而告诉学生，鸟儿的生命之美源于榕树的生态之美，揭示了环保的主题。

　　②改变情境、习题和教材的呈现。语文教材的呈现方式在提供教学情境、提示教学方式等方面发挥着积极的作用。教材的呈现方式多样化，有助于学生的体验和探究。教师在这方面也可以有所作为。

　　例如，一位老师在教《搭石》时，将课文的呈现形式由散文改变为诗歌排列方式，使学生易于感悟诗歌的韵味；我在教《景阳岗》时，引导学生讨论武松适合在现代找什么工作，并创设了一个情境：某电视台进行海选，由扮演武松者陈述个人优势，由全班当评委，要结合文中武松的个性来考虑。在这样的课堂教学中，学生的学习热情非常高。

　　又如，我在教《春风》时，没有先出示课文，而是先引出了一个基本字"肖"，告诉学生，本文中的生字都是形声字，全是在"肖"的基础上添加表意的形旁，同学们要根据课文中生词的含义，来猜猜这些生字怎么写。后来我给学生呈现课文时，将这些生字都变成了拼音。在学生理解了生词的意思以后，教师鼓励学生自主合作，利用形声字的构字规律探究生字的字形，给熟字加偏旁成新字，尝试"造字"，给了学生极大的探究空间，他们探究问题的积极性一下子就被调动起来了。学生在小组学习中结合前面对字义的理解，积极开动脑筋，大胆尝试，学得兴趣盎然，充分感受到了自主探究的愉悦，并且进一步深化了对形声字规律的认识，有助于他们形成独立的识字能力，提高探究的兴趣。

③增加教学内容，整合课外资料，增加让学生探索创造的活动。在教学中，教师为了让学生更深入地理解课文，就不能将教学局限于教材内容本身，而应根据具体的情况，精心地选择一些与课文相关的课外资料进行补充、整合，有意识地增加一些让学生探索创造的活动。

例如，我在教《第一场雪》时，增加当时的历史背景资料，帮助学生深入体会作者的喜悦之情；教《荔枝》时，拓展阅读肖复兴的其他作品，让学生了解继母对他的深爱，进一步体会文章主题；教《秋天的怀念》时，引导学生阅读史铁生的其他作品，了解作者的生平，进一步感受文章的内涵；教《詹天佑》时，补充詹天佑修铁路的时代背景以及一些小故事，引导学生在学习快结束时进行一个有意思的创造活动——带着学习本文的感受，为京张铁路取别的名字；教《一夜的工作》时，让学生阅读补充资料（周总理一天的工作、外国友人对周总理的评价等），加深了学生对周总理鞠躬尽瘁为人民的光辉形象的认识，很多学生感动得热泪盈眶。

又如，有一位老师在教陆游的《示儿》这首诗时，将课外的《清明上河图》作为背景与《秋夜将晓出篱门迎凉有感》《关山月》《老马行》几首诗整合在一起，促使学生深入认识陆游这位爱国诗人。

④重新组合教学内容。教材结构是教材内容之间合乎某种规律和逻辑性的组织形式。各套教材都在追求多元整合，但仍以文选体系为主，主要表现为三种形式：以内容主题或专题来编排，以文体来编排，主题（专题）和文体兼顾。就一套教材而言，选文的编排需要一个"秩序"，需要形成一个"系统"；但是就具体的选文而言，它具有纳入多个"系统"的可能性。当这些选文作为教学文本，必须适应不同的学生、教师和教学环境时，其中的一种可能性就成为现实性，这就为教师重组教材提供了可能。要想真正实现教材为学生服务，就应该结合学生的认知规律对有些教材的编排顺序进行科学地重组。

例如，二年级第四册有两个集中识字单元——"丁丁冬冬学识字"，第三单元主要是利用声旁识字,第七单元主要是综合运用所学部首识字,并从同音字中找出自己需要的字,教师将两个有联系的单元组合成一个大的识字单元进行教学,便于学生掌握规律,提高学习效率。

又如,有位老师在讲第十册《赤壁之战》一课时,为了让学生对三国故事有更全面的了解,就大胆把第十二册的《草船借箭》一课重组到本单元的课堂上;还有在教第十一册的《向命运挑战》这一课时,把第十二册的《鲁滨孙漂流记》重组到本单元,以便让学生更深刻地理解人是可以战胜一切困难,向命运挑战的;我曾将第十一册第一课《桂林山水》推后教学,与第十一册第六单元重组,让学生更好地学习表达方法。

⑤挖掘教材内涵和语文教育资源。首先要深入挖掘,使教材的内涵更有广度和深度。教材是教学活动的基本素材,只有深刻领会教材的编写意图,深入钻研教材,才能多角度分析教材,挖掘教材的隐性内容,从而使教材变为学材,使教师教有新意,学生学有创意。

例如,我在教《临死前的严监生》时,教师在引导学生抓住严监生临死前的神态、动作深入分析的基础上,让学生评价严监生是一个怎样的人,有的学生说他节约,有的说他吝啬,各执一词。在这种情况下,教师肯定了学生深入思考的积极性,但没有马上对学生的回答下结论,而是引导学生去阅读原著,进一步把握人物的形象。

又如,一位教师在教《泊船瓜洲》时,不满足于对诗歌浅浅的理解,得到一个结论式的"思乡",而是抓住一个"还"字,引导学生通过深入品词析句,体会"离家近,应该还;离家久,更该还;思家切,不能还;问明月,何时还"的情感。诗人内心对家乡的思念之情深深地打动了学生。

再如,我校特级教师傅先蓉设计的《小音乐家扬科》的末段教学特别出彩,很有深度。为了引导学生理解"小音乐家扬科睁着眼睛,眼珠已经不动了。白桦树哗哗地响,在扬科的头上不住地号叫",傅老师设计了这样几个问题:"眼睛不动了"是什么意思?作者为什么不直接说扬科死了?如果你想表达扬科已经死了这个意思,你准备怎样说?扬科都死了,为什么还睁着眼睛呢?他还有什么话想说还没说出来?作者又是通过什么替扬科说的?

教师打破了传统思维定势的约束,把捆绑学生思维的一些绳索解开,让他们放开手脚，大胆创新，这才是真正意义上的教学创新。

其次要挖掘语文教育资源。《语文课程标准》中对课程资源有非常广泛的定义，如教科书、报刊、电视、自然风光、国内重要事件以及日常生活中的话题等，都可以成为课程资源。面对如此丰富的课程资源，我们认为，仅拿来用是不够的，应创造性的使用这些资源。当教师的教学成为极富创造性和个性化的活动时，教材出版单位及市场所提供的教辅、教具必然不能满足真实的课堂需求，开发适合自己课堂教学的教学资源就成为教学活动中的重要一环。语文课堂教学不能只停留在对教材中课本知识的传授，因此创造性地使用教材的一个重要表现，还在于要求教师依据新课程的理念和自己的教学需要，因地制宜地开发和有效地利用一切可利用的资源。对教师来说，学校里、社会上、学生的生活中都蕴藏着丰富的教学资源，教师要善于发现，及时挖掘与教学内容相关的教育教学资源，使教学活动过程与学生生活实际密切相关，成为师生甚至是家长来共同创造的过程。

例如，上完二年级"青青的山"这个主题单元后，我结合《美丽的武夷山》，引导学生参加关于家乡名山的诗文（青城山、峨眉山）朗诵比赛，调查名山资源，制作"家乡名山游览"小报，查阅资料，制作"中国名山"展板，进行小作家作品展示。在教完《赤壁之战》和《草船借箭》两篇课文后，我向学生们推荐了《三国演义》一书，在班上掀起了一股"三国热"，出现了好几个"三国迷"；在课后还开展了"三国故事会""我眼中的三国人物""名著发布会"等活动，这样激发了学生的阅读兴趣，我又趁热打铁把《水浒传》《西游记》等名著介绍给大家，鼓励学生用自己喜欢的方式去读。在教《向往奥运》一课时，我又引导学生收集资料、设计会徽和吉祥物、看北京奥运会标志写作文、办奥运小报等。教完《精彩极了和糟糕透了》后，我引导学生与父母通信，讨论家庭教育的方式问题。教完《奴隶英雄》后，我们班的学生不仅排演剧本，而且自创、改编剧本，有的学生还模仿演出《武林外传》。人教版第十二册教材中有一个综合实践活动，要求学生做个人文集，我又顺势指导学生设计文集封面、序言，同时设计我们班的毕业同学录。这些创造性的教学行为，不仅使教学过程充满活力，而且充分利用了生活中的语文教育资源，使语文教学更加开放，促使了学生良好语文素养的形成。

教学是一种沟通、一种合作、一种对话、一种交往。教材不是唯一的课程资源，教师不能只成为课程实施的执行者，更应该成为课程的建设者。新的课程观要求我们每一位教师用更加科学、创新的态度、理念和方法用好手中的教材，用活手中的教材。只有这样，才能拓宽学生学习的空间，使学生能力的训练落到实处，引导学生真正走进知识的殿堂，让学生变"被动"为"主动"，变"要我学"为"我要学"，才能真正地发挥学生学习的主体作用，切实提高学生的语文素养。

（5）设计有益于学生发展的作业。

作为课堂教学不可缺少的有益的延伸部分，作业是丰富学生知识储备、扩大知识面、发展学生智力和创造才能、提高学生素养的最佳载体，是教学过程中一个不可缺少的重要环节。在作业的设计过程中，教师要注意以下几点：

①改变题海战术，改革作业设计。教师要积极更新观念，树立全新的作业观，努力改变传统作业的题海战术，创造性地设计作业，为语文作业注入新的内容和形式，让作业练习成为增长智能、锻炼思维的动感乐园、学创天地，让学生体验学习的快乐、成功的喜悦。

姚嗣芳带领学生在校门口展示古诗吟诵（右一系作者　摄于 2008 年）

②作业内容要体现实践性和综合性。在作业的设计中，教师要始终保证语文作业在"语"的前提下进行。我们固然要追求语文作业内容的丰富、形式的多彩、途径的多样，但所有的设计都发源于学生语文兴趣的培养，着眼于语文内涵的丰富，根植于语文综合能力的提高，立足于语文素养的厚实。因此，作业内容的选择要注意体现语文的实践性和综合性，既结合文本，又面向生活。为学生提供更广阔的求

知空间，并使其个性得以展示、潜能得以开发、才华得以提升。设计的作业应包括识字与写字、阅读、习作、口语交际、综合性学习几方面的内容，不能总是机械重复、枯燥无味的模仿与巩固课内知识，总是伏在桌前写做不完的练习卷，而应将学生的学习由语文学科引向学科的综合，由课内引向课外，由文本引向生活，使它具有更为广阔的内容，更为灵活的形式，更为多样的渠道。例如，引导学生摘抄好词佳句，诵读古诗词，读精彩段落写点评，背诵中外名家名篇，看报、看电视新闻，积极参加社区活动，留心观察季节的变化、凡人小事等，仿写、续写故事，到街上去查找错别字，制作节日贺卡，并写上深情的祝福语，为学校的体育节设计标语，排演课本剧等。

③作业方式要有多样性、情趣性和层次性。首先，作业方式的呈现要具有多样性。作业不能局限于简单的文字抄写和解题训练，既要注重学生能力的发展，又要注重学生的兴趣所在，尽可能形式多样化，最大限度地吸引学生，激发学生的学习兴趣和创造热情。如：朗读作业、绘画作业、手工作业、想象作业、表演作业等。其次，作业方式的呈现要具有情趣性。在设计作业时，教师要从学生活泼好动追求乐趣的心理特征出发，努力做到多一些趣味少一些烦琐，多一些变化少一些单调，调动学生的积极性，从而引起学生做作业的兴趣，变"要我做"为"我要做"，变"不愿做"为"情愿做"。尤其是低段的作业设计，特别需要趣味性。如做贴画本、给生字卡安家、吟诵儿歌、设计生字超市、当小主持人、逛成语数字园、游成语动物园、对对子、猜字谜、游歇后语王国、演课本剧等，学生在感到其乐无穷时，也提高了语文素养。最后，作业方式的呈现要具有层次性。教师在设计作业时，要树立"弹性"意识，充分考虑每类学生的最近发展区的差异，为各类学生设计难易适度的练习，根据学生的需求和可能达到的程度分层布置作业，让学习困难的学生不觉得要求过高而产生挫败心理；让学习中等的学生"跳一跳，能摘到苹果"；让学有余力的学生学得更加深入与广泛。作业中，教师要给学生提供选择的机会与权力，让每个学生在作业过程中得到最优发展。

这样的作业，就能激发兴致、激活思维，为学生喜闻乐见。把作业的压力变为动力，从而提高学生作业练习的实效性。

二、语文课堂是主体语文实践的场域

十年前，有着二十多年教龄的我，开始了"怎么教书"的探路。

我探路的方向是与广州的"生本教育"理念相契合、与生本课堂相呼应的"主体学堂"。只有对生本课堂精彩现场的观摩，而无精彩背后的经验参照，更无操作策略的借鉴，我只有怀揣求变的梦想，在忐忑不安中走上"摸着石头过河"的主体学堂探索之路。

我尊敬的专家和好心的朋友都说我的课堂改革是"冒风险"。专家说我的"精神可嘉"，朋友劝我"水边行走，注意安全"。但是，无论怎样，我和我的学生也再回不到原来的课堂了。

学生喜欢课堂、爱学语文，是我变革课堂的"定心丸"。

我以为，课堂语境中，尊重生命的具体体现就是把主体地位还给学生，把学习权利还给学生，这不是一个简单的"还给"问题，而是让学生成为语文课堂中组合一切教育因素的"同心圆"。

以此为语文教学思想指导，我在实践中，渐渐明晰了主体学堂语文课堂的深层实践。

（一）语文教学：有效保障主体学堂的质量

追求"有效教学"是课堂教学的主旋律。所谓"有效教学"，是指教师在遵循教学活动的客观规律的前提下，以尽可能少的时间、精力和物力投入，取得尽可能多的教学效果，满足个人和社会的教育价值需求而组织实施的活动。而落实到语文课堂教学中，有效的语文课堂教学应该是有效果、有效率的教学，也是对学生发展有效益的教学，这样的课堂必定是充满教师情感和智慧的课堂，是充满生命意识的课堂。有效的语文教学课堂留下的是鲜明的形象、鲜活的语言、至诚的情感、至真的感悟和实践的智慧，这就是语文教学的特色和魅力所在。

研究有效教学，应是教育的永恒主题，新课程改革的目标就是有效教学。在新课改形势下强调有效教学，是针对新课改实践过程中出现的只注重形式、不太注重

姚嗣芳在成都市"儿童学堂"课堂变革研讨会上汇报主体学堂的研究历程（摄于 2011 年）

实效的弊端提出来的。这就需要我们对过去的教学有新的认识，以确保真正实现有效的课堂教学。

我认为，影响语文课堂有效教学的要素是多样的。主体学堂侧重从"预设—实践—生成"三方面展开对语文有效课堂教学的认识与探索。

1. 精心预设——有效课堂教学的前提

（1）从教学内容的视域，深研课标，娴熟教材，强调教学价值的主体视角摄取。

教材是最重要的课程资源，是教学内容的载体，是完成教学任务的基本依据。与之关联的课标，则是上位性教学内容的描述性文本，教材、课标指向的是内容系统，教学语境中，摄取这些内容的是学生，但教师必须先置性面对这些内容。教师只有真正明晰了课标，且真正能够娴熟地驾驭教材，才能如厨师施行厨艺一般，让食者摄取最优食材，获得生命的营养。

①研究课程标准、教科书。教师首先必须把握课程标准，了解教材体系和内容安排，明确本学科教学在目标要求、内容范围和教学方法上的要求，必须了解教材的内部联系，要把全套、全册以至每一篇课文看作一个个不同层次的、有机联系的整体。在此基础上，反复钻研、透彻掌握教科书的全部内容，包括教科书的编辑意图、组织结构、以及各章节知识的重点、难点，了解本课教材在本册中的地位、

作用。

②走进文本，与文本进行深入的对话。通过研读文本，敏锐地捕捉文章中语言文字训练的重点，特别是要理解教科书的内容和结构，理解作者的写作意图，理解文章所蕴含的哲理和所表达的情感，理解作者认识事物的观点方法，理解作者遣词造句的妙处，挖掘教材的内涵和语言特色等，为准备教学服务。但我们应注意的是，这些内容要与当下倡导的核心素养联系起来，从培养学生核心素养的高度，解析出教材内容蕴含的教学价值。

有了这个认知基础，我们就可以在尊重文本价值取向的基础上，大胆地选择角度，多元解读，突出新意，根据学生发展核心素养的需要，对教材大胆取舍，创造性地处理，使之成为能够促进学生发展的"言语合金"。

③准确把握编者意图，从语文教材的编辑呈现上，发现语文教学的深层学科意味。如通过导语、提示、课后思考题等，找准教学的重点、难点，寻求教学的思路、方法等。

④研发相关的教学资源，使教材不是孤立的食材，而是有营养配方的文本。教师要积极拓展与教材相关的参考资料、配套资料，了解与课文相关的时代背景、作家、作品、科技知识等，从而承八方雨露，纳百家之言，兼收并蓄，不断发现教学资源的"佐料""引子"等有利于学生发展的资源。

（2）认真研究学生，准确把握学情。

当今语文教学，已经有主体关注的多元阐释，如"儿童视野"的倡导，如"基于学情的教材分析"等。

主体学堂以坚持学生主体为语文教学的出发点，自然对"学生"这个话语高度关注，只不过，主体学堂的语文教学既从落实主体地位的角度，强调认知研究学生，更从促进主体发展、让主体在课堂语境中语文学习真正发生的视野出发，坚持以学情作为课堂教学的基础。

换句话说，学情就是主体在场性描述。

那么，主体学堂视野下的学情有哪些呢？

①年龄特征是第一学情。主体学堂语文实践中，学生年龄特征具有普遍性特点，表现为在年龄段上，学生心理特征的广泛性和认识水平的集体性，这些特点成为语文课堂教学制定基础性教学目标的依据。

②班级日常化学习是第二学情。主体学堂认为，语文教学首先置于具体的班级中，是学生日常生活化的基础单位，因此，研究本班学生的兴趣需求、知识基础、学习方法、学习态度和学习习惯以及他们的思维能力、操作能力、交流合作的能力等，是把握学情的重要内容。

③学生的个体差异是又一重要学情。关于这一点，无须赘述，只是我们要清楚个性差异的基本内容：学生个体的气质类型、性格特征、智力水平等，只有真正了解差异，才能为发展个性、因材施教提供依据。

④此外，学生在学习新知中可能遇到哪些困难，会产生怎样的问题，会采取什么样的态度等都是学情的体现。

从主体地位到学情视野，主体学堂坚持语文教学的逻辑起点是主体的学习状况，满足主体学习需要，促进主体学习有效。

（3）全面制定目标，聚焦重点目标。

教学目标是教学活动的出发点和归宿，对保证课堂教学有效开展至关重要。有效的教学必先具备明确的教学目标。我们认为，有效的教学既要全面制定目标，又要注意聚焦重点目标。

①目标全面。在教学目标的制定上，要注重"三维目标"的整合，不仅要关注知识与技能、行为与习惯目标，而且要关注过程与方法、情感、态度、价值观目标。要强调的是，"情感态度和价值观"，这类目标大多属于隐含的经验类知识。在制定教学目标时，很难准确地将"情感态度和价值观"作为教学目标的"一维"。要把"情感态度和价值观"作为教学的"长期"目标，而不是一节课的"短期"目标，因此要分清长期目标和短期目标。同时，还应注意一节课中应关注课时目标、学科目标以及发展目标三个层次目标的实现。

②聚焦重点。一节课仅有40分钟，时间非常有限，教学不可能面面俱到。在设定一节课的教学目标时，一定要在研究学生实际和教材实际的基础上，将教学活动聚焦在有限的目标内，突出重点，抓住关键，克服难点，以点带面，提高教学效率。

（4）研究教学过程，预设弹性教案，为学生发挥主体性留有余地。

教学过程是学生认识、发展、交往的过程，是师生互动对话、多向交流的过程。但课堂又具有不确定性和可变性，其间许多教学细节是教师无法预测的。因此，教师要预设操作性强、"有弹性"的教案，为教学中师生间的互动共振、精彩生成留出充分的余地。

①设计师生的双边活动。设计教学方案时，不仅要设计教师的教学行为，同时还要设计学生的学习行为，要认真思考师生认知交流的活动流程与方法，让教案同时成为学案，不仅充分发挥教师的主导性，也能充分发挥学生的主体性。另外，我们开始尝试让学生设计自己的学案，如引导学生做好预习、复习笔记，写出自学心得，提出学习需求等，变被动地听课为主动地学习。

②创设生动的教学情境。在设计教案时，我们尤其重视创设与教学内容相适应的教学情境，如实物演示、音乐渲染、图画再现、多媒体运用、故事导入、角色扮演等，使学生在特定的课堂气氛中，进入理想的状态，激发学习的兴趣。

③预设动态的教学方案。教学目标上不封顶，下要保底；活动设计宜粗不宜细，着重设计出主要的教学步骤、活动板块、训练方法和主干性提问；预设学生会出现什么问题，教师该采用什么形式帮助学生解决问题；设计大板块的结构式教案，体现出内容上的概要性、形式上的多样性和结构上的灵活性，以便针对教学实际，及时纳入新的内容，随时调整教学策略，真正做到以学定教，顺学而导。

2. 突出实践——有效课堂教学的关键

母语的学习主要不是靠讲授语法，而是靠在丰富多彩的语文实践中感悟、习得，逐渐掌握规律。因此，主体学堂特别重视语文教学中的"实践"，采取多种多样的形式，让学生更多地直接接触语文材料，为学生提供更多的语言实践机会，从而掌握运用语文规律。

（1）用心进行个体实践，充分展现自主活动。

我们坚持以充分的个体活动为基础安排教学活动，引导学生用心地、深入地进行个体实践，保证学生充分而恰当的自主活动时间、空间。

①引导学生静心读书、独立思考。在语文教学中，我们着力引导学生潜心读书，努力把课堂教学的过程变成在教师指导下学生自读、自悟、自求、自得的过程。尽量做到规律让学生自主去发现，方法让学生自主去寻找，思路让学生自主去探究，问题让学生自主去解决，尽量减少教师讲授的时间。同时，我们重视通过细微的引导，培养学生静心读书的习惯、独立思考的习惯，教给学生读书的方法，如在阅读教学中，学习勾画、圈点、批注，促使学生读书时做到"眼到、心到、手到"，努力做到读思结合；能根据不同的阅读目的和不同的阅读内容，自主运用浏览性阅读、

理解性阅读、细品型阅读的方法，逐渐提高阅读的效率，感受阅读的快乐。

②搭建学生主动参与的平台。主体学堂强调积极创设引导学生主动参与的教学情境，激发学生的学习热情，为学生提供参与教学的平台，充分保证学生自主活动的空间。使学生感觉到课堂的愉快，课堂心理空间的广阔和丰富。

在具体的教学活动中，教师可以从以下几个方面为学生提供参与平台：首先，要让学生参与决策。教师不仅要根据自己的主观设想确定教学内容和教学方法，还要重视对学生的研究，关注学生的需要，关注学生所关注的问题，准确地了解学情，征求学生的意见，让学生分享学习的决策权，引导他们按自身的需要确定学习目标，提出重难点，选择学习的方式方法。教师在构想教学内容和教学环节时，要尽可能地将学生的兴趣点、困惑点及发展点作为教学的重点和难点。其次，要让学生参与示范。有些时候，教师应主动让出自己的舞台，让学生走上讲台，放手让学生当小老师，为同学讲解示范、表演示意、绘图解说等，充分展示学生的才干，锻炼学生的能力。再次，可以让学生参与主持。在适当的时候，教师可以让学生当主持人，组织全班学生讨论、交流、竞赛、辩论、评议、总结、设计板书等，培养学生的思维能力、表达能力和人际交往能力。

③引导学生自主选择。主体课堂强调在教学中关注和满足学生在学习中的自主选择的需求，尽量减少教学的强制性和划一性，增加教学的选择性和多样性，为学生提供广阔的自我表现的平台，淡化人为的结构设计，让学生在自主的学习过程中学会选择。首先，让学生自主选择学习内容。在教学活动中，在学生整体把握课文内容的基础上，教师可以引导学生根据个人的兴趣所在，自主选择深入学习的内容。其次，让学生自主选择学习方法。在教学活动中，学习方法是多种多样的。由于每个学生认知结构的特点不同，因而，其认知的方法必然会有各自的特点。比如，在理解词语时，孩子们可以通过造句来理解，可以联系生活经验说意思，也可以通过画画、做动作来理解。再次，让学生自主选择表达方式。学生是有差异的，如果都用同一标准去要求所有学生，不一定都能达到目标，但是，每个人都有各自的潜能，教师给予学生学习的选择权，就是为了把各自的潜能发挥出来，让每个人都获得成功。学生自主选择，是一种主体意识、主体行为、主体能力的重要体现。教师不仅要引导学生进行个性化的学习，而且要鼓励学生自主选择表达的方式，不搞"一刀切"。

④尊重学生的独特感悟和见解。主体学堂强调尊重学生的多元感受。新课标指

出:"学生对语文材料的感受和理解又往往是多元的。""童言稚语"表露了儿童纯真的天性,闪烁着智慧的火花。因此,我们鼓励学生表达出自己在学习中的个性认识,鼓励学生用自己的话说出自己的感悟。即使是学生发表了一些"异想天开"的看法,我们也不轻易否定。允许学生亮出自己的观点,独树一帜;允许学生随时质疑,标新立异;允许学生与老师争论,自由表达;允许学生坚持己见,保留自己的看法。为确保课堂的有效性,主体学堂提倡注意教学内容的价值导向。在教学中,教师应正确使用自己的话语权,既不当话权语霸,压抑学生的自主发展和个性,不丧失教师的话语权,导致学生在文本价值取向上的偏离。我们尊重学生的情感体验,鼓励发表个人见解,但不是想怎么理解就怎么理解,而是要钻研文本,把握文本,坚持正确的价值观导向,以文中人物的高尚精神去影响学生,以教师自己的人格魅力去感染学生,重视语文的熏陶感染作用。

除了以上所述的学生个体实践以外,教师还要注意组织小组合作学习、全班交流汇报等,适时让学生交流读书心得,品尝读书喜悦,让学生在汇报中碰撞思想、交换资源,相互启发补充,相互促进提高。但无论哪种方式,都应以学生的个体自主实践为基础。

(2) 专注进行语言实践,凸显语文学科特点。

语文是一门工具性与人文性统一的学科。主体学堂强调以语文学习彰显教学主体,引导学生专注于语言实践活动。在教学中根据教材特点(包括思想内容的人文特点和语言表达特点),着眼于学生语文素养的生成,以语言实践活动为凭借,在训练语文能力的过程中渗透人文性,让学生在感悟、理解、欣赏、积累语言和运用语言的同时,受到情感的熏陶和美的陶冶。以学习语言为主线设计导学系统,努力体现出语文学科的特点和魅力,打动学生,吸引学生注意,激发其学习兴趣。

①以教师导读为主线,促进学生自主语言实践活动。语言实践在阅读教学中就是读的实践,学生的个体实践也要以读为主。因此,我们着力引导学生进行多种形式的读书实践,读有目的,读有思考,读有收获。首先,带着思考读书。以读为本,要注意语义疏通,有意识地培养学生的注意分配能力。要求学生读书时能合理调动多感官参与、目视、口诵、耳闻、心记,一边读、一边快速检索储存在记忆中的"心理词典",联系上下文,对课文进行语义的疏通与整合,引导学生敏锐地觉察课文的主要话题,发现中心句、中心段,从而从整体上感悟课文的主要内容。

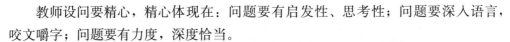

　　教师设问要精心，精心体现在：问题要有启发性、思考性；问题要深入语言，咬文嚼字；问题要有力度，深度恰当。

　　倡导学生主动善问：首先，要培养学生的质疑习惯。在课堂上，我们为学生提供足够的读书思考的时间，使学生真正读有所获、读有所思，鼓励他们在充分读书的基础上，自主发现问题、质疑问难，在学生的头脑中形成这样的观念：提出一个问题比解决一个问题更重要，逐渐养成勤于动脑、善于思考的习惯。其次，要提高学生的质疑能力。从一年级开始，我们就有意识地给学生做一些示范，逐渐教给学生一些提问题的方法。如对题目提问，对不懂的词语提问，对不明的现象提问，对一些用法特殊的标点提问，对人物的行为提问，对重复的句子提问，对含义深刻的语句提问，对作者独到的写法提问……使孩子们逐渐由敢问到善问，变无疑为有疑，变无序为有序，提高质疑问难的质量。这样，语文课堂就从教师问学生走向学生问教师、问同学、问自己，最终使学生自己发现问题、提出问题，形成积极的质疑思维，从而提高学生质疑的能力。最后，要关注语言文字的理解和运用。在语文课堂中，我们总是以语言文字的理解和表达为轴心，引导学生围绕教学的重点、难点、疑点，通过分析、比较、想象、讨论、诵读、习作、表演、游戏等多样形式的实践，深入进行听说读写和思考领悟的训练，着力进行语言文字的理解和运用，感受作品中生动的形象，感受语言的优美，品味作品中富于表现力的语言，积累课文中优美的词语、精彩段落、优秀的诗文等，并学习文章的表达方法，让学生感受汉语强大的表现力和美妙神韵，在读、思、议、练的过程中学习语言，运用语言。

　　具体的做法如下：理解课文语言鲜明的形象，强化学生对语言的认同感；将课文无声的语言转化为有声的语言；阅读教学中将课文语言有意进行增、删、调、改，从而品味语言的精美；适时地将理解转化为运用。

　　②以其他形式为辅助，增强学生语言实践的实效。在以读为主的基础上，课堂上还可根据语文学科的特点、规律和具体的教学内容，适当辅以其他的实践方式，以增强语言实践的实效。但是其他辅助形式及媒体资源的拓展，必须有利于学生思维想象空间的拓展，有利于学生语感的培养，有利于课堂上师生情感的交流。需要注意的是：第一，非语文活动应恰当适度。在学生静心读书的基础上，我们鼓励学生通过多样化的形式把读书的收获表现出来，比如，通过画一画、唱

姚嗣芳给香港小学语文菁英学习团的学生上《趣味成语园》（摄于 2008 年 3 月）

一唱、演一演、做一做等方式，让学生充分动脑、动手、动耳、动口，如此不仅加深了对课文内容、思想、情感的理解，而且发展了语言，提高了创造力；第二，课程资源使用应紧贴文本，恰好合适，逐步推进；第三，现代媒体使用应贴切、适用，能促思、提速。

3. 悉心生成——有效课堂教学的核心

真实的教学情境是具体的、动态的和不确定的。教师的教学智慧，恰恰应该表现在根据具体的教学情境而做出即时的判断和处理，以学定教，顺学而导。在教学过程中，教师要集中精力关注学生的学习状态和反应，着眼于学生真实的学情，不拘泥于预案，凭借自己丰富的教育积淀和智慧，顺应学生发展的需求去酌情实施，灵活调整教学思路和教学方法，将教师教的思路与学生学的思路动态地融合在一起，以生动活泼的教学去点燃孩子渴望知识的火花，让学生带着一种高涨的、激昂的情绪去学习和思考，从而使课堂生成出人意料的精彩。

在具体的操作中，主体学堂有下面几种做法：

（1）将教学内容进行适当地删减、增加、改换。

根据学生的实际情况，教师可以对教材内容进行适当的处理，可以删减、改换。有的内容学生很感兴趣，有助于学生的学习，教师可以灵活地增加。

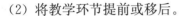

（2）将教学环节提前或移后。

在教学中，教师可以根据学生的实际需要或当地的一些具体情况，对教学环节、教学顺序进行适当的调整。

（3）给学生"搭桥引路"，让学生顺利地说下去。

当学生在学习中遇到困难，教师不要急于将答案告诉学生，而要巧妙地给学生"搭桥引路"，帮他们一步步顺利地说下去。

（4）对学生关爱宽容，让学生体面地坐下去。

当学生在课堂上出现幼稚思维甚至错误思维时，教师要给予学生关爱、理解、宽容，不轻易否定学生的观点，不指责学生提问的深与浅、宽与窄、远与近，不让学生带有任何精神压力参与学习，让学生体面地坐下去。

有效的课堂教学是我们每位语文老师追求的目标。在语文有效课堂教学的探索过程中，我们逐步形成这样的认识：精心预设是有效课堂教学的前提，潜心实践是有效课堂教学的关键，悉心生成是有效课堂教学的核心。要实现课堂教学的有效果、有效率，教师必须在教学中做到精心、潜心、悉心，而这"三心"都是为了学生的健康成长服务的，最终都落实在学生的发展上。

（二）语文教学：以开放彰显主体学堂的魅力

随着语文教学改革的深入，《语文课程标准》提出语文教学必须由封闭走向开放。开放的语文教学强调着眼于学生的全面发展，对课堂中的师生关系、教材内容和语文实践活动进行意义重构，建立平等对话式的师生关系，把课堂还给学生，有效利用学校及社会生活中的语文教育资源，突破教材和课堂的局限，使学生能在语文学习中凸显主体性，进行一种富有教育性、实践性、创造性、情趣性的学习活动，让学生在广阔的时空里获得持续的发展。通过反复学习《语文课程标准》，结合自身的教学实践，在开放语文教学方面，我进行了一些初步的探索。

1. 改变教学方式，突出学生的自主性

长期以来，教师都是课堂教学活动的主导者和控制者，是绝对的权威。新课标则强调，教学过程是师生交往互动、共同发展的过程，学生是语文学习的主人。开放的语文教学要求教师转变角色意识，充分发挥组织、引导、指导、辅导的作用，灵活地选择和组织教学形式，善于创造"学"的空间，要加强学生自学、自读、自悟、自得，给时间、给机会、给指导。教师要引导并教会学生独立思考、质疑问难，并鼓励学生发表个人见解，学会与他人合作，给学生提供更多自主学习的机会，把学生培养成一个发现者、研究者和探索者，突出学生的自主性。

为此，教师要努力改变传统的教学方式，尽可能把发现的机会、选择的机会、探究的机会、表现的机会、合作交流以及评价的机会留给学生，促使学生真正成为自己学习的主人。在教学实践中，我认为以下几种教学方式行之有效：

（1）读书质疑。

知识的理解和掌握不单是教师讲出来的，还要由学生去充分地读，在读中感知、感悟，语文教学应该以读为本。在课堂上，教师要给够学生读书思考的时间，使学生真正读有所获、读有所思。常言道："学起于思，思起于疑"，质疑是打开知识大门的钥匙，质疑问难是探求知识、发现问题的开始。我们常常让学生在充分读书的基础上，提出有价值的问题。语文教学必须从教师问学生走向学生问教师、问同学、问自己，最终能使学生自己发现问题、提出问题，从而使教学活动面对学生的学情，真正做到以学定教。

（2）研究朗读。

语文课标指出各个年级段都要在阅读教学中重视朗读训练。教师要以正确的方法指导朗读，引导学生在理解的基础上朗读，淡化朗读技巧的指导，使学生通过朗读加深对语言文字的理解，把握人物的思想感情，并且读出自己的理解。

学生对语言材料的反应是多元的。教师要尊重每个学生独立的阅读情感体验，正视学生个体体验的心理差异以及对阅读材料的吸收感悟和心理感受，尊重他们独特的感受和见解，让他们带着自己的思考去读书。如学习《我爱故乡的杨梅》时，我让学生选择自己喜欢的段落研究朗读，思考：你认为这段应该重点读好哪些地方？应该用怎样的语气、语调、语速读？为什么要这样读？在你认为需要重点强调的词语下面画上着重符号。我给足时间让学生练习朗读，交流切磋，使学生在朗读中探究，在朗读中提高。

（3）汇报辩论。

在语文课堂上，教师要适时让学生交流读书心得，品尝读书的喜悦，让学生在汇报中碰撞思想、交换资源，赞成的、反对的都要拿出依据，相互启发补充，相互促进提高。

在教学中，我经常让学生通过自己喜闻乐见的形式把读书的收获表现出来，通过读一读、说一说、画一画、唱一唱、演一演、评一评等方式，让学生充分动脑、动手、动耳、动口，以达到真正解放学习主体的目的。

有时，教师还可抓住学生的不同意见或文中的矛盾处，引导学生展开辩论。在辩论过程中，学生对语言的感悟能得到很好的培养，思辩能力也能得到锻炼。

（4）想象发散。

在学生充分理解课文内容，感悟思想感情的基础上，对有些故事性强的课文，教师可以引导他们续编故事、改编故事。如学习《坐井观天》后，让学生想象：假如青蛙跳出了井口，它会怎么想？怎么说？续编故事《小猴子第二次下山》；将古诗《小儿垂钓》改编成一个故事。这样让学生放飞想象，发散思维，有利于培养学生的创造思维和表达能力。

以上教学方式，可以通过学生个体自主学习、全班集体学习或小组合作学习的形式进行，既自主又合作，既主动又互动。学生在教学中得到了心态的开放、主体性的凸显、个性的彰显、创造性的解放。

2. 拓宽教学内容，强化语文的实践性

新课标指出："语文是实践性很强的课程，应着重培养学生的语文实践能力，而培养这种能力的主要途径也应是语文实践……应该让学生更多地直接接触语文材料，在大量的语文实践中掌握运用语文的规律。"

教师要有一种开放的视野，不能把语文书当成语文学习的全部内容，既要重视课内，又要重视课前课后，打通课内外壁垒，采取多种多样的教学形式，要为孩子创造机会，使学生拓宽学习内容，大量进行语言实践。

（1）课前实践。

新课标明确提出要重视培养学生初步的收集和处理信息的能力。因此，教师要指导学生养成课前收集资料的好习惯，主动收集丰富的背景资料。鼓励学生学会从书刊、电视、数据库以及专家、家长那里获取信息，并指导学生创造性地利用资料，学会辨别、筛选、加工、整理信息。如学习《爱迪生》前，让学生到书店、图书馆甚至上网去查阅资料，了解有关爱迪生的各种资料，进行复印、摘抄或者下载，然后在课上适时进行交流。

（2）课后实践。

课后作业不应当仅限于简单的文字抄写和解题训练，新的作业方式可以创造新的学习内容和实践课题，教师要将学生从烦琐、机械的习题中解放出来，认真设计生动活泼的作业形式，使学生体验到自主实践的快乐。如：

①拓展阅读。课外阅读应当成为学生最经常、最重要的课外活动。学完一篇课文后，可以指导学生从横向和纵向进行扩展阅读。如学完叶圣陶的《荷花》后，可以阅读写荷花的诗歌、谜语、散文等，也可以阅读其他名家写花的文章，还可以阅读叶圣陶的其他作品。除此之外，还应引导学生进行广泛大量的阅读。

②随文练笔。读写结合是提高学生读写能力的有效途径。学完一课后，教师可以结合课文内容，设计多种有趣的小练笔，如学习《小摄影师》后，续写"小男孩儿走后"的剧情；把《夜宿山寺》改写成故事；学习《院子里的悄悄话》后仿写《……的悄悄话》；学习《海底世界》后把自己当作海底世界的一种动物，写一段介绍海底世界的宣传词。

（3）学科活动。

结合语文教学，教师可针对不同的年级段，经常开展多种多样的学科活动，为学生提供更多的语言实践机会。如给古诗配画，设计海底世界展览，收集成语，举办课余生活摄影展、语文游艺活动、新闻发布会、故事会、诗歌朗诵会，演课本剧，办手抄报，创作文明礼仪儿歌，照片题词比赛，背诵古诗词比赛，每节语文课前五分钟人人轮流当小喇叭谈天说地，编个人习作集等。

这样，语文知识和语文实践结合紧密，学生面对广泛、多样的语文学习内容，会真切地感受到学习语文的乐趣，有利于提高学生的语文能力。

3. 利用教育资源，增强语文的综合性

语文学习的最终目的是能运用语文在日常生活和社会交往中解决实际问题。学生在学校学到的东西，只有与丰富的社会实践相结合，才能变得鲜活起来，只有经过自己的亲身实践，知识才会变得丰满、深刻。我们要树立开放的大语文观，变"教科书是学生的世界"为"世界是学生的教科书"，彻底打破课堂中心、学科本位的封闭樊篱，充分利用学校、家庭和社区等教育资源，注重学习载体的多元化，从根本上拓展语文学习的空间。优化语文学习环境，实现学科间、课内外、校内外、课本学习和实践活动、学和用的大整合，让学生将课内学到的语文知识与能力不停地运用，使他们在言语实践活动中启动各种感官，让想象飞起来，思维活起来，生命运动起来，增强语文的综合性，真正做到学校语文、生活语文、社会语文的有机统一。

第一，打破各门学科的界限，借助各学科的形式或内容为语文教学服务，使学生获得多方面的收获。我们可以把语文同数学、自然、音乐、美术、科技、社会等其他学科整合，就某一课题搞实验、调查、分析、讨论、写研究报告。比如，我们引导学生就"眼球会不会感到冷？""人在不同情绪下有什么不同表现？"等问题向不同的人进行采访调查，设计调查表，并对调查结果进行分析处理，得出结论；让学生在周末当家，买菜、做饭，记下开支情况，写出《今天我当家》的报告；在母亲节前，语文老师和美术老师共同指导学生制作母亲卡，在图案和文字的设计方面进行比赛；在科技月活动中指导学生写科技小论文等。这样，使学生在不同内容和方法的相互交叉、渗透和整合中开阔视野，提高实践能力。

第二，鼓励学生关心生活，积极发现学习和生活中的问题，引导学生以个人或小组为单位，选定主题，自主或合作策划简单的校园活动或社会活动，进行研究性学习。就身边大家共同关注的问题，组织讨论，让学生收集、运用相关资料，有理有据地各抒己见，提高认识能力。如调查成都的名小吃，调查街头的不规范用字现象，成都街名趣谈，调查五一小长假人们在做什么等；我们还以"小小脚丫走社会"为主题，引导学生主动发现各种社会现象，提出问题，写出简单的研究报告；在春熙路改造之后，我们引导学生就"春熙路的研究"收集资料、参观、访问、讨论、写研究报告。

在这些活动中，学生综合地运用各种学语文、用语文的方法，全面提高语文素养。

第三，注意开发利用当时当地的语文教育资源、现实生活中发生的重大事件，特别注意引导学生把社会关注的热点问题与学语文结合起来，把适合语文教学的丰富多彩的形式为我所用，真正使语文学习成为学生生活的一部分。如：新华公园免票以后，我们引导学生通过各种方式了解公园免票的意义和不同人群对此的看法，调查免票给公园带来的负面影响，然后围绕公园免票的利弊展开辩论，最后对如何消除免票给公园带来的负面影响提出合理化建议，虚拟角色写作，为公园设计环保广告等。当成都的主要街道拆除防护栏时，学生们又围绕"防护栏该不该拆"分别对不同年龄、不同文化层次、不同职业的人进行采访，通过调查表或调查报告的形式展示结果。除此之外，我们还引导学生围绕国际、国内的一些大事进行讨论研究，如"从飞机失事谈中国人的保险意识""我看中国足球"等。

在这些丰富的语文实践过程中，学生的听说读写能力、处理信息的能力、创造性地分析问题和解决问题的能力都得到了发展，且学生学会了关注生活、关注社会，增强了他们的责任感，有利于综合素质的培养。

（三）语文教学：以实践扩展主体学堂的边界

语文是一门实践性强的学科。语文教学的实践性，不仅体现在课堂教学中学生的言语实践的强化，而且体现在语文综合性学习上。

主体学堂关注具体课堂教学中学生的言语实践，让学生的言语实践成为"学习语言文字运用"的载体，尤其重视语文综合实践学习。一直以来，沟通课内外成为语文教学的一个很重要的教学话题，温儒敏教授甚至用了"课外阅读是语文的半壁江山"来强调课外阅读的重要性，新课程改革则以语文综合学习来提升学生语文课外实践活动，其目的在于加强语文课程与其他课程、生活的联系，促进学生语文素养的整体提升和协调发展。

姚嗣芳向深圳名师团的老师介绍姚嗣芳工作室的研修情况（摄于 2017 年）

在主体学堂实践的过程中，我努力变"教科书是学生的世界"为"世界是学生的教科书"，从根本上拓宽语文学习的空间，优化语文学习环境，实现学科间、课内外、校内外、课本学习和实践活动、学和用的大整合，增强语文的综合性，真正做

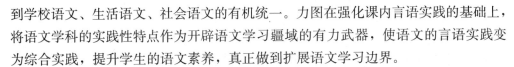

到学校语文、生活语文、社会语文的有机统一。力图在强化课内言语实践的基础上，将语文学科的实践性特点作为开辟语文学习疆域的有力武器，使语文的言语实践变为综合实践，提升学生的语文素养，真正做到扩展语文学习边界。

因此，我把综合性学习作为主体学堂的实践探索，积极开辟语文学习的新天地，努力做到：注重过程，突出综合，加强实践。

在主体学堂的语文教学实践中，我们逐渐总结出，完整的综合性学习一般应经历"选择课题—设计方案—实施方案—展示成果—激励评价"几个过程。

1. 选择课题——重视广泛性和综合性

主体学堂确信语文是最开放的人文学科，语文的外延与生活的外延相等，生活处处皆语文，生活处处有教材。与课堂教学不同的是，综合性学习没有固定的、统一的教学内容，更没有物化的教材，其内容需要教师和学生自己去发掘。可以充分利用学校、家庭和社区等教育资源，培养学生的语文综合能力。

主体学堂的综合学习实践主张综合性学习的内容既有与教材内容相联系的，也有与学生生活相结合的，还有与社会活动接轨的，题材丰富，思路开阔，突出了内容的广泛性和综合性，学生有自由驰骋的余地。在确定课题时，我们选择贴近学生的生活和其周围的社区生活、具有一定的研究价值，且对学生有正面的教育意义的内容，并鼓励学生跨领域选择学习内容。同时，注意选择难度适中、有一定思考性、挑战性的内容，使学生感到新颖、有趣。在实践中，我们总结出几条选题的方法。

（1）选择教材中能拓展实践的内容。

我们在课堂教学之外，从教学时间、教学空间、教学内容等方面向课前、课后拓展，使课外的实践成为课堂学习的延伸、拓宽、深化和发展，使学生在更广的时空里进行语言实践，从而开阔视野，增长知识，提高能力。课前拓展主要是在教师引导下，学生通过各种渠道收集处理与课堂所学内容相关的信息，使学生逐渐养成收集资料的好习惯，主动收集丰富的背景资料，为课堂学习做好充分的准备。课后拓展的形式非常多，根据不同的教学目的可选用不同的形式。如课外阅读、参观访问、公益劳动、写读书笔记、随文练笔、主题绘画、佳作欣赏、表演课本剧、办手抄报、摄影比赛等。

如学完《海底世界》这一课以后，同学们对景色奇异、物产丰富的海底世界产生了浓厚的兴趣，神奇的海洋世界深深地迷住了他们。于是，教师因势利导，及时组织学生去水族馆参观海洋生物展览，同学们大开眼界，对海洋秘密探究的热情更高了。在老师的引导下，同学们通过各种渠道进一步了解海洋的秘密，他们有的查阅书刊，有的请教家长，有的上网查阅，从而积累了丰富的海洋知识，并围绕"海洋的秘密"开展了专题讲座、读物推荐、知识竞赛等活动，最后，还举办了引人入胜的小报展览，展示了他们课外探究学习的成果。

这种与教材相联系的综合性学习内容还有很多，如学习了《2030年的一天》后，进行《谈谈成都的环境污染》的综合性学习，调查、讨论成都的环境污染问题，并给环保部门写建议信；学习了《一个小村庄的故事》后，进行《悄悄走进大自然》的综合性学习；学习了《我家还缺啥?》后调查改革开放前后人们的生活变化；学习《圆明园的毁灭》之前，引导学生搜集圆明园的相关资料，阅读有关故事，之后还以圆明园为主题办小报、写想象作文，以"圆明园该不该重建"为题开辩论会。

（2）选择贴近学生生活经验的内容。

学生的生活经验是支持综合性学习展开的基本条件。我们在确定综合性学习的内容时，应慎重地考虑活动的内容是否与学生的年龄特点、生活经验和知识水平相适合，把综合性学习的内容定在学生"似曾相识又陌生"的感觉尺度上，选择贴近学生生活经验的内容（如家庭生活、校园生活、社区生活、健康生活、人际交往、休闲娱乐等），有效利用他们已有的知识经验，尽可能使之适合绝大多数学生。这有利于学生在自己熟悉的情境内进行深层次的体验，提高综合性学习的实效。如一段时间内，很多学生热衷于收集方便面袋中的各种卡片，出现大量丢弃方便面的现象，老师就引导学生对同学中的卡片进行调查，了解卡片的来源、种类及买卡片所花费的钱，讨论收集卡片的利与弊，并引导学生把玩卡片与课外阅读结合起来，组织学生就"小朋友中的卡片热"开展综合性学习。

（3）选择学生感兴趣的内容。

在综合性学习中，我们非常关注学生的兴趣所在，选择学生在个人生活中、社区中、校园中感兴趣的内容。比如，高年级的老师发现不少学生喜欢集邮，就因势利导，引导学生搜集整理邮票，并通过各种渠道搜集、阅读与邮票相关的知识，相互交换欣赏邮集，设计邮票，最后组织了"方寸之间天地宽"的汇报活动。其他如与生活相关的"我们的零食和爸爸妈妈小时候的零食的比较""爸爸妈妈为啥不放

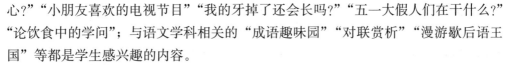

心?""小朋友喜欢的电视节目""我的牙掉了还会长吗?""五一大假人们在干什么?""论饮食中的学问";与语文学科相关的"成语趣味园""对联赏析""漫游歇后语王国"等都是学生感兴趣的内容。

（4）选择与科学知识相关的内容。

小学生好奇心强，凡事爱问为什么。我们就引导学生研究一些与科学知识相关的问题，促使学生将好奇心升华为求知欲，这有助于调动积极性和培养理智感。如"变色龙为什么会变色?""眼球会不会感到冷?""沙尘暴的危害""厄尔尼诺现象的危害及原因""噪音与人类健康""烧烤与健康"等，从而培养学生的科学态度和科学精神，锻炼学生的探究能力。

（5）选择人们关注的社会热点问题。

我们非常重视开发利用当时当地的语文教育资源、现实生活中发生的重大事件，特别注意引导学生把关注社会的热点问题与学语文结合起来，把适合语文教学的丰富多彩的形式为我所用，使之在生活中学语文、用语文、增才干、学做人。成都一普通市民刘某在无人知晓的情况下撞坏了三环路上的反光膜，后主动打了几十个电话、花了三百多元的出租车费询问赔偿的相关事宜，最后联系到有关的管理部门，赔偿了1900元钱。此事迅速成为成都的热点新闻，我们就及时引导学生开展了"我们对刘某行为的探究"的综合性学习，通过收集报纸新闻，采访各界人士（包括学生、工人、商人、电台主持人、教育专家、社科院教授、汽车司机等），学习《公民基本道德纲要》，阅读诚信故事，学习诚信名言，组织汇报交流等，使学生不仅增强了语文能力，而且在探究的过程中获得了深刻的体验，受到了感染。

在选题过程中，我们不能代替学生，要充分发挥学生的主体作用，鼓励学生关注自然、关注生活、关注社会，积极发现各种问题，把选择的权利交给学生。根据具体情况，可把学生个人选题、小组协作选题、师生共同选题相结合。

如三年级的教师结合少先队的体验教育活动，引导学生确立了"小丫·小眼·小问号"的研究主题。在老师的引导下，同学们认真观察各种社会现象，各自都确定了自己的研究内容。

如高年级的综合性学习"小学生写大论文"就是由小组协作选题，题目有:《四川与西部大开发》《论军事强国的奥秘》《论现代汽车与高科技》《四川旅游资源与开发》《论饮食中的学问》《论森林保护》《论中国综艺节目著名主持人》等。

又如六年级的同学准备给母校送上一份有意义的礼物作为纪念，可是想了很多都觉得不合适，后来有学生提议为母校设计一份精彩的广告，于是他们就开展了"我为母校做广告"的综合性学习活动，从搜集广告、研究广告到设计广告，孩子们都倾注了浓浓的爱心。

姚嗣芳给毕业班的老师做讲座（摄于 2012 年）

"防护栏该不该拆？"这个研究课题的产生就来源于教师和学生对生活的关注。当成都市政府从市容美化的需要出发，决定拆除临街的防护栏时，市民们议论纷纷，有的学生在班级新闻发布会上也谈到了此事。教师就敏锐地引导学生将"防护栏该不该拆？"作为学生进行探究实践的内容，指导学生在调查研究的基础上举行辩论会。

2. 设计方案——重视自主性和可行性

在设计综合性学习的方案时，虽然教师也给予一定的指导，但关键是发挥学生的自主性。我们尽可能把自主权交给学生，让学生自行设计、自主策划活动方案。该确定哪些研究步骤，采用哪些学习方式和方法，怎样分工合作等问题，均让学生或个体选择，或小组共同设计，或全班集体讨论决定，教师不做统一规定，有意识地给学生留有余地，只是从旁给学生一些指导建议。这样，就使所设计的方案更具可行性。

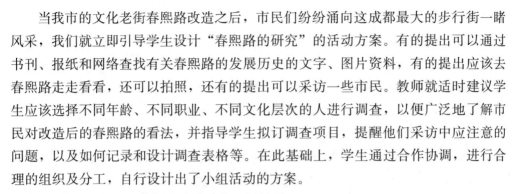

当我市的文化老街春熙路改造之后，市民们纷纷涌向这成都最大的步行街一睹风采，我们就立即引导学生设计"春熙路的研究"的活动方案。有的提出可以通过书刊、报纸和网络查找有关春熙路的发展历史的文字、图片资料，有的提出应该去春熙路走走看看，还可以拍照，还有的提出可以采访一些市民。教师就适时建议学生应该选择不同年龄、不同职业、不同文化层次的人进行调查，以便广泛地了解市民对改造后的春熙路的看法，并指导学生拟订调查项目，提醒他们采访中应注意的问题，以及如何记录和设计调查表格等。在此基础上，学生通过合作协调，进行合理的组织及分工，自行设计出了小组活动的方案。

3. 实施方案——重视实践性和指导性的统一

虽然综合性学习从时间、空间、内容等方面都超越了课堂教学，但我们绝不放任自流，而是积极发挥好组织者、引导者、辅导者和参谋的作用。在开展语文综合性学习的过程中，我们总是立足于"语文"，特别突出实践性和指导性。不管涉及哪个领域、哪门学科，采取哪些方式，利用哪些手段，其落脚点都在"致力于语文素养的形成和发展"，使学生获得更多的语言实践机会，让学生把课堂获得的语文知识和能力用于实践，"盘活"知识，通过实践使之再学习、再探索、再提高。一方面，我们引导学生积极主动地参与实施方案的过程，充分地实践；另一方面，我们在整个过程中给予学生切实的指导。

在实施活动方案的过程中，我们特别注意以下几点。

（1）自主实践，加强体验。

在实施活动方案时，我们尽量将统一的要求降到最低，鼓励学生用自己喜欢的方法学习，充分发挥自己的才能，将实践和体验的空间留给学生，给他们较多的选择余地，活动内容和方式通常可以由他们自主选择确定，促使学生在深入实践的过程中加强体验，获得知识，提高能力。尽量做到活动让学生自己去组织，方法让学生独立去寻找，思路让学生自主去探究，问题让学生自行去解决。老师们只是适时给学生一些点拨和启发，只是"点到为止"。

例如，2001年五一节，成都新华公园开始免票，游人们纷纷涌入新华公园，公园里的绿化带和其他一些公共设施遭到严重破坏，各个媒体纷纷进行了报道。经过师生共同商议，确定了"公园免票以后"这个综合性学习的主题。经过学生的自主讨论，确定了实施方案的步骤和方法：

①调查研究。学生通过各种方式进行调查，如采访、拍照、摄像等，研究公园免票的意义和不同人群对此的看法，以及免票给公园带来的负面影响。

②讨论交流。学生就调查研究的内容展开讨论，引发思考。

③综合表现。学生展示调查所获得的信息，扮演不同的角色进行交流，并围绕公园免票的利弊展开辩论。最后对如何消除免票给公园带来的负面影响提出合理化建议，虚拟角色写作，为公园设计环保广告等活动。在整个过程中，同学们各显神通，获得了真实而深刻的体验，强化了公民道德意识。

（2）灵活机动，形式多样。

我们鼓励学生根据不同的活动内容，灵活安排，以多种多样的形式进行实践。

①时间灵活。根据课题的难易程度和研究的要求，学生完成课题的时间可以机动灵活。有的可以利用周末，有的可以利用寒暑假，有的可以在一两天内完成，有的可以在一个月内完成，甚至可以用一个学期的时间来完成。

②地点灵活。综合性学习的场所不再固定在校园内、教室里，而是离开了教师的视野所及范围，在更大的空间内流动学习。如街道、广场、商场、公园、书城、公交车上、小区、图书馆……

③人员组合灵活。根据实施方案的需要，可灵活选择或组合个体独立研究、小组合作研究和集体分工协作研究几种形式。

④实践方式灵活。阅读书报、收看电视、上网查询、调查访问、录音录像、实地考察、请教他人、编辑小报、撰写文章……

（3）关注进程，点拨指导。

主体学堂强调学生在综合学习过程中的主体性，同时强调教师要经常关注实施方案的进程，重视对过程的指导，自觉地、敏锐地观察学生细微的反应、变化，及时发现学生的需要、问题和困难。教师不仅要及时给予学生鼓舞和激励，注重师生之间、生生之间的多向交流与合作，实现丰富的知识信息交流和情感交流，还要相机指导学生掌握探求知识的方法，体验发现、创造的快乐，调动学生探索未知领域的积极性。

综合性学习活动中，教师要及时对学生的研究思路、研究方法、信息来源等给予指导和恰当的点拨。如可以通过哪些途径进行调查，可以查阅哪些资料，观察哪些人与物，如何进行记录与分析，我们还教给学生设计表格的方法、调查采访的方法、撰写研究报告的方法等，使他们逐渐掌握有效的学习方式和策略，不仅促进研究活动的推进，还使他们获得一些终身学习所必备的基础方法和基本能力，使学生在不同内容和方法的相互交叉、渗透和整合中开阔视野，提高实践能力。

例如，在三年级的学生开展"小丫·小眼·小问号"这个实践活动时，老师就在各个阶段给予了切实的指导。先通过谈话，激发学生观察社会现象的兴趣，让学生用一周的时间广泛观察社会现象。接着引导学生把自己发现的社会现象进行交流。在学生交流的过程中，老师相机点拨，对学生进行鼓励。在此基础上，教师进一步为学生导向：一是引导学生交流自己怎么看待发现的社会现象？打算怎样进一步研究它、解决它？二是评价同学们的研究内容和研究方式，并归纳出进一步研究的方法，如看一看、拍一拍、画一画、问一问、想一想等，然后引导学生选择自己感兴趣的现象，用合适的方式对自己选定的问题进行深入的研究，时间为四周。在此过程中，教师经常关注研究进程，根据学生的反馈情况，及时进行评价引导。一个月以后，老师就引导学生把研究过程中的做法和体会进行交流，并建议他们从别人的研究中得到一些启示，继续进行深入的调查研究，想想怎样解决好自己研究的问题，可以与小组的同学展开一些讨论，并及时整理资料，设计好研究成果的汇报形式，最后举行成果汇报会。

一个学生在研究"肯德基与马可波罗"时，通过实地考察、采访顾客等方式，对两家快餐店的营业情况进行了全面的比较，得出了"肯德基比马可波罗更能吸引顾客"的结论。在此基础上，老师引导学生把自己研究的结果写成建议信寄给马可波罗的老板，锻炼从而提高学生的交往能力和表达能力，增强他们的成就感，促进学生走向成熟。

4. 展示成果——重视多样性和创造性

在学生学习实践研究的基础上，教师要积极为学生的表达创造一个和谐的外部环境，提供表现才华、展示自我风采的机会，引导学生通过语文听说读写的学科形式或多学科综合的形式，大胆表现出自己在综合性学习中的感受、收获。

在成果的表现方法上，要努力做到：张扬个性，鼓励创造，形式活泼，力求多样。根据综合性学习的不同内容，选择多种多样的表现形式，如心得、图画、表格、采访记、短文、小报、图片资料、快板、歌曲、诗歌、小论文、研究报告、书信等。

根据具体的研究内容，我们引导学生以不同的形式充分展示学习的成果，如：交流会、辩论会、表演、成果展览等。

5. 激励评价——重视差异性和激励性

在学生完成了综合性学习的任务后，教师要着眼于唤醒学生的生命感、成功感、价值感，对学生进行激励性评价，较好地使学生体验到成功的喜悦，激发他们的自信心，增强他们自我发展的内驱力。在评价中注意以下两点。

（1）尊重学生的个体差异。

在评价中，教师要树立"只有差异，没有差生"的观念，尊重学生在学力水平、个性特点以及情知积累等方面表现出的差异，淡化求全、求高、求速的心理，不轻易在学生之间进行比较，力求发现和肯定每一个学生在探究过程中的闪光点。注意学生的层次差异，落实到每个学生，多纵向评价，少横向评价，多看学生自身的发展，并特别注意使各种形式的评价都带有浓厚的激励色彩，各类学生都能从评价中感受到一种期待、一种赏识、一种力量，尝到成功的喜悦，增强自信心。

例如，在研究"防护栏该不该拆?"时，一个学生的调查表很乱，与其他同学有很大的差距。但老师发现，这个孩子在调查对象的选择上却比别人做得好。针对防护栏该不该拆的问题，他不仅采访了小学生、家庭主妇、机关干部，还特别采访了与此事有一定关系的刑警队员、卖防护栏的老板和装修工人，调查的结果更具代表性。老师就赞扬这个学生在采访对象的选择上会动脑筋，考虑周全。

（2）重视学生的情意发展。

在评价中，我们不仅关注学生综合性学习的结果，而且关注综合性学习的过程。首先，我们重视评价学生在活动中的合作和参与态度、情感和习惯行为，对学生做得好的方面进行及时的鼓励、强化。其次，我们评价学生发现问题和解决问题的方法、语文知识和能力综合运用的表现以及在实践活动中获得的情感体验，尤其是对创造性的表现给予积极的评价，促使学生在评价中成长。为此，我们很注意评价形式的多样性和激励性，引导学生经历语文综合性学习的全过程，参与实践，整体推进，协调发展，促进学生语文素养的形成和综合素质的提高。

主体学堂的语文综合实践，让语文课程向课外延伸，向社会生活延伸，不断拓宽学生个性自由发展的时间、空间，促使语文教学真正向学生开放，向生活开放，向未来开放，全面提高学生的素质，这不仅是对语文课标的落实，也是教师参与课程建设的有力行动。

（四）语文教学：以教学辅助的合理运用彰显主体学堂现代性

随着现代科技的飞速发展，多媒体已广泛地运用于语文教学中，让课堂更加丰富多彩。合理运用多媒体对文字、图象、声音以及动画、影视等的综合处理，达到声、图、文并茂的情境教学效果；通过对时间、空间的多维创新，使抽象深奥的问题直观形象化。多媒体可以融视、听、感、悟、思于一体，能有效地激发学生的学习兴趣和热情，是教师有效的教学辅助工具。

无论我们怎样怀念粉笔黑板的语文教学时代，随着数字时代的到来，我们都没有理由不借助现代技术，使语文教学吸收现代信息技术的生动活泼，从而促进语文教学的生动活泼。

在主体学堂语文教学实践中，我体会到运用教学辅助的合理性——不仅能够方便教学，更能够彰显主体学堂的现代性。当然"合理"要体现以下三点：

首先，现代教学手段的运用要建立在"辅助"的功能定位上，切忌"为"现代而"现代"，"唯"现代而"现代"。主体学堂早已确立了教学的主体性以及教学本身的目的性，那就是学生是唯一的主体，主体学堂的语文教学则是以提升学生的语文素养为目的。一切资源的运用，都不能脱离这个目的性。因此现代教学手段的运用，必须以此为功能依据，现代教学手段的运用，可以为课堂增加趣味性，但必须承载发展学生语文素养的功能，否则就会喧宾夺主，使课堂无序和低效。

其次，现代教学手段运用要找准多媒体与语文学科的结合点，帮助学生建立既有言语经验与文本语言接触，培养学生品味语言、揣摩语言、运用语言的能力，从而提高语文教学的效益。多媒体的滥用一度成为新课程改革以来语文教学的弊病，原因就在于教师在选择多媒体资源时，对多媒体资源的教学辅助功能不明，并大量滥用，学生的兴趣有了，但语文学习的效果没了。主体学堂强调让主体的"学习真正发生"，真正发生的学习一定有明确的学习目标。而这个目标来自语文的育人价值，因此，多媒体运用只有真正与语文学科有结合点，才能达成其运用的合理性。

最后，让科技插上人文的翅膀。语文学科是人文学科，语文教学要充分激扬人文情怀，而科技则更具理性，怎样促进二者的融合，尤其是突出语文学科的人文特征，这是多媒体运用的深度探究。主体学堂认为，科技的便捷让学生在语文教学中更直接、更直观地触及生活和事物，解放了过程性时间浪费，可以在教学中留给学生更多时间进行言语实践，同时，在数字文本和文字文本中建立形象思维的通道，帮助学生形成人文情怀和审美视野，促进科技插上人文的翅膀。

主体学堂的语文教学实践中，总结出多媒体合理运用的策略如下。

1. 把多媒体作为"切入点"——调动兴趣

兴趣是最好的老师。语文教学过程中，可以用多媒体营造出声像并茂、动静结合、情景交融的特定氛围，使学生如临其境，产生浓厚的兴趣，以最佳状态投入到学习中去，达到事半功倍的效果。

在教《大瀑布的葬礼》这一课时，考虑到学生都没看见过塞特凯达斯瀑布，为引起学生的学习兴趣，在导入新课时，我说："同学们，今天，老师带大家去一个神奇的地方，参加一场特殊的葬礼——塞特凯达斯大瀑布的葬礼。"然后通过电脑屏幕把塞特凯达斯瀑布的美景一下子推到学生面前。在优美的抒情音乐声中，参天的古木，错落有致的瀑布，以及活泼可爱的珍禽异兽把学生们吸引住了。他们眼盯屏幕，侧耳细听变化多端的流水声，完全沉浸在那仙境一般的童话世界里。这时画面一转，音乐声变为低旋的哀乐，许多人身穿黑色葬礼服，站在即将枯竭的瀑布前，神情严肃，为瀑布举行葬礼。当电脑展示完后，学生被塞特凯达斯瀑布前后巨大的变化震住了，脸上表现出惊讶与惋惜之情。这时，我请大家说说观后的感受，学生们个个情绪高涨，兴趣盎然，提出了一大堆问题，迫不及待地想知道瀑布巨变的原因，求知欲非常强。

2. 把多媒体作为"激发点"——引导体验

多媒体的运用能够创设真实的情境，使课文的语言材料变成可感的声音、可见的图像。让课文中的语言、形象和情感迅速渗透到学生心田，使学生耳醉其音、心醉其情，并从具体真实的情境中受到感染，产生情感的共鸣，达到情自景生、不启自发的效果。在语文教学中，我经常不失时机地利用多媒体技术的优势，引导学生深入到文本中进行情感体验，使学生与作者产生强烈的情感共鸣，以获得最佳的教学效果。

在教《圆明园的毁灭》这一课时，我精心制作了多媒体课件，并在各个环节的教学中让学生悟情、动情、激情。首先，我引导学生通过品读语言文字、观看多媒体，切身感受到圆明园昔日的辉煌壮观，感悟和表达自己的热爱之情和自豪之情。然后，我引导学生用声情并茂的朗读向远道而来观课的香港朋友们介绍圆明园，使学生进一步为之动情。接着，我说："可是，这样一座宏伟壮观的园林，竟然化为了灰烬！"我接着让学生观看了多媒体课件（圆明园毁灭后的景象），问："这就是圆明园！看到这儿，你忍不住想问什么？"至此，同学们感到无比痛心与激愤，产生了进一步探究的强烈愿望，以一种最佳的情感状态进入了后面的学习。在学生自读了文中有关英法侵略军毁坏圆明园的相关段落后，我用多媒体播放了电影《火烧圆明园》的片断，让学生随录像走入那不堪回首的一幕，去思考侵略者掠走的是什么？破坏的是什么？烧毁的又是什么？观后，他们激动地表达了自己内心无比的痛惜和愤怒之情，然后我引导学生再带着这样的激情回读第一段，在强烈的对比中，学生与作者的情感产生强烈的共鸣，语文的"双性"自然地融合在一起。

又如在教《炮手》一课时，我引导学生重点抓住"苍白""煞白""惨白"几个词语体会文中炮手的情感变化。在讨论"惨白"这个词语时，我运用了本课唯一的一个多媒体元素——炮声，把学生带入那硝烟弥漫的战场，让学生身临其境，想象炮声响过之后，哪些东西垮了？孩子们设身处地想象炮声之后，这位炮手家的房屋、房屋里里外外的东西、他在世界上的唯一的财产都随着炮声化为了灰烬，然后进一步体会脸色"惨白"的炮手内心的痛苦与煎熬，从而认识到炮手为了国家利益放弃自己小家利益的奉献精神，对炮手肃然起敬。这样，在特定的意境中，加强了学生对文章的理解，从字面到内涵，层层深入，既把语句理解透了，又体会了所要表达的主题，提高了学生对语言文字的领悟能力。

3. 把多媒体作为"点金棒"——突破重难点

多媒体辅助语文教学，应辅在学生经验的盲区、知识的盲点、思维的堵塞处、情感的模糊处，要坚持为学生的"学"服务，起到启发、诱导、点拨、开窍的功效，追求点石成金的境界。在实际教学中，常常遇到这样的问题：由于时间、空间的限制，再加上学生阅历匮乏，以及认识世界的能力有限，他们对文章中的一些内容难以理解。教师虽反复讲述、说明，学生仍是如坐雾里。这种情况下，我会适时利用多媒体将课文中的内容化难为易、化繁为简，最大限度地调动学生的感官去感知、去理解，从而增强语文教学的直观性、形象性和生动性，为释疑解难创设巧妙的突破口。

如《詹天佑》一文第三部分写的是詹天佑修筑京张铁路时"开凿隧道"和设计"人"字形铁路，这两处是学生理解的难点。课文叙述每一种工作方法都有大段内容，学生若死啃书本，就会只"知其然而不知其所以然"。为突破这个难点，在教学时，我设计的课件包括了三个内容，即"两端向中间凿进法""中部凿井法"和"'人'字形线路图"。学生通过多媒体的演示再加以通俗的讲解，了解了凿进的方向，感受到了工程的艰巨；从"'人'字形线路"的行进方式，不仅知道了山势及坡度，而且体会到了詹天佑的创造精神，这样，学习的重难点就轻而易举地解决了。

又如《捞铁牛》一课，文中怀丙和尚说："铁牛是被水冲走了，我还叫水把它们送回来。"这是学生理解的难点。根据教材内容，我充分发挥多媒体的作用，制作课件，既展示了当时捞"牛"的困难，又分步展示了捞"牛"的全部过程，让学生明白船、沙、绳、牛这几样事物之间的联系，搞懂了水托船的力量比铁牛的重量大时，铁牛就能被捞起来的原因。这样，学生的认识过程通过多媒体展示的作用获得了质的飞跃，轻松地理解了难点。

4. 把多媒体作为"新窗口"——拓展创造

教学中选择多媒体必须遵循"低成本、高效能"的原则。有些时候，可以运用多媒体为学生学习拓展大量的信息，扩充信息的传递量。这些信息甚至可以只是一些文字资料。从而引导学生在这些拓展的信息中开阔视野，引发进一步的思考。

例如，在上《一夜的工作》一课时，我没有用课件来代替语言文字的感悟，而是引导学生抓住文中让自己感动的语句体会周总理工作的劳苦和生活的简朴。之后，我用多媒体出示了下列拓展资料，并让学生在默读资料后表达自己的感受。

总理一日的工作表
时间：1974 年 3 月 27 日
下午 3 时　起床
下午 4 时　与尼雷尔会谈
晚 7 时　陪餐
晚 10 时　政治局会议
晨 2 时半　约民航局同志开会
晨 7 时　办公

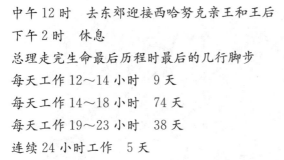

中午 12 时　去东郊迎接西哈努克亲王和王后

下午 2 时　休息

总理走完生命最后历程时最后的几行脚步

每天工作 12～14 小时　9 天

每天工作 14～18 小时　74 天

每天工作 19～23 小时　38 天

连续 24 小时工作　5 天

1 月 7 日深夜 11 时，总理从昏迷中醒来，用微弱的声音吩咐医生：我这里没什么，你们去照顾别人。

1976 年 1 月 8 日上午 9 时 57 分，周总理永远闭上了眼睛，停止了心跳。

这份资料让学生深受感动，他们从中知道了作者看到的只是总理的一夜，其实，总理的每个夜晚都是这样工作的。我们的总理直到生命的最后时刻，想到的还是别人，还是工作，他把自己的一生献给了我们的国家和人民。

另外，多媒体的使用不能只满足于借助画面让学生理解课文"写什么""什么样"，有时还应及时凭借画面的内容，引导学生进行语言文字的"回放"和"还原"——回归文本，探究作者是运用哪些语言材料和艺术手法来塑造人物或描绘景物的，唤起学生的兴趣，有效激发学生的想象力，开拓思维，产生创新的火花。比如，在学习《我想》这首诗歌时，在学生感悟了诗歌内容、体会了作者的情感后，我引导学生认真研究诗歌的每一小节，看看在诗歌的写法上有什么共同点。结果学生很快发现了各小节在写法上的共同点，于是，我将学生发现的各小节共同点标示出来，然后引导小组讨论：生活中的很多事物都能使我们产生神奇的想象和美好的愿望。你觉得还有哪些事物能使你产生什么美好的愿望？你身体的哪些部位还可以和别的东西连在一起？可以用什么不同的动词来表示？在充分交流的基础上引导学生仿写诗歌。孩子们的想象丰富极了，仿写的诗歌充满了童心童趣，孩子的创造性得到了发扬。

总之，在语文教学中运用多媒体，我们必须立足语文，努力寻求现代教育技术与实现语文教学目标的最佳结合点，以促进教学过程的最优化，从而更有效地提高语文课堂教学的整体效益。

姚嗣芳与第一批工作室成员获奖合影（右三系作者　摄于 2010 年）

三、推进关注"怎么教"向关注"怎么学"的转化

我们知道，课程改革的核心理念就是"一切为了学生的发展"。

这一理念有三个方面的内涵：一是强调以学生为本，或者说，强调学生的主体作用；二是面向全体，全人教育；三是尊重学生个性化发展。

如果能真正落实这一核心理念，那么一切教育的立足点都将得以强化。

我以为，认识课程改革核心理念的一个关键在于：我们必须把教师"教"的文化建设向学生"学"的文化建设转化。

这是一种将教育文化建立在关系文化基础上的个性化体认。

我以为，一切教育文化，最终归结于关系文化，因为，教育是一种社会活动。

人与人之间的关系，人与物之间的关系，是社会活动的基础。而学校教育活动的关系文化，则主要体现在教师与学生的关系，学生与学生的关系，师生与校园环境的关系，师生与具体教学文本的关系，师生与社会道德、时代主流和核心价值观的关系等。师生关系是教育关系文化的核心。

　　多年来我一直觉得，我真正发自内心与孩子们保持了一种超越了单一的亲情、友情、师生情的关系。事实上，我从不迁就学生。在我曾经撰写的《谈班级管理与创新》中，以辩证法作为理论基础，提出了班级管理的几个"不等式"，比如，"爱不等于纵容"。学生既把我当朋友，也把我当长辈。我以为，站在教师的角度，与学生建立一种有文化高度的师生关系一定要做到这几点：把教育之爱献给孩子；有一双看得见任何人优点的双眼；充分理解学生，了解学生的期望；做到"四不"——不滥施惩罚，恐吓、体罚学生，不摆架子，和学生说话交往时不玩弄威严的神气，不吹嘘自己，贬低别人，不为讨学生欢心而放任学生；偏爱特殊儿童和后进生；增进师生间的个人交往。

　　当然，家校关系也相当重要。我以"理解""尊重""和谐"来概括家校关系，尤其是教师与家长的关系。

　　当我们真正厘清教育的关系时，我们在教育教学实践中，就能够抓住核心问题，使教育教学活动真正有效。

（一）从反思到寻求改革的方向

　　课程改革10年后，教育界纷纷反思课改的得失，尤其是课堂教学，是否真正做到了当初的期望。

　　关于这一点，我想简述如下：

　　课改理念尤其是核心理念深入人心，教育对人的关注和对生命个体的关注体现了教育本身的人文特质。教师在逐渐反思教育本质的同时，认清了自己的角色定位，也懂得知识教育与其他教育的统一性，同时注意教育的实践性特点，注重学生在经历学习过程中的内因作用。

　　但是，实际教学中，无论名师的示范性课例，还是其他教学实践，新课程改革的十年，学生的主体地位依然没有得到真正的归还，学习方式的转变大多流于形式，教师参与课程建设的能力不足，学生还是被放置于课程建设之外，教育的内涵性研究乏力，而教学内容建设上还没有真正清除繁难偏旧的积弊。

　　如果用一句话来概括，就是：有理念，缺落实。

　　因而，教育教学质量不高。

　　问题出在哪里？这是有责任感的教师必须思考的问题。

1. 反思当下语文教学存在的普遍问题

（1）外观：不得不引发的深度反思。

新课改之初，课堂教学案例展示，成为一线教师学习改革的一种直观形式。

尤其是北京、江苏、浙江等地的名师课堂教学，在四川成为一种教师专业学习的大舞台，在观摩这些名师课堂教学时，我反复问自己：这就是新课程改革的样板课堂？这些课堂到底可以提炼些什么标志性词语？

不可否认，作为当今有影响力的名师，他们有很多值得我们学习的地方。

首先，他们对文本解读超乎一般教师。如王崧舟老师，可以说是文章鉴赏大家。按照王老师自己的说法，要"读出这一类的这一个"，也就是说，无论解读一类文章，还是解析一类形象，读出独特之处，发现独特魅力，是解读文本的关键。

其次是他们设计课的独特视角。如孙双金老师、周益民老师等，可以说他们设计课，从开课到重点设计，到结课的独特，都让人感觉如艺术品一般。设计课是教师必备的基本功，独特的破题、独特的重点交流以及言有尽而意无穷的结课，的确在展示课上能产生养眼的效果。

再次是课堂人文价值的开掘。如窦桂梅老师，在其倡导的"三个超越"的基础上，对文本的人文价值挖掘相当深刻，并进而主张"深度语文"，像其《火烧圆明园》一课的几个问题设置，"深度语文"特点十分明显。

最后是课堂氛围的营造。名师的课大多是情感派的，课堂情感氛围浓郁，教师融入课堂，学生受教师感染，也身处情感的文本和氛围之中。

在分析这些教师的示范课的同时，我在发问，我是不是也该这样上课？

我觉得，教学不是教师才艺的展示，教学要育人，育人不是靠简单的技术，而是依赖于坚持不懈的教师的爱心。

我们首先要摒弃无情教育。不论是日常教育还是课堂教学，无情不能感动学生，也就不能对学生产生影响，更不能唤醒学生的潜能。

所以，我主张注重教育彰显情感性。

学生行为习惯有问题，以情感激励之；学生之间关系不和谐，以情感化解之；促进学生对品德的认知之始，以情感触动之……

与无情教育相对的是有情教育。

有情教育起码有三个内涵：第一就是教师之情，第二是学生之情，第三才是文本之情。

教师以爱心作为教育中的情感基础，学生受到情感的感染并内化生情，而文本之情，则主要指文本蕴藏的情感因素。所以，窦桂梅老师提出"三情共振"的教育论断。

换句话说，只有"三情共振"，情感语境的教育才具备实施的所有要素。

显然具体教育语境中，"三情"发力有先后，文本蕴藏之情，必须由人来激活，而人指学生和教师，只有教师之情先置，才能唤醒学生之情同振，并达成"三情共振"。

"三情共振"是一种理想状态，而我刚才的分析显然是根据教育教学的实际推演。

我们必须分析教师之情何来。

有人说，课堂语境中，教师之情来自对文本的感知。比如，示范性读课文，入情入境地读，或者配合音乐读，自然能够激起学生心中的涟漪，我以为不然。

教师如果仅仅从技术层面入情入境地范读，缺少日久天长的爱心涵泳，就不能拥有人文氤氲的课堂氛围，不能唤起学生情感的共鸣，更不能达成"三情共振"的效果。

所以，有情教育只能是在不断积攒的教师爱心的场域中，才能真正实现。

我曾经三次以文章的形式写出教师的爱心对教育的重要性。我认为，教师的爱心核心是对生命的尊重。

尊重生命，需要教师建立新型的民主平等的师生关系。教师要以学生为本，把他们当作发展中的人来看待，要尊重、宽容、体谅、理解、信任学生，以科学和民主的精神育人，尊重学生的人格，尊重学生的权利，尊重学生的感情，尊重学生的个体差异，努力唤醒每个学生的上进心、自信心和自尊心，给学生以自由发展的空间，使不同个性的学生都能获得成功的喜悦。

尊重生命，需要教师树立新的教学观、课程观、教材观，不仅要传授知识，还要开启智慧，点化、润泽生命。教师要努力当好学生健康发展的促进者和引导者，真正在课堂中确立学生生命的主体地位，正视每个学生的潜能，承认他们的差异性和个性特征。要聆听其独特的内心世界和精神声音，要尊重其特有的观察、思考和解决问题的习惯和方式，培养学生的创新精神，彻底改革单纯追求掌握课本知识的课堂教学，关注学生认知和情感的协调发展，把学生从分数的牢笼中解放出来，赋予学生学习的兴趣和乐趣、学会学习的能力以及对知识的好奇心，为每个受教育者奠定终生持续发展的基础。

尊重生命，需要教师真正全面关注学生的生命，拓展教育的内容，对学生进行生命教育。教师要教会学生珍爱生命、敬畏生命，完整理解生命的意义，活出生命的尊严，积极创造生命的价值，珍惜自己，关怀别人。还要让生命的其他物种与人类和谐相处，不仅关心人类的今天，还要关心人类的明天。同时，教师应对学生进行挫折教育、逆境教育、死亡教育。要提高学生的安全意识，教给学生逃生避险的方法和技能，坚持经常开展针对各种事故的应急演练，使学生熟练掌握防范危险的技能，努力培养孩子们应对自然、应对社会的生存能力。

（2）内省：学习方式改变为什么这么难？

作为课程改革的重头戏，学习方式的转变是当今课堂教学极为重要的内容，然而，当今的课堂教学，尽管有自主学习、合作学习、探究学习的形式，却往往流于形式。

这绝不是耸人听闻。

以合作学习为例。我们看到很多课，本无合作的必要，但老师却会刻意去呈现。原因很简单，展示课需要体现学习方式的转变。于是，教师们总喜欢在师生交流到一定时间后以合作学习来调节教学环节。

观察课堂教学，我们需要有哲学的视角。该有则有，不该有而勉强为之，就会流于形式，画虎不成反类犬。

"该"还是"不该"，实际上就是一个哲学话语。

我想，要解决这个问题，我们还是要从"学习"的本源上思考。

学习的含义。学习一词最初是"学"和"习"的复合体，即"学"而后"习"。"学"的感知理解，有"见""闻""思"的内涵，"习"则是巩固运用，有"温""行"的内涵。换句话说，"学习"实际上要经历如下过程：闻见（感知）—慎思（理解）—时习（巩固）—笃行（应用）。

事实上，"学"是获得知识和技能的阶段，"习"是形成能力和德行的解读。

理解了学习的内涵，有助于我们明了应该用什么方式进行课堂语境中的教学环节设置。

什么情况下自主学习？自主学习作为当今课改背景下三大学习方式之一，包括自我监控、自我指导和自我强化。换句话说，自主学习就是学生自己制定学习计划，选择适当的学习方法，创造学习环境并对学习过程和学习结果进行自我观察、审视和评价。

自主学习首先是个体的学习，其次是个体对为什么学习、能否学习、学习什么和如何学习有自觉的意识和反应。

分析自主学习的内涵，我们可以得出这样的结论：第一，自主学习绝不是自由学习，是在一定教学目标范围内的学习；第二，自主是学习过程上的自主，而非整个课堂的全部；第三，自主学习是长期养成的过程，绝非一节展示课就能够达成，或者说，自主学习的意识和能力是教师长期培养才可能形成的；第四，自主学习是在学生能够自主完成学习过程和学习任务的前提下，才能使用的学习方式。

显然，第四点已经解决了自主学习的时机问题。假如没有这样的时机，自主学习就失去了效果。

所以，有专家指出了自主学习的前提条件：建立在自我意识发展基础上的"能学"，建立在学生具有内在学习动机基础上的"想学"，建立在学生掌握了一定的学习策略基础上的"会学"，建立在意志努力基础上的"坚持学"。

合作学习有何契机？合作学习的好处是将个人的学习转化为小组间的学习，其效果多元，既有利于培养学生的合作意识，又有利于因材施教，弥补了教学中教师难以面对差异鲜明的众多学生的教学不足，从而真正实现每一个学生的有效学习。

合作学习也有前提条件，那就是需要合作才合作。

换句话说，当学生在学习某个问题时，因为学习能力的差异，可能会出现两种情况：其一，优等生可能稍微努力就可以解决问题，而学习能力差一点的学生，则可能需要帮助才能达成学习目标。其二，学习内容本身适宜合作完成，也就是说，合作学习的内容有合作的价值。例如，人教版《老树》一课，教师在展示"老树"的图片后，提出"你怎么看出是'老树'"的问题并让小组合作学习，这样的合作学习有效吗？显然是无效的。其三，合作学习需要合作动机和个人责任来保障合作学习的效果，我们看到，在很多课堂上，没有形成合作学习氛围，也没有给出合作学习机制，老师在抛出问题后，就叫学生合作学习，常常是学生虚假合作，做给观课教师看。

　　所以，有专家这样描述合作学习的理想状况：在合作学习中，由于学习者的积极参与，高密度的交互作用和积极的自我概念，使教学过程远远不只是一个人认识的过程，同时还是一个交往与审美的过程。

　　课堂语境中的探究性学习的条件解读。探究性学习不一定是课堂教学的组织形式。但在教学中，可以组织进行探究性学习。

　　探究性学习的好处是，学生通过自身对学习内容的探究获得知识，体验探究的过程和结果的成功感，从而养成探究意识，获得探究能力，凝练探究智慧。

　　情感体验、建构知识、掌握解决问题的方法是探究学习的三个目标。

　　课堂语境中的探究学习，一定是有明确的学习主题，并且这个学习主题是所有学生必须通过探究才能完成，同时也是能够探究完成的。

　　当我们在教学中，抛出的只是一个稍加思考就可以解决的问题时，那就没必要组织学生进行探究学习。

　　因此，课堂语境中的探究学习有两个必要条件：主题和探究的需要。

　　（3）视域：从课标到实践的理性追问。

　　当我们从教学实践中抬起头来，用理性的眼光审视众多的教学案例，同时再深入研习课标、深入一线教学实践，我们发现，语文教学其实存在许多不尽人意之处。我以为，主要存在七大方面。

　　第一，语文课程标准中缺少结构化的语文课程内容，导致"教什么"模糊不清。

　　第二，当下语文教材提供的课文，只是解决了"教材内容"问题，至于每篇课文"教什么"即"课程内容"，基本是凭执教者的个人经验和认识去判断、选择，导致语文课程内容随意、零散、无序和经验化。

　　第三，很多人混淆了"课程内容"和"教材内容"这两个不同的概念。简单地说，课程内容是指"教什么"，教材内容是指"用什么来教"。小学语文课程内容主要指的是学生学习语文必须掌握的，可以终身受用的语文知识、语文方法和语文技能。这些课程内容应该是相对稳定的，是其他学科教学不可替代的。

　　第四，语文课形态单一。目前语文课形态基本是教师带着学生一篇一篇讲读课文。语文课的主要活动是阅读课文，严格意义上说是听教师分析课文。"讲课文"其实不是语文教育唯一的课程形态，更不是最佳的语文课程形态。

　　第五，阅读课耗时太多，语文课时结构不均衡。语文作为一种社会交际工具，

姚嗣芳参加中国华文教育基金会大洋洲巡讲团活动（摄于 2014 年）

其核心功能在于能够使学生熟练"运用"口头和书面语言参与社会交际。目前的语文课始终坚持阅读为重点的课程取向，语文课用于阅读的时间占了四分之三，而用于表达的教学时间不足四分之一，造成语文课"阅读"和"表达"教学时间的结构性失调，花大量时间教课文却劳而无功。语文课将大量时间花费在效率很低的"文本讲读"上，始终没有将提高学生的表达能力作为语文课程的重点。语文课应该调整课时结构，"均衡读写"，建构"理解"和"表达"并重，并且适当朝向"运用"的课程结构。

第六，语文课缺少学生的语文实践活动。

第七，语文课的评价标准不明确。"学习是通过学生的主动行为而发生的，取决于学习者做了些什么，而不是教师做了些什么。"评价一堂语文课是否有效，其核心指标不是看教师"教"得怎么样，而是应该看学生学得如何。课堂是否热闹，教师语言是否精彩，文本解读是否有新意，教学手段是否先进等，这些对课堂教学而言都是表面的、形式上的东西，不能成为评价一堂课的主要指标；只有把"学"的效果作为课堂评价的主要指标，语文课堂才能真正摆脱虚胖、浮肿、低效等不正常现象。

2. 主体学堂的语文教学改革尝试

崔峦老师提出"语文课要和课文内容分析说再见"。现在教师面临的问题是：不分析课文内容，语文课该怎么上？最好的方法就是让学生多朗读、多积累、多运用、多阅读。

（1）改变"阅读为中心"的课程设置，丰富语文的课型。

合理压缩"阅读课"的课时数，科学配置各领域学习内容的课时比例。

（2）创造性地使用教材，让语文教材真正成为学生学习语文的教材，而不单单是阅读教材。

一是为学生提供具体的多种形式的听说、习作和综合性语文学习等领域的教学活动，并与阅读课文并列作为规定的教学任务。

二是适当压缩阅读课文的时间，为语文课程中口头语言、书面语言活动和综合性学习活动腾出足够的时间。

三是读书课程化，明确规定课外阅读篇目，变弹性任务为刚性任务，并加强课外阅读指导和检查。

（3）改变以教师"教课文"为主的教学方法。

首先要依据课文合理选择课程内容，明确这篇课文究竟要教什么。语文课程目标的选择，要着眼语言知识、语文方法的教学和语文能力的培养，这样才能体现语文课程的特点。

其次要围绕目标设计教学流程，不能满足于"教过"，而要追求"学会"，要严格按照"认识—实践—迁移"的认知规律来组织教学流程。

最后是要合理设计表达练习，提高语言积累的质量。语文课的主要教学方式应从以教师为主的"教课文"转变为以学生为主的"语文学习活动"。要按照语言学习理论建构语文课堂教学过程，强调语文课以的"实践性"和语文能力的"习得性"。要让学生通过听听、读读、背背，动嘴说说，动笔写写，在多种形式的语言实践活动中积累课文中规范的语言，通过模仿或创造性地运用课文中的语言或表达方法，提高运用语言的能力。课堂教学必须留出时间让每一个学生参与相关的实践活动。

当然，这并不否认教师在教学过程中的指导作用。教师的作用应主要发挥在：必要的语文知识、语文学习方法和策略的传授，听说读写活动的设计与组织实施，活动过程中因人而异的指导等等。

（4）改变语文评价的方法。

要变偏重于理解能力的评价为理解和运用能力并重的评价，变偏重于书面能力的评价为口头书面并重的评价，变偏重于语文能力的评价为能力、习惯和方法过程并重的评价。

语文评价至少应该包括以下内容：

①明确课外阅读的数量和质量要求，按年级考查学生课外阅读的数量和质量。

②按各年级听说能力和习惯的要求，考查学生口头表达的能力和习惯。

③阅读能力重点要综合考查学生阅读方法和策略的掌握、阅读习惯态度以及阅读的熟练程度，而不仅仅是考查学生的阅读理解能力。

（二）建构主体学堂的语文教学实践操作体系

明确了课改方向，关键在于寻求实践改变。在一次一次的反思中，在一课一课的经验积累下，我总结了主体学堂的语文教学改革实践的操作体系。

1. 主体学堂语文教学改革的基本思路：放风筝—搭积木—找靶子

（1）放风筝，自由飞翔不断线——拓展学生自由发展的空间。

在语文的天地中给每一个学生飞翔的自由，使其飞得高，飞得远，而又让"风筝不断线"，同时还要顺应风向。主体学堂以小组合作的方式给每个学生以自主学习的空间，每个学生都是"风筝"，都有机会飞起来，但学生的学习活动都是围绕学习的任务和目标展开的，老师会顺着学情为孩子提供高飞的天空，如果"风筝"完全飞偏了，老师就会拉拉手中的"线"，以发挥教师的引导作用。

（2）找靶子，能力训练不盲目——增强学生获取成功的自信。

只有成功才能带来更大的成功，要努力使学生在能力的提升中变得更加自信。此处所说的"能力"，不仅仅是指语文的学科能力，还包含着作为人的发展所必备的基本能力，如合作能力、人际交往能力、创造能力等。在不同教学内容和课型的教学中，不需要面面俱到，确定培养方向和能力训练点，聚焦瞄准靶子——训练点，通过不同的靶子和靶点射击，促进学生语文知识的内化、语文能力的提高和作为人的基本能力的发展。这需要教师对教材显性的训练要求着重处理，对隐性的有价值的训练资源挖掘利用，引导学生"打靶"，分步落实能力培养，增强学习的自信。

（3）搭积木，变化组合不散架——适应学生自主发展的需求。

全面按照课程内容，基于课标、教材培养目标和学生发展实际，理清各年级段结构性的知识与能力培养目标框架，在基本框架结构大致不变的情况下，整体地、动态地、长远地思考学生的发展过程。对教学内容重点、顺序和目标进行局部调整，以适应动态性、生成性的教学过程，最终适应学生自主需求。这种调整，需要智慧选择，灵活构建。好比搭积木，不是按标准图搭建，而是创造性地利用要件、部件资源或拓展资源，搭建起丰富多样的安全、美观、适用的"积木"。

2. 主体学堂语文教学变革策略：课程、建构、生活、活动

（1）变教材关注为课程关注——广角镜头，大视野。

教师首先进入广阔的语文天地，对丰富的语文天地进行资源勘探、价值确认、选择组合，提供给学生一个广阔的、生态的语文环境和丰富的学科营养渠道。只有具备语文课程实施顶层设计意识，才能拓展放飞风筝的空间。力求将学生的所有生活经验与课外阅读积累纳入课堂，特别重视引导学生进行课外积累。引导学生以课本为基本篇目，尊重教材又跳出教材，及时发现生活和阅读中丰富多彩的"教材"。教师要努力做到对教学资源的有意关注与不断丰富，要在研读教材的同时，广泛进行辐射性阅读，阅读与教材相关的各种资料，包括作家资料、教材的背景资料、同作家作品、同主题作品等。如教《一个苹果》，就阅读与上甘岭相关的各种资料，把很多具体的数字都牢记在心；教《迟到》，就阅读林海音的《爸爸的花儿落了》《窃读记》，了解林海音的生平等。只有这样，学生才能承八方雨露，纳百家之言，兼收并蓄，才能切实保证教师带着广阔的智力背景和深厚的文化底蕴进入课堂。

只有把握学科核心价值、课程体系、教学内容结构、各年级段培养目标和教学任务，整体、深度解读教材，才能根据课标要求和学情调整或创造性地利用教材，才能在学生学科素养培养的框架下"放风筝""搭积木""找靶子"，构建以自由、自主、自信为基础的主体性语文学堂，从而由师本、考本、本本走向生本。

（2）变"教案剧"为"规划书"——整体构建，随机引导。

叶澜教授曾说：我们的课堂教学常常被一只无形的手所操纵，这只手就是教案、教参和标准答案。我的理解是这样的：如果学生是风筝，教案这只手紧紧抓住一根很短的线，不愿意将学生放出限定的空间，这是为了完成预设的"教案剧"。因此，在设计教案时，我不再设计过于精巧严密的、环环相扣的、讲究一分钟一分钟"流程"式的教案，而是根据教学目标，以写"规划书"的形式，对教学内容和教学过程进行整体规划，在操作细节上做减法，流程更简约，甚至板块顺序可重组或调整。这样简单、根本、开放的设计就留出更大的弹性空间，为课堂动态生成提供了可能，以适应生动活泼的教学现场，有利于将"计划性课堂"变为"计划性与生成性互补的课堂"。语文教学的课堂形态走向相对宽松乃至有节制的随意，不去追求枝枝节节的精巧、精美。但这样做，对教师的现场观察、判断、调控能力提出了更高的要求，这是构建主体学堂必须走出的一步。只有走出教案剧本的约束，改变过度预设，在整体构建课堂的基础上，以育人的意识，以学科的眼光见机行事，随机引导，课堂才具有生动性，学生的个性化需求才能得到满足，智慧的潜能才能得到释放。

（3）变教师讲为主体学——生活语文，真过程。

我很欣赏张文质先生早在十年以前的另一个比喻：课堂还有另一只手更为可怕，它无视一切丰富性、多样化、多元化、个性化的价值取向，唯我独尊，成为绝对真理，然后使所有的思想变得渺小，所有的学习者变得顺服，所有的教育目标变得整齐划一。他最后的结论是：这样培养出来的学生是没有创造力的。钱学森沉重的世纪之问的答案，也许能在课堂找到零星线索。张文质先生的观点我们不难接受，难的是，如何才能做到不无意地甚至是以自以为良好的意愿来充当这只无形的"手"？在构建主体学堂的过程中，我形成一个基本的认识，那就是只有创设真实的语文生活情景，课堂才能有学生真实的发展过程，学生只有在生活化的课堂中经历真实的参与、思维、交流、训练，课堂才具有真正的价值，学生的发展才得以实现。在这样的课堂上，学生参与的是丰富的语文实践活动，是我们不经意或不自觉但却是真实存在的语文学习活动。

（4）变单一"教"为多维"学"——活动丰富，显主体。

为了更好地发挥学生的主体性，教师从三个维度设计学习活动：对象活动——学生与文本之间对话；交往活动——生生、师生互动；自我活动——自我反思，自我评价。在活动的设计中，注意活动的丰富性，如：感知活动、操作活动、认识活动、表达活动、实践活动、交往活动、审美活动、评价活动、创造活动等。这样，就改变了教师以"讲授"控制课堂的局面，切实保证"让学"，给学生提供充分的时间和空间，让每个学生"浸泡"在语言实践之中，让他们充分地读、认真地思、自由地写、尽情地说，真正成为课堂的主角，使课堂真正成为展示孩子知识储备的舞台，成为展示学生学习成果和智慧的舞台。

3. 主体学堂语文教学变革方式：独立先学、小组互学、全班共学、教师导学

"独立先学、小组互学、全班共学、教师导学"是主体学堂教学方式的基本表述。这里的"独立先学、小组互学、全班共学"是学生学的方式，"教师导学"是教师"教"的方式，贯串于学的方式之中。教师以"用心地教、自然地导"的教学方式引发学生"独立先学、小组互学、全班共学"的学习方式。

独立先学是学生的准备性独立学习。它以准备性作业为载体，让学生预热、尝试和积累，帮助学生明确学习目的、形成学习困惑、解决部分学习问题、找到学习的起点。独立先学是学生课堂集体学习前的独立学习，是为了提升课堂集体学习效益的准备性学习，它有利于强化学生独立学习的意识，帮助学生习得独立学习的方法，提升独立学习的能力，培养独立学习的习惯。

我们所说的独立先学不同于传统意义上的预习，学生除了完成扫清生字词障碍、读通课文、查阅相关资料等常规预习任务以外，还要完成针对性的研究任务。这种针对性任务有时是课后思考题，有时是学生提出的疑难问题，有时是教师根据本课重难点设计的研究问题，学生不光要围绕本课进行辐射性阅读、思考，或者批注，还要将研究和思考的结果写出来。当然，在针对性问题的选择上，要避免传统教学的细致和琐碎，要根据文章的体裁和内容，恰当取舍，抓住最根本、最精华、最能代表文章特色的某个方面进行设计。一般来说，针对性问题有一定的挑战性和整合性，开放度大，能给学生提供广阔的思维空间，它一定是在学生的最近发展区内通过努力可以达成的目标。

这样，就把传统的后置性作业变为前置性作业，增加了学生主动探索的时空，就使学生由被动学习变为主动学习，由机械抄写变为深入思考，由简单模仿到独立创造。由于课前老师给予学生明确的方向指引，学生也就有了充分的准备，学生在课前阅读、思考、查阅资料，在教师还没有讲授的时候，他们就完全依靠自己去学、去思，形成真正意义上的自主学习。在这样的基础上，他们回到课堂就已经颇有想法了，这就是他们学习的新起点，比过去的教学更高的新起点。

学生在小组中交流独立先学过程中的收获、体会、困惑、成果等，实现平等交流与共享，促使每个学生在独立先学基础上的提升。互学方式包括听取、说明、求助、反思、自控、帮助、支持、说服、建议、协调等。在小组互学中，老师的导学包括任务投放、小组合作过程指导、合作习惯培养等。每个小组认真对待交流，人人参与，为小组成果的形成出谋划策，为班级的交流做充分准备。在此过程中，学生的个体学习，通过小组的活动得到展示机会，得到肯定或修正，得到过滤、强化、优化以及调节。在小组活动中，学生相互交流见解，拓宽思维，激发探索的欲望，充分调动其学习的积极性，促进学生的再创造。每个学生都参与活动，每个孩子都在积极主动地进行着语言实践活动，学生在实践中不但增长了才干，还发挥了潜能。小组学习的过程是学生对问题深入探讨、共同解决的过程。它充分体现了学生的主体性、全体性、活动性，可使学生之间形成和谐、友好、合作、互助、竞争的关系，共同到达成功的彼岸。

在全班共学阶段，教师要做的就是尽可能地激发学生，让各个小组带着自己的感悟进行交流、展开讨论，从而使课堂成为学生交流、碰撞和提升的舞台。学生个体和学生小组面对全班以汇报、补充、质疑、反思、讨论的方式共同学习，形成更高层次、更广泛的共识。这时，学生的学习方式从"向老师学"变成"向老师和同学学"，个体、小组和班级形成了变化无穷的学习链条。师生之间、生生之间有着充分的交流互动，教师的教学视角从"关注教师的教"变成了"关注学生的学"，教学方式从单一的"我讲"变成了"我听、我思、我导、我点拨"的丰富多彩的形式。在全班共学中，教师及时把握学生的实时学习动态，进行无痕的引领，有针对性的诱发和有创意的调控。老师的导学有多种方式：追问，展现学生思维过程；点拨，提升学生学习认识；鼓励，支持学生的共学行为，保持学生的学习热情，引起教学的共鸣，促使课堂学习各层面实现超越与突破。正是因为简单、明了的教学环节，老师才能把自己的心完全交给课堂，卸下环环相扣的包袱；学生也转移了迎合老师标答的心思，畅所欲言，老师和学生都真正解放了自己，所以课堂就能呈现出生命个体在蓬勃成长的效果。

关于"导"的思考：在主体学堂中，教师讲得很少，大部分时间是学生在老师的引导下进行自学、小组讨论、班级发言等。但这并不是弱化教师的作用，更不是让学生无师自通。学生是课堂的主人，讲堂转变为了学堂。因此，在主体学堂中，语文教师的主要角色不是知识的传递者，而是学生在语文学习中主动、健康发展的促进者、鼓励者，是与学生在语文课堂上共同实现生命成长的互动者、对话者。学生的角色也因此从单纯的"听老师讲""答老师问"的规定角色中走了出来，转换为"听者""思者""讲者""问者"等多种角色。教师以不现自我的方式，去成就学生潜能迸发的自主学习。

随着课堂变革的持续推进，我愈来愈感到，退到一旁的教师需要更加精心、更加智慧地导学。在传统的课堂，教师讲得很多，但是真正引导的效果不佳，很大程度上在于教师自身不知应将学生导向何处，即对于学习近远期目标缺乏准确的把握。因此，面对具体的教学内容和动态生成的教学过程时，不知在什么时候需将学生导向近处目标，什么时候导向远期目标。教师主导这个问题，提了很多年，但什么是导，究竟怎么导，却缺乏实践的诠释。这些问题在今天仍然出现在变革中的主体学堂中。当教师退在一旁，"讲堂"变"学堂"后，教师怎样以自己恰当有效的"导"促使学生自主的"学"呢？因此，下一步需要对教师导的时机、导的方式、导的内容等关键问题进行深入的研究。

导的时机：课前、课中、课后。

导的内容：在哪些方面着力导？在不同时机导的重点是什么？

导的方式：问题牵引（让学生主动进入学习情景）、跟踪追问（促进深入思考）、随机示范（增强认知、技能体验），其他还有价值判断、调度活动、排除障碍、激励、辅导帮助，归纳点拨等。

我们归纳出主体学堂的外显特征是：个体主动、多向互动、有效活动、状态生动。

4. 主体学堂的语文教学实践带来的学生变化：语文素养明显提高

主体学堂的语文教学以大阅读、大思考、大表达为中心，以读引读，以读引说，以读引研，以读引写。学生在阅读中形成思想，在写作中表达思想，在讨论中交流思想。阅读教学以课文为基点，引发学生更广泛地开展阅读，从大量的相关主题内容的研读中，感悟语言、感悟文学并学习以语言为载体的多种文化。在课堂的交流碰撞中，他们不断感受汉语言的魅力，形成自己的思想和情感，并不断体验到语文学习的快乐与成就感。越来越多的学生热爱语文，热爱阅读，他们乐此不疲，他们陶醉其中。学生的语文素养得到明显的提高，他们的主动性、自信心不断增强。

学生倾听的习惯好了，听的能力强了，就能及时捕捉课堂中重要的信息，并迅

速做出反应。班级中能说会道的孩子越来越多了。学生表现的欲望更强了，变得更自信了。每个学生在课堂上心是敞开的，自信快乐，充满阳光，他们不会因为自己的幼稚而胆怯。个个都敢面对众人自信大声地表达自己的意见，反驳或者补充他人的意见。

主体学堂让学生更多地接触语言、感悟语言和运用语言。学生在语言训练方面得到大量的积累，有了良好的语感就自然能准确流畅地表达自己的思想。充足的表达空间、充分的表达历练，为学生发展的整理思维、表达思想、锤炼语言提供了大量的机会。加上教师长期引导学生正确表达，学生遣词造句、锤炼语言的能力肯定会不断提高。学生的口语交际能力得到明显提高。课堂成了争辩和交往的场所，多角度、多方位思考，学生变得互助、欣赏、包容、自信、乐群。

班上的"小书虫"更多了。孩子们的阅读不再只停留在课本上，停留在参考资料局限的范围内，除了围绕文本学习进行的辐射性大阅读（同一主题、同一内容、同一作家作品），他们爱上了阅读经典，除了中外的名著以外，他们还广泛阅读社会科学、自然科学以及一些优秀的人物传记等。孩子把整个世界作为自己的教科书，他们把自己的经历、积累全都带入课堂，视野非常开阔，乐此不疲。

主体学堂让学生喜爱学习的天性发挥了出来，孩子们发自内心地喜爱语文。课前，他们认真地预习，广泛地阅读；课中他们奔向学习，享受学习，主动地表达，课堂上风起云涌；课后，常常一大群学生围着我、缠着我说个不停，意犹未尽。他们渐渐成为能够自主学习语文的人，能够用自己的心灵去感悟，用自己的思想去判断，用自己的智慧去创新，用自己的语言去表达的人，是能在不同境遇下亲近、学习语文，运用语文的人，是自觉在语文学习中不断完善自我、发展自我的人。

5. 主体学堂语文教学过程的实践性变革追求：用"七多"创设教学的"真过程"

主体多参与：有人认为我的课堂变革的核心是合作学习，实际不是这样，我是利用合作学习实现学生的全面参与。我通过对班级大群体的分解，每 4 人一个小组，全班分成 12 个学习小组，以小群体互动学习的方式数倍地增加学生的表达与表现机会，从而实现学习资源的共享、互补、聚合、放大，使学生终身受用的合作交往能力得到增强，并促进学生的团队意识和责任担当，培养学生自信大方的个性品质。如果学生没有更多的表现机会，主体参与从何说起？

思维多角度：主体学堂的显著特征是学生思维的主体性。因此我很注意利用教学资源启发学生个性化、多角度地对同一事物做出自己的认识、分析与判断，这样得出的认识与见解才丰富多彩，学生的主体性思维才能被充分的激活。

表达多层次：尊重个性差异，由不敢说到敢说，由敢说到会说，由会说到善说，由善说到精说——不局限一个答案，同一种话语。

倾听多"频道"：倾听同学不同方式、不同内容的表达，拓展信息渠道，尤其是在言语和思维的交锋中体验思辨的乐趣，从而学会判断，学会选择，学会思考。

交流多方式：呈现认识、看法不仅是平铺直述，还可引经据典、资料呈现，甚至是小品表演，促进所交流的学习内容活化、内化。

阅读多选择：在课外阅读中，学生的阅读方式有纸质阅读、视听阅读、网络阅读，阅读内容除了老师推荐的内容之外，还有更多个性化的选择，古今中外，童话、诗歌、散文、小说、人物传记、科普读物等，都是学生选择的对象。

写作多形式：广泛的阅读，丰富的生活，为学生的写作提供了情感源泉和素材来源。课堂内外，学生发表见解时滔滔不绝。学生读有所悟、读写相辅，轻松愉快地执笔写作变成了孩子们很容易做到的事。写作也变成了学生的家常便饭，从写的时间看，有单元后的小结、小组每周的总结、活动前的策划书、活动后的见闻感受、预习中的读书笔记等；从写的形式看，有续写、仿写、改写、扩写等；从写的体裁看，有童话、诗歌、故事、小说、散文、书信等。孩子们用自己的笔写动物，写植物，写校园生活、家庭生活，写人，写事，写景，表达自己的喜怒哀乐。因为丰富的积累，学生下笔成文，他们争着诉说阅读感悟的收获，尽情表达学习生活的情趣，记载童年纯真的印记。

6. 主体学堂语文教学变革感悟：教育的关键词是学生

在近年的课堂变革探索中，我经历了酸甜苦辣，丰富了体验，锤炼了精神，并获得了些许感悟。

"发展"是主体学堂构建的关键词。主体学堂的核心追求，是让"每一个"学生在课堂感受到自我的存在，自我的力量，自我的价值。主体性学堂的终极追求是激发生命自主发展的原动力，激活生命自我成长的细胞，注入生命勃勃生长的能量。

课堂变革需要"三气"。教学改革最重要的问题不是能不能改，而是愿不愿改、敢不敢改、会不会改。愿改需要志气，敢改需要勇气，会改需要底气。要发展学生，首先改变自己，改变自己是跟自己过不去，但是能跟学生过得去。

　　"语文"的"角色"是可以转换的。从课程视野或大语文观的角度看，语文既是本体，又是载体。语文教学既要教给学生长远发展和终身受用的学科基础知识和技能，还要培养学生独立思考的个性品质和主动精神与创造性思维。只有适度的学科超越，进行"本体"与"载体"的随机转换，人才的培养才能由扁平造型走向立体塑造。

　　"爱语文"是主体性学堂重要的试金石。强化"四趣"才能使学生爱语文——自由思维的乐趣，独立创造的志趣，无拘表达的兴趣，多样审美的情趣。

　　未经变革的课堂是走常道，常道的路虽然很顺，但是很窄。而变革的课堂是走险道，走险道别有滋味，前面再险，但是方向对了，路子终会越走越宽，最后走向宽而美的新常道。

　　改革并不孤独。由常道走向改革险道，在开始时不免孤独，但是真正走上了险道，这种孤独感就会被"发现"的欣喜所取代，自己再将这种欣喜传递给别人，他人的关注就会成为我们继续探险的力量。

姚嗣芳与国家督学成尚荣先生合影（左一系作者　摄于 2011 年）

（三）构建主体学堂语文教学新样态

　　当今，聚焦课堂教学改革，越来越成为新课程深入推进的关键环节的共识。"课堂革命"成为教育高层吹响的号角。

改革教学育人模式，教师是第一位的行动者。

主体学堂的语文教学实践，绝不是故步自封，而是在不断深入实践的基础上，以研究性变革语文的教学育人模式为价值追求。我不断推进自己的语文教学革新，如一些专家指出的那样，每一次微小的变革，都是一场意义深远的课堂革命现场。

在实践中，构建主体学堂语文教学新样态，使主体学堂的教育愿景有实践的成绩，这是我努力的方向和纵深推进的动力。

以主体学堂的核心价值为内涵，宛如在一种愿景下构建自己的精神栖所，在于与孩子们的共建中，使主体学堂的语文教学逐渐呈现出层递性和独立性都很强的新样态，让自己享受研究性变革之乐，也让学生获得共建共享的生命成长之乐。

1. 单元整合的课堂样态

（1）关于主体学堂语文教学的宽度反思。

回顾我走过的主体学堂探索之路，最大的改变在于课堂组织形式的改革，从时空上保证了学生的主体地位的落实，利用小组合作学习实现了学生的全面参与，以小群体互动学习的方式数倍地增加学生的表达与表现机会，从而实现学习资源的共享、互补、聚合、放大，使学生终身受用的合作交往能力得到增强，并促进学生的团队意识和责任担当，培养学生自信大方的个性品质。其次，主体学堂的"独立先学、小组互学、全班共学、教师导学"的教学方式，使学生成了课堂的主人，讲堂转变为了学堂。因此，学生们的整体语文素养都得到提高。

但是，静心分析三年的主体学堂实践，我发现仍有不少需要完善和深化的问题。首先，主体学堂中倡导的"大阅读"仍有不少的问题。其一，教学内容更多的还是教材内容，辐射阅读仅仅围绕教材展开，阅读的量不够；其二，学生的辐射阅读基本是放在课外进行，不能保证人人落实，而且学生的课外负担也相应增加；其三，在课外阅读的指导上我们比较轻视，特别是经典诵读和整本书的阅读，教师的引导不够。其次，主体学堂的"独立先学、小组互学、全班共学、教师导学"的教学方式应有更加灵活的呈现方式，否则容易走向模式化。

在反思中，我得出结论：主体学堂的宽度仍然不够。

（2）从教学内容建设上寻求变革方向。

通过学习有关单元主题教学的文章，我豁然开朗，一下子明白了自己课堂改革的方向所在。我们不能满足于教学形式的转变，还得从教学的内容上有更大的改革。

语文学习常常是"举三"而"反一"，寻求语文教学的科学性。语文学习不太类似于"科学化"的数理化学习，可以"举一"（如例题）"反三"（做习题），"举少"而"胜多"。语文学习常常是在"巨大数量"的语言（言语）"例子"的反复撞击、反复刺激下，才点点滴滴"说出"，产生新的语言合金，发生质的变化，才"奔涌而出"。我们要把反三归一、质从量出的规律运用到语文课内学习中来，把学生自主阅读和大量阅读摆在语文课的首位。针对主体学堂前期的实施和具体的实际，我们决定走"整合"和"拓展"之路，以主题单元的形式，整合课程资源，进行全面考虑的单元整体备课、教学，让学生省时高效地学完教材内容。整合的目的是为了拓展，实现语文课上精讲多阅读，提高课堂效率，从而挤出时间在课上实现"大阅读"。这就要求教师带着整合的意识去面对语文课程、教材处理、教学设计，以学生发展需要为内在主线，把规律性的、利于学生发展核心性的语言素材集约在一起，形成共振效应，产生"整体大于部分之和"的整体效能。

（3）单元整合拓展教学的尝试与探索。

全面关注，有效整合，确定恰当的单元核心目标。单元教学目标是单元教学的核心和灵魂，是整个单元教学的出发点和归宿，它指导和制约着整个单元的教学活动，对保证课堂教学的有效开展至关重要。《语文课程标准》提出了知识与技能、过程与方法、情感态度与价值观三个维度的目标，这是我们教学中必须遵从的基本原则。在单元目标的制定中，要注意以下几点。

其一，关注年级段目标和教学内容，明确单元教学目标。

《语文课程标准》是国家对小学语文教学提出的指导性文件，从课程总目标和学段目标分别对语文教学提出了要求，这些目标要求是小学语文教学必须遵守的。每个学期开学之前，教师有必要研读语文课标中的各年级段标准，而且至少要对全册教材有整体的了解，每个单元的主题、每篇课文后的练习题、每个"语文天地"中的训练点、教参中每个单元前的分析都是制定单元教学目标时必须考虑的内容。要把本学期目标作为上位目标，把构成本单元教学目标的若干课文目标作为子目标。在确定单元整体目标时，需要我们从单元整体把握一切围绕单元的人文内涵目标及知识能力目标，先要提炼出单元核心话题，继而寻找各篇的研读话题，进行深入细致地研读，再统整到单元目标上，确保单元整体目标辐射到各篇的目标，各篇的教学目标对单元教学目标相互呼应。应充分考虑每一个主题单元中听说读写的统整，甚至要把课外阅读和语文综合性学习都做一个大体的规划。这样才能设置出一整套逻辑严密、层次清晰的语文教学目标体系，其中应包括：语文基础知识目标、语文学习能力目标、智力发展目标、品德及情感目标以及非智力因素目标。但基于小学语文课程的性质，我们要把重点放在听说读写能力的形成上。

例如，三年级下学期第一单元《亲情》包括《礼物》《奶奶最喜欢的铃儿》《平分生命》《游子吟》《妈妈的葡萄》这五篇文章，经过分析，本单元的教学目标应包括以下几点。

第一，正确、流利、有感情地朗读课文，感悟"亲情"的丰富内涵，初步体会"亲情"的可贵与伟大，为自己能够拥有浓浓的亲情而感到幸福，同时引发思考：自己能为亲人做什么？第二，认字 13 个，写字 22 个。继续练习独立识字，辨析形近字和同音字。第三，理解词语在课文中的意思。在阅读时回忆课文的主要内容，找出课文中的重要词语，培养概括能力。第四，练习记叙人物的动作和语言。第五，背诵《礼物》《游子吟》等课外与亲情有关的古诗。第六，通过"畅所欲言""笔下生花"等活动，进一步体会亲情的伟大与可贵。

关注教材特点和学生实际，整合单元核心目标。小学语文单元整合拓展教学是比单篇教学站位更高的教学模式。它看到的不是一棵树木，而是一片森林。单元整合体现了整体观的教学思想，需要教师改变备课的视角，对一个单元中零散的教学资源进行分析，在主题、体裁、题材及语言表达上寻找到联结点，进而将单元内的要素进行统整，并最终形成有价值有效率的一个整体。它不是对单元进行简单的内容组合，而是重在"整体把握"，不仅要从整体上把握课文内容，理解文本所表达的思想、观点和感情，更要根据不同单元的特点阐发文本内容、研究表达形式等，引导学生从整体入手，把握整体，紧扣单元训练项目，把课文相关知识连为一条教学线索，融"听说读写"为一体，使单元"字词句段篇"整体运转，克服传统教学中"篇"和"组"严重脱节的弊端，实现"大语文"教学。

单元整合拓展教学对教师素养的要求很高，它要求教师熟悉课标和教材，并有极高的处理教材的能力，以整组审视的视角，立足于知识的系统性和连接性，做到瞻前顾后，能够准确把握单元内课文组的核心目标，这个目标正是单元教学的整合点，是提高学生语文素养的关键性元素，也是整个单元教学的"强力胶"。

构建好单元的目标后，教师一定要关注学生现有的学力基础和经验积累，着眼于学生的综合素养，发挥教材的单元组合功能，恰当地整合核心目标，避免平均用力的现象，这样，语文教学才会更有实效。比如，三年级下学期的第一单元，单元主题是"亲情"，在确定本单元核心目标时，考虑到现在很多学生得到亲人太多的爱，却往往不懂得怎么回报爱，于是，我们就将本单元的核心目标定为在阅读中感悟"亲情"的丰富内涵，培养学生的概括能力。单元目标中的其他目标在处理时就可以弱化。

确定单元教学目标的核心可以以年级段目标为突破口，以单元文本特点为重点，以单元课后题为依凭，以"语文天地"为抓手。第一，要突出单元训练重点（不仅仅是课文内容方面，更重要的是语文能力方面在大的框架下如何突出年级段特点，落实能力训练）。对于那些对提升学生语文素养有明显作用的素材，要注意用足、用够，使其在教学中真正发挥应有的作用。第二，要注意迁移运用，以一课带多课。通过这样的训练点和系列训练过程，学生能力就会大大提高，在实践中大胆取舍，从而准确把握单元核心信息。如何取舍？咬定基础不放松，紧扣整合点，舍弃串讲，舍弃全面兼顾，甚至舍弃某些不合学情的题目，取主要课文，舍全面开花，取广积粮，舍深挖洞。我们尝试着打破文章与文章之间的壁垒，围绕相同或相似的整合点进行内容的重组。为了留出更多的时间在课堂上阅读，我们将繁琐的课文分析去掉，将大量无味的朗读去掉，将枯燥无益的语文作业去掉，将实际作用不大的语文活动去掉，将对课文人文内涵的过渡挖掘去掉，从而找准单元核心目标，集中力量实现精准打击。

那么怎样整合单元的核心目标呢？基本原则是整合能够整合的一切，舍去不能整合的一切，实现用语文教语文的效果。具体说来，有以下几种思路：

第一，从人文角度整合——如第六册第一单元《亲情》，结合单元中的《礼物》《奶奶最喜欢的铃儿》《平分生命》这几篇课文，本单元就把核心目标整合为引导学生在语言文字中感悟"亲情"的内涵，比如，亲情意味着惦记、关爱、理解、包容、鼓励、奉献等，让学生感受来自亲人的关爱，懂得亲情的可贵与伟大，并回报他们的爱。

第二，从语文知识和能力训练点的角度整合——如第五册第四单元《塞北江南》，通过分析全单元，需要达成的目标有六点，学生对本单元中的《葡萄沟》《小镇的早晨》《五彩池》几篇文章的内容都不陌生，但三篇文章在表达上都有一个共同的特点，那就是每课都采用了中心句（段）的写作方法，所以我们将本单元的核心目标整合为两点：学习使用词典理解词语的方法，练习运用学过的方法理解课文中的生词；学习段首中心句的表达方式。这样就能保证突出单元的训练重点。

第三，从单元主题（文化主题）的角度整合——如第五册第九单元《幻想和想象》，其中的《我想》是充满神奇幻想的儿童诗，《七色花》是具有神奇色彩的童话，所以本单元的核心目标就整合为"体会幻想和想象的美好神奇"；如第十一单元《通信》以"了解通信的发展史"进行单元整合。

当然，有的单元核心目标可以做到很明确、很细致，有的又显得笼统一些。总之，"单元整合拓展教学"的核心目标或着眼于同一题材，接受人文滋养，或着力于同一体裁、同一表达方式，习得表达方法。这样的学习模式使学生在同一专题的一组课文教学中"反三"再"归一"。

（2）整体设计，对单元内容进行板块组合。

进行单元整合拓展教学的目的是充分利用教材提供的学习资源，拓宽学习和运用领域，实现教学内容、教学时空、教学方法的全面开放，使全体学生在相同或不同学习内容、学习方法的相互交叉，相互渗透和有机整合中开拓视野，熏陶情感，发展思维；在不增加负担的前提下，使其获知数量和获知能力得到最优提高，为后续学习和终身发展奠定扎实基础。

单元整合拓展教学在设计上呈现出的最大特点是：围绕某一单元核心目标，将教材文本、课外拓展资源进行板块组合，把阅读、习作、口语交际、综合实践等高度整合实施教学，使整个单元的教学变成由几个"板块"组成的，却又是不可分割的整体。它更强调学习资源的整合与生成，着眼于语文学习的综合性和实践性，重视学生"学"的过程。在单元核心目标的统领下，各板块、各课时的目标也相对集中。在块状结构的教学中，教师可以为学生梳理知识脉络，明确一组课文的学习重点，理清整册教材的学习线索。如三年级下册第八单元的单元目标中就有"理解并积累词语，提高学生随文理解词义的能力"。这个目标不是孤立的，在三年级的阅读教学中，掌握理解词语的方法，特别是联系上下文理解词语意思是整册教材的重点。这样更容易使教师从一组教材走向对整本书的把握。

因此，单元整合拓展教学要求教师改变传统的逐课设计的模式，转变为按单元整体预设教案，给予学生更大的学习空间，不是孤立地思考这篇文章、这节课要解决什么问题，而要整体地思考这一单元要解决哪些问题。在具体操作中，教师要以整组审视的视角，根据每个单元的特点科学整合教材之间的内容，立足于知识的系统性和连接性，做到瞻前顾后，整体设计教学流程，充分体现"整合"的思想，体现组内教材之间的关联，在整合中比较、感悟。教师可以对本组教材进行合理调整、重组，有效整合课外资源进行教学，克服传统教学中"篇"和"组"严重脱节的弊端。开展单元整合拓展教学，可以对教材进行重建。比如可以增加一些相关主题的文章，也可以删减一些繁琐的内容。还可以在一个整体目标的统领下，根据教学的思路与需要，打乱教材中课文与"语文天地"的排列顺序，那样更能突出重点，做到以一篇带多篇，以一组课文带一本书，有效提高语文学习效率。在前期的单元整合拓展教学的板块设计中，我们还是和以前一样，将每一个单元的教学时间一般设为6～9个课时，而和以往教学不一样的是，学生在同样的语文课堂学习时间里既要学课文，又要阅读大量的相关拓展资料，还要有至少一次的大练笔。每个单元的教学我们一般设计了五个板块：

第一板块：进行单元整体预习，学习生字词，初步感知课文内容（1～2课时）。

第二板块：紧扣单元核心目标，整合学习单元主体课文（1～2课时）。

第三板块：围绕单元主题或者单元核心目标进行拓展阅读（1～2课时）。

第四板块：迁移规律和方法，读写结合（1～2课时）。

第五板块：综合训练，语文实践（1～2课时）。

整个单元设置教学总目标，每个板块的教学又设置相对集中的教学目标。当然，这里的"板块"只是根据课时任务与目标进行大致的划分，并非教学设计、教学步骤、教学环节。应用这个模式，仍然需要根据学生需求、单元特点等进行具体的设计，也可以根据自己的需要灵活调整可以整合的资源。

（3）巧妙整合，紧扣单元共振点组织语言实践。

单元整合拓展教学的核心是"整合"，不是对单元进行简单的内容组合，而是重在"整体把握"，不仅要从整体上把握课文内容，理解文本所表达的思想、观点和感情，而且要根据不同单元的特点阐发文本内容、研究表达形式等。因此，课堂的读写实践都围绕单元的共振点——单元核心目标展开，将核心目标进行巧妙设计，在课堂运行过程中化为共振点，使单元内的课文组所包含的教学核心价值通过师生的互动，形成学生的素养。它与单篇教学比起来，其最大的转变是：单篇教学只着眼于某一篇的教学，忽略了篇与篇的联系，更多的是老师带着文本走向学生，学生接受文本；单元整合拓展教学则更多是学生带着探究主题走向文本，老师引导帮助学生去阅读，去比较，去分析，去理解文本教材中对解决自己问题有帮助的信息资源，以加深学生对主题内涵的理解和感悟，引导学生形成知识组块，进行有意义的知识建构，它真正实践着"用教材"而非"教教材"的理念。为了提高效率，我们必须从整体上去认识和理解整个单元的内容，摒弃逐篇分析讲解的做法，避免语文课堂中出现"繁、碎、少、慢"的问题，进行快速获取知识信息和能力迁移的训练，有效提高语文教学效率。

语文课堂应该整合些什么？我们认为，课堂整合的不仅是教学内容，还有学习方法和策略的整合，训练与展示的整合等。各种能力只有在整合的基础上才能得到更充分地锻炼，有效的整合应该在教学中不断地得到实践和发展。

由于教学内容的拓展，教学过程的开放，课堂容量大了，这种模式不仅对老师解读教材、发现并整合资源的能力要求更高，而且要求老师有"取舍"的胆气和整合的智慧。进行单元整合教学，有几点必须注意：一是要突出重点，二是要突出语文学科的特点，三是要少讲甚至不讲解分析。

在课堂中可以选择采用下面几种单元整合教学的方式进行交替组合。

一是朗读式。朗读式，顾名思义，是以朗读为主的整合教学方式。这种方式可用于语言优美、适合朗读的课文。如第六册的第二单元，《古诗二首》《理想的翅膀》《春天的雨点》《梦已被染绿》和《雨在歌唱》这几篇课文，篇篇文字优美，适合朗读。教学时应着重让学生朗读，通过朗读引导学生学习字词，感受语言文字的美，体会字里行间蕴含的情感，进而鼓励学生把好的语段背诵下来。教学时，应该把朗读作为重要目标，以正确流利作为基础，让每个学生都能做到正确流利，对一部分优秀的学生要做到声情并茂，通过小组合作、同伴互助，帮助每一个学生达到学习目标。

二是积累式。这是一种以积累本单元词、句、段为主要目标的单元整合教学方式。如第五册第二单元的几篇课文与声音有关——《你一定会听见的》《喜爱音乐的白鲸》《寓言二则》《世界上最响的声音》，还有古诗《竹里馆》和《赠花卿》。这几篇课文里有不少与声音有关的四字词，还有很多拟声词，另外，本单元还有很多值得背诵的语段，如《你一定会听见的》中的很多段落，都是积累的好内容。教学这一单元，可以此为重点，引导学生在实践中学会积累。

三是感悟式。感悟式比较适合以说明生活道理为主的单元，如第五册第五单元

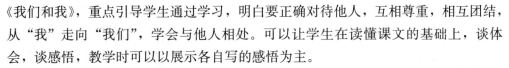

《我们和我》，重点引导学生通过学习，明白要正确对待他人，互相尊重，相互团结，从"我"走向"我们"，学会与他人相处。可以让学生在读懂课文的基础上，谈体会，谈感悟，教学时可以以展示各自写的感悟为主。

四是拖带式。这种方式往往适合写法或内容相似的一组文章，以一篇文章为主，带出对多篇的学习，精读一篇略读数篇。如第五册第九单元，《我想》《七色花》《空中花朵》《我希望我的房间……》几篇文章都与幻想和想象有关，于是，我就以一篇童话《七色花》精读为主，带出其他几篇，让学生感受童话和儿童诗中神奇的幻想和想象，激发学生想象的热情。

五是对比式。这种方式主要是从写法角度，对比几篇文章的异同，这种方式比较适合高年级或写法比较相似的课文。比如，在第六册"智慧"单元有三篇文章：《田忌》《捞铁牛》和《用冰取火》，这几篇文章都是与"智慧"有关的写事的文章，可引导学生将几篇文章从两个角度进行对比：第一，这几篇文章中的"智慧"有什么不同？第二，这几篇文章在叙事内容上有哪些相同之处？前者的目的是引导学生从不同角度认识智慧，后者的目的是引导学生懂得在叙事时不仅要交代清楚时间、地点和人物，还应交代清楚材料、工具和过程。

除此之外，还有复述式（导游式）。这种方式主要适合一些说明文单元或记游为主的单元，可以让学生当小导游，以课文为导游词，进行课文复述。

上面这几种单元整合教学方式也可以结合使用，教某一单元，可以选择几种方式结合使用，但要说明的是，结合使用最好以一种方式为主，不要贪多求全，教师教得累，学生学得也不明白。

（4）拓展阅读，将课外阅读挤进课内。

有一位老师曾说："语文是一艘船，应该让它载着我们驶向更为广阔的大海，而不是领着学生到处摸哪里有几颗螺丝。"通过大量阅读来提高学生语文素养是语文教学的基本途径，开展单元整合拓展教学，删繁就简，能缩短教学课时，让课外阅读挤进课堂，用课堂内的语文课时组织课外阅读，达到课内外阅读有机整合，真正落实课标规定的课外阅读量，切实提高学生的语文素养。

在前期的实践中，我们已顺利地实现课堂内的拓展阅读，拓展阅读材料主要由教师根据教材内容、学生的实际情况以及单元核心目标进行选择，然后提供给学生。当然，所选阅读材料的广度、宽度、深度、角度等，我们都会认真思考，尽量以主题的方式集约阅读的多元性，与教材相呼应，将学生引向更广的阅读天地。在每个单元的教学之前，我们会花大把的时间和精力，把大量文质兼美的文章放在学生面前，为大量阅读提供条件。一般情况下，我们一个单元会拓展多篇与其相关的课外阅读资料，有时还会向学生推荐整本的书（如上学期推荐的《夏洛的网》《海底两万里》《安徒生童话》）。我们选择拓展阅读材料主要有以下几种思路：

选同一主题（文化主题或其他主题一致的）——同题阅读。

选同一语文能力训练点的——同点训练。

选同一个作者的——同一作家。

选相近相似的（情感、结构、表达、题材、体裁）——同一风格。

选相对相反的或古今中外的——对比阅读。

从语言积累角度进行选择——经典积累。

从学生综合发展进行选择——整本书阅读。

在可能的情况下，我们综合几个方面进行选择，考虑不同文体、不同作家、不同地域的作品，尽可能带给孩子们更丰富的信息，更深刻的影响。

姚嗣芳在首届基础教育改革创新实验区展示活动中担任大会评委（摄于 2017 年）

选择好拓展阅读资料后，我们印发给每个学生，根据单元具体的教学内容和单元教学目标，分别安排在课前使用、课中使用或课后使用。有时引导学生课前自读、勾画；有时让学生课上略读，提取信息；有时将拓展阅读材料放到课堂上精读，从而强化单元核心训练点；有时也会引导学生将拓展材料放到课后自读，拓展延伸。

在迷茫煎熬和跌跌撞撞中，改革进行了一学年。我们大刀阔斧又小心翼翼地进行着语文单元整合拓展教学的研究，我们在主体学堂的研究路上往前迈出了新的步伐。我们知道，前面仍然会碰到许多问题，但是，令我们欣慰的是，我们踏实地行走在为了学生发展的改革之路上。

2. 读写联动新样态

（1）由便学到素养的反思。

从 2012 年 9 月开始的"语文大单元的教学"的实践，经历了两年多实践历程，我们构建了基于学生方便学习的主体学堂语文教学课堂样态。

此时，核心素养成为一个热点话题，已经在教育界引发热议，我们在不断关注这个具有导引性词汇的同时，在深度推进主体学堂的语文教学实践中引入对学生素养的反思。

我们将学习与实践并行，也将反思与调整结合，将语文大单元教学的研究不断推向深入。我们认为，主体学堂的语文教学深度推进，要从较多关注大单元的核心目标确定和单元各板块的教学设计，聚焦到学生语用能力的培养，较多地关注单元教学中的读写联动。

虽然每一步的前行都是磕磕绊绊，跌跌撞撞，但是我们在艰难的前行中对语文教学有了更多的理解与思考，也对学生的语文素养的发展进行了踏实而有效的探索。

（2）基于主体学堂教学价值取向的读写联动认识。

修改后的语文课程标准在课程的"基本性质"和"基本理念"中明确指出，语文教学要培养学生"正确使用祖国的语言文字"的能力。在官方的纲领性文件中，这种提法还是第一次。"写作"是语文教学的重要内容之一。新课程标准中的语文教学内容包括五个方面：识字、阅读、口语交际、写作、综合性学习，但写作不能用五分之一来表述，它甚至大于五分之一。

回想我们走过的语文改革之路，我们太多的精力似乎放在教阅读上，但为什么学生习作水平、语文综合素养却并没有大的提高？在学习中，我们找到了答案：

曹文轩认为，一味讲求"多读"，追求阅读的量，对于消遣是件好事，对于作文未必有用。因为他们的阅读，从来没有指向过"写作"。杰姆逊认为，一味分析讲解，破坏了语言的醇美。文学中的深度和解释密不可分，似乎永远也解释不完，导致"词语破碎处，万物不复存"。

阅读应读天、读地、读人，生活是一本读不完的书。

通过学习与反思，我们发现，其实单元主题与读写训练并不矛盾。我们决定对大单元教学的原有设计进行一些调整，将改革的方向确定为：建构以"表达"为中心的阅读教学，建构以"思维"为中心的习作教学，带着写作中的问题进行阅读教学，教学生阅读的同时，也让他们在阅读中找到写作的榜样。帮助学生在阅读中想写作，在写作中想阅读。当然，读不只是为了写，有时写也是为了读，但重要的是要在读写中让孩子成为一根会思考的芦苇。

在前期的研究中，我们已确定了大单元教学的课型：整体预习——主体课文阅读——拓展（嵌入）阅读——从读学写（读写联动）——综合实践——总结展示。"从读学写"（读写联动）是大单元教学的主要课型之一，是落实培养学生"正确使用祖国的语言文字"能力的保证。

读与写，是语文素养的两大核心能力，就像一个硬币的两面。读与写的关系是这样的：读是吸收，写是倾吐；读是理解，写是表达；读是积淀，写是运用；读是将他人的思想感情内化为自己的感受，写是将自己的思想感情外化传播给别人；读是写的基础，写是读的延伸；读是写之"母"，写是读之"子"；读是用视觉接触文字，将其传到大脑感受其意的过程，写是将观察体验得到的一定的思想感情，通过大脑转化为相应的文字符号的过程。读与写的心理过程是相反的。

我们之前将太多的时间用在了教阅读上，而对书面表达和口头表达却着力不够，特别是孤立地教阅读，忽略了将读与写有意识地结合起来，这样就使学生运用语言的能力发展有所忽略与弱化。在深圳的学习中，我们受到了启发，意识到学生阅读的收获只有经过不断地迁移运用，才能转化为他们自身的语言能力。试想，如果我们有意识地将读与写的训练紧密联系在一起，以读带写，以写促读，读中学写，读写结合，读写同步，相得益彰，每节语文课都动动笔，"读写联动"不就渗透在阅读教学的全过程中了吗？

经过摸索，我们将"读写联动"分为两类：一是整个单元的阅读教学完成之后

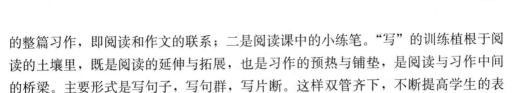

的整篇习作，即阅读和作文的联系；二是阅读课中的小练笔。"写"的训练植根于阅读的土壤里，既是阅读的延伸与拓展，也是习作的预热与铺垫，是阅读与习作中间的桥梁。主要形式是写句子，写句群，写片断。这样双管齐下，不断提高学生的表达能力。

（3）大单元教学中读写联动的设计思路。

在大单元教学中，我们不再仅仅把眼光盯在教阅读上，而是较多地关注如何在阅读中发掘指导学生写作的因素，把读与写有效地结合起来。在大单元教学中，我们着眼于单元的教学内容和单元教学目标，尽量使整个单元的阅读与习作，在四个领域发生联系。

读中联想，从读的内容联想写的内容，使之"言之有物"。

因为学生的生活阅历有限，选择写作材料也时常成为一件困难的事。于是，我们着眼单元主题，从阅读的内容方面拓展，指导学生从读的内容联想到写的内容，从而帮助学生选择写的内容，使之"言之有物"。比如五年级上册第三单元的主题"变化"，在整个单元教材中，包括了写人的变化、写地方变化、写环境变化等文章，我们就指导学生从读的内容上联想到写的内容，指导学生打开思路，广泛选材，如有写家庭物品变化的，有写玩具变化的，有写手机电视机变化的，有写环境变化的，有写人的变化的有写人们购物方式变化的等等，所写内容非常丰富。

读中悟法，迁移运用表达方法，使之"言之有法"。

在阅读教学中，我们不再满足于引导孩子们理解课文写了什么，还进一步地引导孩子们研究课文是怎么写的，这样写的好处是什么？在此基础上，我们还根据本单元教材写作的特点，指导学生从读中学写，把在阅读中学到的表达方法运用到小练笔或者大作文当中，将阅读教学与作文教学密切结合，从而做到读写结合，顺水推舟，实现迁移。比如，五年级上学期第八单元是以"危急时刻"为主题，选编了两篇与之相关的主体文章《"诺曼底"号遇难记》《生死攸关的烛光》，另外还有一篇"语文天地"的自读文章《鸡毛信》。从教材内容看，几篇文章中都出现了描写人物心理活动的语句，虽然教参并没有明确提出要把学写心理描写作为本单元的核心目标之一，但是本单元的"笔下生花"中有一个内容就是让学生写危急时刻的故事，所以，必然会涉及人物心理活动的描写。而教材中零零散散的心理描写语句，并不足以帮助学生掌握心理描写的结构化的方法。基于这样的思考，我觉得有必要引导学生从本单元的教材阅读拓展，从更多嵌入阅读资料中领悟多种心理描写的方法，并将这些方法迁移运用到习作中去。为了让学生对心理描写有更加感性的认识，需要引导学生阅读更多有关心理描写的精彩内容。在查阅课外资料的过程中，我发现人教版五年级上册有一篇林海音的《窃读记》，是一篇学生学习心理描写的很好的范文，而林海音也是学生在第七单元中认识的著名作家。因此，我选用了《窃读记》作为嵌入学习的资料之一。除此之外，我还选用多个心理描写的片段，引导学生在比较阅读中探究、领悟写法，从而帮助学生学习迁移更多的心理描写方法，发现和总结心理描写的一般规律。从学生课堂练笔的效果看，这种方法非常有效，顺利地解决了"言之有法"的问题。

读中移情，情动而辞发，使之"言之有情"。

学生在单元阅读中，常常会激起内心的情感共鸣，我们就及时引导孩子们从阅读移情到写作，情动而辞发，使之"言之有情"。比如，五年级上册第五单元的主题为"水"，学生在阅读《一个苹果》时，被战士们坚韧不拔的顽强意志和战友之间真挚的情意深深地打动了，我们就引导学生围绕自己最感动的片段写读后感；学生在阅读"语文天地"中的《雨港基隆》后，也被雨港基隆千变万化的美景陶醉了，我们就顺势引导学生选择自己喜欢的段落，写出自己的评价和感悟。从孩子们所写的小练笔看，他们都充满了真情，文章很有感染力。

读中积累，长期积累，使之"言之有话"。

新课标强调了积累语言的重要性，让学生在读中积累语言是第一位的，也是提高学生读写能力的有效手段。厚积才能薄发，要想提高学生的习作水平，就必须重视学生的语言积累。课内，我们通过指导学生反复朗读、背诵，在朗读中积累语言素材，增强语感。课外，我们要通过教师推荐书目、家长推荐书目、学生相互推荐阅读书目等形式，把学生的阅读兴趣从课内迁移到课外，让学生在课外阅读过程中，不断丰富自己的语言积累，并在积累中有所发现、有所创新。另外，我们还鼓励学生摘抄优美词句，背诵名家名篇，并对精彩片段进行点评。为了保证每个学生的课外阅读有足够的量，我们坚持每周对学生的阅读内容和阅读总量进行统计、评比。我们还通过开展多种读书活动保证学生的阅读量，并引导学生关注语言的表达，不仅仅积累好词好句，还积累各种语言板块。长期的积累，必然产生由量到质的飞跃。尤其是在学生的习作指导和评讲中，鼓励学生将书中积累的语言运用到习作中去，

孩子们的作文也因此越来越精彩。

（4）阅读课中的"读写联动"的实践操作。

读写联动的前提——悟透文章的写法。

要实现大单元教学中的读写联动，前提是要引导学生在阅读中研究作者的表达，悟透文章的写作方法。写法的领悟可以由一篇入手，也可以将多篇文章放到一块儿比较阅读。比如，五年级上学期第三单元是围绕"变化"展开的，在学生读完本单元中的《这儿，原来是一座村庄》《唯一的听众》《楼兰之死》几篇文章后，我们让学生对三篇文章的写法进行比较。学生发现，这三篇文章有一个共同的特点，那就是作者写变化时都运用了对比的方法，通过人或事物的前后比较来表现变化，说明问题。因此，学生在完成单元习作写有关"变化"的作文时，也就自然而然地学会了使用前后对比的方法。又比如，当学生学习《"诺曼底"号遇难记》一课中写船长指挥大家逃生的场面时，老师引导学生讨论：作者是从哪些方面描写船长的？为什么绝大多数的语言都在写船长的语言？从而使学生明白了，人物的细节描写是为了凸显人物品质，细节描写还要注意真实合理。这样，学生在写有关"危急"的作文时，也就知道怎样进行人物描写了。

读写联动的关键——找到文本读写的联结点。

"读写联动"要突破的首要问题是从教材中找到读写的"连接点和结合处"，找到"写"的起点，解决写什么的问题。读写的联动点，要通过小练笔或者习作要求准确表达出来，这样才能搭起阅读鉴赏与习作应用的桥梁，促进写法的应用迁移。在教学中，教师要深入挖掘教材，找准从读到写的"连接点和结合处"，明确写的训练目标，拓展写的空间，在阅读与写作之间搭建一座桥梁，让学生心随文动，妙笔生花。

小学高段的课文体裁是多元化的，既有小说，也有小散文；既有科学小品文，也有民间故事、寓言、神话；还有古诗词、现代诗、说明文等。每一篇课文的体裁不同，写法不同，它所隐藏的读写结合训练点也不同。那不同体裁的文本训练点究竟怎样把握呢？

小说、故事类。一篇经典的、精彩绝伦的小说或者故事总能带给孩子以心灵的跃动，伴随着情节的跌宕和主人公的心理变化，孩子们的热情会被逐渐点燃。此类课文有一个特点：可延续、可扩充空间极大，文本具有很强的再塑性，都有典型的表现手法。这类课文适合续写，或者对课文之中缺失省略的部分进行补充写，学习描写手法。在练笔中，学生的思维就会发光发亮。比如，学完《一个苹果》后，就让学生联系全文想象防炮洞里格外寂静，战士们在想些什么，从而练习补写；学了寓言《郑人买履》后练习扩写，注意通过人物的语言、动作、神态、心理活动来表现人物迂腐、不知变通的特点。

古诗词。古诗词以其凝练的语言，深邃的意境，真挚的情感，倍受人们的喜爱。古诗文富有无限的弹性与跳跃性，为读者留下了广阔的再造想象的空间。把诗词改写成记叙文是通过情境，让学生再现情景。比如，学生诵读孟郊的《游子吟》后，引导学生展开合理想象，把这首诗改写成记叙文，再现孟郊离开家的头天晚上母亲为他灯下缝衣的情景。

散文类。在小学阶段，记叙类散文较多，对于记叙类散文读写结合的训练，我们要把握一个字——"情"。课文中的散文可分成三大类。

①游记、写景类。游记、写景类课文的训练点在于对课文片段进行仿写。如最常见的构段方法有：总分式、承接式、并列式、因果式、点面式、概括与具体式等。老师可以根据教材的具体内容设计相关的段的仿写。比如，学了第九册《红树林》一课后，可仿照第三段"概括—具体—再概括"的写法写一个物品，表现出物品的特点。除此之外，把课文写成导游词，让学生做一回小导游，介绍自己"游览"过的景观，这也是一种不错的方式。如学完《海底村庄》，就让学生过一回导游瘾。

②状物类散文。对于状物类散文来说，仿写可以作为状物类散文读写结合训练的一种高效方式。如学了《翠鸟》后，可让学生仿写其他动物。除此之外，学生也可以以自我介绍的方式来表达，学完《沙漠之舟》以后，可以以《骆驼的自述》《我是骆驼》等为题目来让学生练笔。

③记叙类散文。记叙散文叙事比较完整，人物形象鲜明、真实。这就要求在进行读写结合训练时，学生所写的内容应具备真实性，所写的事不可脱离原文线索。可采用以下方法进行训练：对某一件事或某个人进行评价，或用手机短信发给他（她）；或写成评语登到黑板报上；或授予他（她）某个荣誉称号，或给他（她）写一个"颁奖词"；还可以写碑文……如学习了《阅读大地的徐霞客》后，就可以结合徐霞客的经历，模仿"感动中国人物"的颁奖词，为徐霞客写一段颁奖词；学习了《詹天佑》，就可以为詹天佑写几句碑文，或者想象中外游客"赞叹不已"的具体内

容，为京张铁路取名；学了《唯一的听众》后，可以以文中小男孩的身份给老奶奶写一封信，表达感激之情。

④童话。《卖火柴的小女孩》《丑小鸭》《七色花》《鸟儿的侦察报告》等童话，内容丰富，情节曲折，有的以构思精妙见长，有的以技巧娴熟见长，有的以语言生动优美见长……仿写是童话最凸显成效的写作方法。当然，根据不同的童话，教师可以指导学生或仿童话的构思（如《我想……》），或仿童话的语言（如《七色花》），或仿童话的内容（如《鸟儿的侦察报告》）。

总之，不同的文章有不同的特点，在设计读写联动时，我们不能墨守成规，要尽量找出最适合的训练点和训练方式。有的可以抓住续写的"延伸点"，把内容延伸下去接着写；有的可以发现扩写的"拓展点"，扩展开来发散写；有的可以寻求仿写的"结合点"，写法迁移运用写；有的可以巧设改写的"发散点"，想象发散地写；还有的可以触动读后的"心动点"，有感而发，一吐为快。

读写联动的保障——扎实有效的习作评议。

在实施读写联动中，我们不仅仅满足于练笔的数量，因为有练笔实践，未必就有提高。练笔实效如何，还要看交流评议环节如何进行。因此，我们高度重视习作之后的评议，并针对学生的习作情况精心设计评议的形式。评议不能仅仅表扬或者批评，也不能面面俱到。评议的落脚点应是写法分析，引导学生通过具体文章的阅读、比较，帮助学生在写作方法上有所感悟。比如：五年级上学期我们较多地关注了习作中的细节描写，在评议中，我们就会引导学生比较多篇习作，并围绕文章的细节描写进行评价讨论，这样多次的训练，学生对"写具体"就有了比较感性的认识。另外，还应特别注意的是，习作的评议可以多层次开展，一定要避免教师的"一言堂"，可以采用全班评议、同桌互相评议、小组交流评议等形式，多层次展开，从而扩大活动参与面，让更多同学有参与机会，这样就会逐步提高学生自主评议、合作互评的能力，也能切实提高学生的习作水平。

歌德曾说："内容人人看得见，含义只有有心人得知。而形式对于大多数人来说是个秘密。"语文老师必须懂得，阅读教学最重要的就是帮助儿童找到那大多数人看不见的秘密，并通过我们的努力，不断地激发，持续地激活，适时地激励，让孩子们在学语文的过程中收获满满。

3. 主体学堂语文教学"5＋1＋1"课程新样态

教育教学的改革和发展是永远处于动态之中的。

在我领衔的"主体学堂"研究实践过程中，我们逐渐从课堂常态走向课程思考。

尤其是对当今教学改革的深度关注，我们发现，当今的课堂教学改革体现了如下特点：课堂改革新焦点——聚焦学科核心素养落地，学科教学要有文化意义、思维意义、价值意义，即人的意义；课堂改革新样态——从生本课堂走向自本课堂，放大了教师和学生共同作为学习者的特征，进而使师生进入"新学习时代"；课堂结构新走向：超越传统课型走向结构板块，用"内容＋方法板块＝活动思路"取代传统课型；课堂改革新探索——构建学习社区混龄生态群，学校的基本空间单位由单个班级过渡到"班组群"，管理效能得到提升，各种教育关系也随之发生积极的变化（增加混龄交流，构成异质学习共同体）；课堂改革新路标——从知识与能力立意走向思维与审美立意，课堂不仅仅是改变思维、达成思维的显性结果，还应该指向让思维生长、审美层次提升的终极目标；课堂改革新支撑——借助学情观察员从"观教"走向"察学"。

这些改革的新趋势，正彻底改变着传统教学模式。

从课程的高度认识学科教学，语文课程新样态势在必行。

基于这样的认识，以主体学堂为教学文化统摄，我们提出了主体学堂"5＋1＋1"语文课程样态。

（1）思考：基于学科核心素养落地的课堂育人模式必须依靠整合来完成。

在回顾新课程改革以来的历程中，我们认为，新课程第一个十年确定了"以人为本，为了每一个学生的发展"的核心理念，但最大的不足是以教为主的课堂向以学为主的课堂转变还没有很好地实现。

之后进行的教育深化改革，把握了育人的方向，以德树人的导向，强调教育教学的价值取向——为每个学生提供合适的教育。但学科本位的界限依然没有打破，属于知识核心时代。

新时期我国基础教育的发展趋势是从知识本位的时代走向了核心素养的时代，这是全球性的发展趋势。

知识本位的发展是从小蝌蚪到大蝌蚪的发展（量和形的变化），而核心素养的发展是从小蝌蚪到青蛙的变化（质变）。

我们认为，学科素养不是由单科能完成的。

　　让核心素养在课堂教学中落地，教师首先要有全面育人的意识，其次要在具体学科教学中，以核心素养整合教材，为学生提供学生真正发展核心素养的有效文本。

姚嗣芳与国家课程中心的领导和专家合影（左四系作者　摄于 2018 年）

　　（2）以"5＋1＋1"重构课程内容为突破口，以重塑教学形态为着力点，构建主体学堂新样态。

　　寻求的改革思路是借鉴中国国家体制改革的供给侧结构性改革。

　　具体地讲，就是重构学习内容，重树学习目标，重塑学习形态，重建学习方式，重组学习新区。我们以语文课堂教学课时结构为线索，力图打破每周 7 节课的教学结构，根据学生学习需要和个性发展需求，改周课时为"5＋1＋1"，课时内容结构随之调整。

　　"5"指语文周课时 5 课时教学内容以国家规定课程为主，适当加入校本课程，校本课程既涵盖如群文阅读、随课微写等地方语文教学样态，又包括主体学堂的"大单元整合"和"读写联动"等课型的深度推进，语文综合实践学习则放在"1＋1"中。

　　"5"要求课堂瘦身，单篇阅读要减时提质，走向群文阅读和整本书阅读，打破逐篇阅读的方式。

　　"5"尽量采用单元整合的方式推进文本教学。

　　第一个"1"：重点指整本书的阅读和群书阅读，此外还涉及单篇阅读、群文阅读、读写联动、随课微写等。

当然，在操作上，要兼顾学段特点，低中年级可以从绘本阅读入手，以绘本阅读为基础搞好整本书阅读。如整本书的阅读课需深入做好以下内容：

①精选经典——《新课标小学语文读本》小学卷。

②上好首课——指导读整本书的第一课。

③自主阅读——学生进入个体自由阅读阶段。

④阅读回应——有主题、多向交流、多样方式，共品、共议、共享。

⑤评比展示——评选"读书之星"，展示读书笔记等。

⑥联动推荐——师生、家长拓展推荐。

此外，教师在整本书阅读指导时，要做好三个方面的内容：做好经典文本的推荐，有儿童文学经典和成人经典；要做好读书方法的指导，如摘录、抄写、列提纲、记要点、做卡片等；要做好读书规划的指导规定页数、规定时间，或限定总时间，订出计划，如期读完。

低中年级绘本阅读以老师的谈话和讲述引读、引看、引思、引说，随机点拨。师生共读绘本，让学生在倾听中，一边看，一边说，一边猜，一边扮演角色，一边表达。

要凸显讲中激趣，听中练说，说中练思。

倡导学生自读。放手让学生凭借已有的经验独立阅读，（借助工具）读文字，看图画，想角色，入情境，明含义。

要凸显自读、自悟、自得、自我提升。

绘本阅读更多是指向培养学生的想象力、理解力和创造力。

绘本阅读以读图为主线，在读图中结合读文，在读图读文中感知人物和情感，读图中展开大胆奇特、丰富合理的想象，在读图汇总的参与讲述、想象、画图、表演、朗诵等活动。

第二个"1"：指语文实践创新课。基于主体学堂教学价值取向，立足于教材，走向拓展阅读，提升学生听说读写的能力，重点指综合性学习活动。

具体实施有两个大思路：学科内整合和学科间整合。

学科内整合：理解系列（放在"5"里面）；表达系列，即口语交际和写作（放在"5"里面），综合系列，即有主题的综合活动（放在第二个"1"里面）。

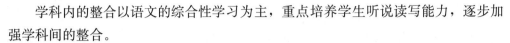

学科内的整合以语文的综合性学习为主，重点培养学生听说读写能力，逐步加强学科间的整合。

学科内整合形式可多元化。如课本剧演出、戏剧表演、影视欣赏、演讲与口才、诗歌朗诵、歌舞表演、辩论、参观访问等。

跨学科的整合以语文学科专题化为内涵，向其他学科整合。如"认识七巧板"，语文课"用七巧板拼图说话"，可整合数学课"用七巧板拼正方形"，音乐课"用舞蹈展示拼的过程"，美术课"用色彩展示"等。

（3）基于主体学堂"5＋1＋1"的语文课程构建。

体现主体学堂的价值追求，以"5＋1＋1"构建课程新样态，小学语文课程形态可以从理解、表达、综合三个系列去构建，以此筛选阅读篇目内容，设计习作训练方式及综合性活动路径，并形成恰当的比例和布局，从而完善和丰富学生在小学学习的不同阶段的以读写为主的学习课程和活动体系。

我想，新的主体学堂的语文教学样态还在探索的路上，但是，我们可以畅想主体学堂语文教学新样态的愿景：教师更加智慧，专业水平不断增强；学生走向阳光，核心素养不断发展；学校更具特色，办学水平不断提升。

这是主体学堂的价值追求。

走在语文教学探索的路上，求变让我听到了孩子们成长的拔节声，触碰到了学生个体生命的律动。当然，语文的魅力还在远方。

让学生的生命生动发展
——我的教学实践

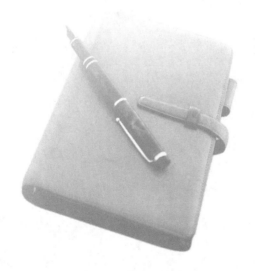

教育是关于生命发展的事业

课堂中，涌动生命发展的生动——

课，是学生生命的发展历程

课，是教师生命实践的自我完善

课，更是教师人生的诗意梦想

让学生站在课堂的中央——

我以"主体学堂"作为自己的实践背景，烘托学生的生命

让学生激扬文字——

我以"主体学堂"作为自己的实践背景，让学生的生命生动发展

一、努力开放学习时空

——人教版小学语文第六册《我爱故乡的杨梅》
教学设计（第二课时）

执教：成都师范附属小学　姚嗣芳

班级：成都师范附属小学三年级一班

【授课背景】

2002 年 4 月，四川省骨干教师培训研修班全体教师到我校参观学习，我展示了这节课。

当时，新课程改革刚刚开始，我继续用我校"情知教育"的理念指导自己的语文教学，深入发掘教学内容的情知因素，把握情知的最佳结合点，创设生动的学习情境，形成融洽的情知交流氛围，实现情与知的有机交融，和谐共进，使学生实现情感层面上的"乐学"和理性层面上的"会学"。

同时，我也在思考：怎样改变课堂上教师过多控制课堂的局面？怎样给学生更多的自主选择权利？怎样将新课程改革的"合作探究"等理念变为我课堂上的常态？在磕磕绊绊的尝试中，我改变课堂上单一的师生问答模式，以读为本，少问少讲，

以读代讲，力求在教学设计上更加开放，注重创设引人入胜的活动，通过学生的合作探究、创意表达、相互评价等，满足学生情知表现的需要，让学生的活动走向互动，让课堂更加富有生机与活力。

该课的设计呈现了我在那个阶段的思考与探索，虽然是十多年前的课了，但还是很值得回味的。

【教学设计】

教学要求：

1. 了解故乡杨梅的可爱，让学生热爱家乡。

2. 学习作者按一定顺序、抓特点的观察方法，培养学生留心周围事物的习惯。

3. 引导学生自主学习，感受杨梅的可爱，有感情地朗读课文。

4. 引导学生自设情境，练习创意表达。

教学重点：

感受杨梅的可爱，学习作者按一定顺序、抓特点的观察方法。

教学准备：

投影仪、投影片两张。

教学过程：

一、复习引入

1. 教师讲话：

同学们，上节课我们初读了《我爱故乡的杨梅》，那四季常绿的杨梅树给同学们留下了美好的印象。让我们通过朗读来表达对杨梅树的喜爱吧！

2. 齐读 1、2 自然段。（配灯片）

3. 教师评价：相信你们一定和作者一样已经爱上了故乡的杨梅树。

二、细读课文，感悟杨梅特点

1. 这节课，就让我们跟随作者，去看看江南的杨梅果吧。

2. 自读课文 4～6 自然段。边读边想：杨梅给你留下了怎样的印象？

3. 学生自由交流，教师根据学生发言出示灯片。

4. 那怎样才能通过朗读表达你们对杨梅的喜爱之情呢？

小组学习，研究怎样朗读4~6自然段。

要求：

每个学习小组选择喜欢的段落，研究重点要读好哪些地方？应该怎样读？

5. 小组汇报朗读，师生共同评价。由小组选择朗读，其他组评价，提出建议，比赛朗读——内容相同的组齐读以及全班齐读。

三、自设情境，练习创意表达

1. 同学们这样喜欢杨梅，那你们将怎样向别人介绍江南的杨梅呢？

建议：大家可以设计一定的情境，选择你们喜欢的方式介绍，要突出杨梅的特点。

例：①假如你是一个江南小镇的人，你将如何向游人介绍故乡的杨梅？

②假如你是一个水果店的售货员，你将如何向顾客推销江南的杨梅？

③假如你是刚从江南旅游归来的人，你将如何向亲朋好友介绍江南的杨梅？

……

同学们可以大胆想象，创造出更好的介绍形式来。

2. 小组准备、练习。

3. 小组展示，师生评价。

评价点：介绍的形式是否恰当？是否讲清了杨梅的特点？合作的情况如何？……

四、总结评价，升华情感体验

1. 听了你们的介绍，我真想立即飞到美丽的江南，去尝尝那诱人的杨梅。因为，我和你们一样，也深深地爱上了江南的杨梅。让我们再次一起深情地朗读课文第1自然段——

"我的故乡在江南，我爱故乡的杨梅。"

2. 学生评价自己的学习情况。

2002年4月

姚嗣芳与爱人和儿子在一起（摄于 2011 年）

【名家评课】

让课堂感动每一个生命

——听特级教师姚嗣芳的《我爱故乡的杨梅》有感

王　霞

　　莎士比亚说："上天生下我们，是要把我们当作火炬，不是照亮自己，而是普照世界。"火炬精神，是老师人生价值的最好体现。他用生命之光，引领着一颗颗初涉世事的心灵；他用生命之光，浇灌着一朵朵渴求知识的花蕾。正是这种神圣的使命感，使姚老师在十几年的教学生涯中，不断地警示自己、充实自己、超越自己。她深知，一个拙劣的老师最容易遭人厌恨，因其业不精，其德不馨，必将误人子弟；一个平庸的老师最容易遭人忘记，因其思不新，其行不拔，必然是泯然众人；而一个优秀的老师最容易令人回味，因为他总是超越平凡，用生命谱写着教育的乐章。

怀着对教师的敬意，跨入书声朗朗、名师辈出的成师附小时，我似乎感到，《我爱故乡的杨梅》这堂课将有别于我儿时的任何一堂课，它会是一种全新的情感体验，会是一次有价值的生命历程，我渴望着它的来临。

体验——感悟情感的生命

姚老师认为文章的情感和韵味，气势和神采，以及音韵美和节奏感等等，不诵读就几乎体会不到它的妙处。而这堂课，正是重视了朗读，注重了体验。

片段一："同学们，四季常绿的杨梅树给我们留下了美好的印象，大家都被它深深吸引了，让我们再次通过朗读来表达你对杨梅树的喜爱吧！"话音一落，孩子们声情并茂的朗读把我们带回了细雨如丝的江南，我们仿佛又看到了雨雾中欢笑的杨梅……停了一会儿，姚老师微笑着邀请孩子们跟随作者一起去看看江南的杨梅果，孩子们爽快地答应了。在孩子们积极朗读的过程中，老师随机点拨，让他们一步步通过自身的感悟，说出了杨梅的"味、形、色"。这就像蹒跚学步的幼儿，脱开搀扶，在母亲的引导下，初次体验了自由的快乐。

片段二："读自口出"，只是把语言文字照本宣科地念出声来；而"情自心达"，却是将内心体验到的感受通过朗读表达出来。在感悟杨梅果的特点后，姚老师有意识地让同学们组成四人小组，选择自己喜欢的段落进行重点研究式朗读，以此来表达对杨梅的喜爱之情。教室里一下子热闹起来，每一组的同学都读得十分投入。

学生们非常喜欢的朗读汇报开始了。有小组读，有个别读，有齐读，还有范读和纠错读等等，这些丰富多彩的读的形式，加强了孩子们的情感体验。此时此刻，孩子们的心已经飞向了江南……

语文课，以读为本，这早已成为共识。但是姚老师站在人文的角度诠释——其实，读书也是学生情感体验的活动，有情感体验的读书活动，才更具有生命力。

评价——惺惺互动的生命

中国有句俗话，叫"明知山有虎，偏向虎山行"，说的就是艺高人胆大。如果用这句话形容姚老师的课堂教学，则是"明知学生不易为，而偏让学生为之"。这里所包含的，就不光是教育者的"艺高胆大"了，还有对学生的关注，是关爱每一个人成长的思想体现，是让每一个学生都经历一次学习的生命体验，课堂的生命活力也源于此。

　　例如，在细读 4～6 段感悟杨梅果的特点时，孩子们分四人小组选择他们最喜欢的一段进行了研究式的朗读。在汇报朗读阶段，姚老师让学生们来互评："对于他们的朗读，你们有什么想法？"学生纷纷举手，课堂气氛异常活跃。有的说："×××，我想给你们组提个建议，你们可以把'圆圆的'读得更可爱些。"有的说："我觉得你们应该读慢一点，因为杨梅果不是一下子就变软了，而是慢慢的。"还有的说："我觉得你们在读'甜津津'时读得非常好，我都喜欢上杨梅果了！"同学们的评价有些中肯，有些不是很贴切。对中肯的，老师给予鼓励；对于不贴切的，老师给予点拨。有一个学生在评价时说："我认为'新鲜红嫩'应重读。"姚老师并不直接指出他的不对，而是依照他的建议范读了一次，并向同学们提问，那你们来听听这样读好不好？学生们连连摇头，在笑声中了解了重点读并不是重读的知识点。

　　在姚老师的课里，有许多的激励性评语，它们像一面面小锣鼓，催人不断向上。如："这一组的孩子非常能干，他们把重点读的词语用笔勾了出来，这种学习方法真不错！""刚才，评价的同学提的建议都非常有质量！看来，我们三一班的孩子是越来越会听，越来越会评价了！""从你们的掌声中，我们可以看出他们这组读得相当不错！""你的口才和表演很不错，是当主持人的料！""这位同学遇到困难毫不气馁，能坚持不懈地去克服，老师非常佩服你！"支玉恒老师说过这样一句话："课堂上，对学生说'谁敢表现自己'这不光是教学方法的进步，更是教学思想的进步。扩大到一个民族，就是一个民族的思想意识形态的进步。"姚老师正是在课堂上与学生惺惺相惜，珍视他们，把他们视为有差异的个体，课堂中才充满了带有人文精神的评价。

创造——灵光乍现的生命

　　姚老师的课上绝对没有空洞的说教，而是让学生用自己的语言，将早已感悟于心的思想内容，通过新颖的形式，在水到渠成、瓜熟蒂落之际外化出来，做到了春风化雨、润物无声。在课程的最后，姚老师巧妙地创设了一个语言交际的情境，奏响了华彩乐章，生命的灵光在这一刻乍现出了五彩斑斓的光芒。

　　姚老师抛出了"假如你是一个江南小镇的人，你将如何向游人介绍故乡的杨梅？""假如你是一个水果店的售货员，你将如何向顾客推销江南的杨梅？""假如你是一个刚从江南旅游归来的人，又将如何向亲朋好友介绍江南的杨梅？"等问题，很快帮孩子们找到了新的"角色"，并开启了孩子们思想的大门。在那一刻他们沉浸在合作创造的愉悦和激动之中，在碰撞中，灵感火花和生命之花刹那间开放得如此美丽！此时，姚老师也情不自禁地投入到了孩子们的活动中，教室里洋溢着浓浓的师生情。

　　我不禁暗自惊诧于这种新颖的教学形式。回想起儿时上的语文课，最多的是给课文分段，归纳段意，写出中心思想，学起来枯燥无味，如同嚼蜡。而眼前的课堂却是一个个生机勃勃的生命，一句句显现思想活动的话语，一段段迸发创造激情的小品，在跳跃，在涌动，在喷发！瞧——有江南女子提着杨梅到成都走访亲友、有导游小姐带着游客参观江南的杨梅林、有游客正为买桂圆还是买杨梅争论不休，有成都朋友因贪吃杨梅连麻婆豆腐也咬不动了，还有杨梅树和杨梅果这对母子的精彩对话……别开生面的情境创设，鲜活而充满灵性的言语表达，让台下的孩子们眼睛一下子亮了起来，姚老师和大家也一起露出了满足的微笑。

　　姚老师的课堂是自由思考的课堂，是自主学习的课堂，是富有创造力的课堂。德国教育家第斯多德说："教学的艺术不在于传授的本领，而在于激励、唤醒、鼓舞。"姚老师极力营造民主和谐的课堂氛围，热情洋溢地激励学生，以期唤醒学生身上的巨大创造力。这种走进儿童心灵，走进儿童多姿多彩的世界，让课堂充满创造活力的教学，也许是姚老师在小学语文教学上呈现给我们的一个更新更美的境界。

　　在孩子们的入情入境中，姚老师的课结束了。它深深地感动着我，相信也同样深深感动着课堂上的每一个生命。因为在这里，生命被悉心关爱，在这里，生命经受知识与情感的历练，在这里，生命得到闪亮的升华。

　　啊，那颗唇齿留香、回味无穷的"故乡杨梅"！

2002 年 4 月

（评课者：王霞，成都市语文特级教师）

二、建设基于学习方式改变的语文教学环境

——人教版小学语文第十一册《鸟的天堂》教学实录

执教：成都师范附属小学　姚嗣芳
班级：成都师范附属小学　六年级三班

【授课背景】

2005 年 11 月，四川省特级教师研修班全体教师到我校学习参观，四川省小教中心的领导让我给这些特级老师上一节示范课。

当时，新一轮课改已经进行几年了，我在"情知教育"硕果的滋养下不断成长。同时，我也努力学习、思考并践行着新课程改革的理念———一切为了学生的和谐、主动、全面发展，全面关注自主学习、开放、整合、合作、交往、探究等新的学习文化要素，建设良好的课堂学习文化。

那如何构建良好的课堂文化呢？在实践中我逐渐认识到：

第一，老师必须深入解读教材，善用文本资源，并悉心整合恰当的课外资源，使教学的内容更加丰富广泛。

第二，老师必须真实地了解学生的学情基础和心理需求，精心预设教学活动的核心问题，努力使设计的问题既能促进知识的增长，又能激发学生的思维和情感体验；既指向语言实践活动，又直抵学生心灵；既有力度又深浅适度，从而使教学活动的构想真正成为精心预设的动态方案，使课堂成为充满精彩生成的开放的课堂。

第三，作为语文老师，应该抓住语言文字之根，从语言入手，引导学生在对语言文字的感知、品味、创造中去习得和积淀语言，突出语文的学科本色，体现语文学科的个性，使课堂散发出浓浓的语文味。

另外，老师还要通过营造良好的学习环境、充满激励的评价，引导学生在自主合作与积极探究中获得更多的成功体验。

这节课体现了那个阶段我的一些探索，相信能在如何整合教学资源、如何预设有学科特色的活动与有效评价激励等方面带给年轻老师一些启示。

【课堂实录】

一、引入新课，解题

师：我国著名的作家巴金先生是我们成都的老乡，他已于 2005 年离开了我们。他生前曾写下了许多优秀的作品。今天，我们将学习巴金先生写于 20 世纪 30 年代的一篇文章。

（生齐读：鸟的天堂）

师："天堂"是什么意思？

生："天堂"就是人死了以后去到的一个很快乐的地方，那里让人忘掉一切。

生："天堂"就是指衣食无忧，很幸福。

生："天堂"就是我们常说的极乐世界。

师：对，"天堂"是一个幸福、自由的地方！那你们说到"天堂"这个词的时候，有些什么感觉呢？

生：我觉得很美妙、很圣洁。

生：有一种亦真亦幻的感觉。

生：让我联想到白云上长着翅膀的小天使。

生：我觉得有一种静谧安详的感觉。

生："天堂"让人想到没有欺骗、没有纷争。

生："天堂"还让我感觉到和谐、纯洁。

生："天堂"让我联想到洁白的圣殿，有一种神秘的感觉。

师：从你们富有个性的表达中，我听出了你们对"天堂"的向往。

师：再读读课题，你们从课题知道了什么？

生：我想这里的鸟儿一定很多。

生：我想鸟儿在这里生活得非常自由和快乐。

生：我相信鸟儿的天堂肯定非常美丽。

师：今天，让我们带着美好的向往，跟随作者巴金先生一起去游览"鸟的天堂"吧！

二、自读课文，初步感知

师：请大家自由轻声读课文，注意把字音读准，把课文读通顺。边读边想：鸟的天堂给你留下了怎样的印象？

（生自由轻声读课文，师板书：巢、暇、梢）

师：我们来交流一下读书的情况吧。

（师指着板书"巢""暇""梢"，让学生齐读生字）

（师提醒学生注意"巢"字的第一笔是撇点，学生书空复习笔画及名称）

师：怎样记住"暇"字？能不能把日子旁写成目字旁？为什么？

生：不能。因为"暇"与时间有关，因此是日字旁。

师：假如把日字旁换成斜王旁，意思又有什么不同呢？

生：换成斜王旁就是"洁白无瑕"的"瑕"。"瑕"表示的是玉上面的斑点。

师：很能干！能根据形声字的规律来识记生字，不错！

师："梢"字加一笔就变了"稍"（板书"稍"）。

师：读了课文，鸟的天堂给你留下了怎样的印象？

生：鸟的天堂给我的印象是那里充满了勃勃生机。

生：我们觉得鸟的天堂非常和谐。

师：你的感觉很敏锐。

生：鸟的天堂给我的印象是富有生命力。

生：这里既有动态的美，又有静态的美。

生：我觉得鸟的天堂太迷人了！我都想去那里游览了。

师：同学们初读课文之后，各有自己不同的感受，了不起！

三、直插中心，感悟重点

师：本文写了巴金几次到鸟的天堂？

生：两次。

师：巴金两次去那里分别看到了什么？

生：第一次看到一棵大榕树。

生：第二次看到许许多多的鸟儿栖息在榕树上。

（师板书：榕树　鸟儿）

师：作者在第二次到鸟的天堂后，发出了怎样的感叹？

（出示字幕，生齐读：那"鸟的天堂"的确是鸟的天堂啊）

师：读了这句话你发现了什么？

生：我发现这句话有两个"鸟的天堂"，一个有引号，一个没有引导。

师：你真是"亮眼睛"，很会观察！

师：请大家快速浏览课文，想想这两个"鸟的天堂"分别指什么？

（生浏览课文）

生：带引号的"鸟的天堂"是指那棵大榕树，第二个"鸟的天堂"是指作者认为这里是鸟儿们自由幸福生活的地方。

师：看来，随着巴金先生初游鸟的天堂，同学们已经有了自己的感悟，很用心。

师：那让我们继续随着作者去看看"天堂里的鸟"是怎样生活的吧！找一找，看看哪些段在写鸟儿？

生：第12、13自然段在写鸟儿。

师：鸟儿是怎样生活的呢？请大家自由阅读第12、13自然段，边读边想象，你的眼前出现了怎样的场景？

生：我的眼前出现了五颜六色的鸟儿。

师：想象很丰富，说说你为什么看到这样的场景。

（生读书中相关语句）

生：我好像看到鸟儿在各自做自己的事情，有的站在树枝上叫，有的在清洗自己的羽毛，有的鸟妈妈在给自己的宝宝喂食，还有的在聊天。

生：我仿佛听见一只小小的画眉鸟站在树枝上快乐地歌唱。

生：我觉得成千上万的鸟儿在大榕树上自由自在地活动，好像在参加一个盛会。

生：我仿佛看见鸟儿们在窃窃私语，仿佛听到鸟儿在相互倾诉，特别是鸟妈妈在鸟巢里耐心地叮嘱自己的小宝宝快快学会本领来保护自己。

生：我仿佛看到众鸟纷飞，仿佛听到鸟声此起彼伏，虽说没有节奏，却悦耳动听。

师：你们的想象真丰富！作者的文字已经化为你们头脑中欢乐热闹的场面。你们精彩的发言已经把我带到了那独木成林的榕树前，我仿佛看到了数万只小鸟，盘旋飞翔，嘎嘎而鸣，而这些鸟品种多样，颜色各异，飞起来真是蔚为壮观啊！

师：同学们，让我们来到河边，近距离地感受鸟儿的欢腾场面吧！

（出示字幕，教师引读课文第12、13自然段）

师：同学们再带着心中的欢乐感受读读这两段文字吧。

（生自由练读后分组展示读）

师：多么快乐的鸟儿，多么壮观的场景啊！让我们和作者一起由衷地感叹。（出示字幕）

生（齐读）：那"鸟的天堂"的确是鸟的天堂啊！

师：同学们，这样壮观的景象你见过吗？这时，你忍不住要问什么呢？

生：这里的鸟儿为何这么多？

生：为什么这么多的鸟儿都喜欢到这棵树上来筑巢？

生：为什么这些鸟儿会生活得这么快乐呢？

师：同学们的问题很值得研究。那我们接下来就静心地研读写榕树的部分，探究一下为什么这里的鸟儿这么多、这么快乐。

师：那就请你们自由轻声读读课文的第7、8自然段，想想鸟儿究竟生活在什么样的环境中。按照平时的习惯，把重要的词句勾画出来。

（生自读勾画，师巡视，提醒：在重点词下面做上特别的记号）

师：刚才有三个同学提出，为什么这儿有那么多鸟？为什么这么多的鸟儿都喜欢到这棵树上来筑巢？为什么这些鸟儿会生活的那么快乐？现在就结合你们阅读的体会在四人小组内讨论这几个问题吧。

（四人组交流，师深入到学习小组内参与讨论）

师：为什么这棵大榕树能吸引那么多鸟儿？为什么这些鸟儿会生活得那么快乐呢？哪组同学先来交流？

生：我们组找到了"翠绿的颜色，明亮地照耀着我们的眼睛"这句话，说明这棵榕树的每一片叶子颜色都很翠绿、漂亮。

师：为什么颜色翠绿，鸟儿就要来呢？

生：因为叶子翠绿就说明这棵树很有生机，这里是吸引鸟儿的绿色家园。

师：对了，就应该像这一组同学这样把树的特点和它吸引鸟儿的原因联系起来说。

生：我们组从"真是一棵大树"体会到这棵榕树非常大。"不可计数"，就是说枝干数都数不清楚。"堆在一起"是指很多很多叶子聚在一起，使叶子间不留一点缝隙，说明绿叶非常多。叶子多的话，如果有人来捕捉它们，就易于隐蔽，而且这里空气很好。叶子很多，虫子也就很多，鸟儿吃的东西也就多了，真是"衣食无忧"。

师：他们这组研究得不错。哪位同学能帮他们梳理一下，刚才他们说的这棵大榕树为鸟儿的生存提供了哪些有利的条件？

生：我们组认为有四点。第一点，它们的生活有足够的空间。在这儿，鸟儿可以自由自在地生活。（生读课文）

师：枝干多跟鸟儿多有什么关系呢？

生：枝干多，鸟巢就多。

师：那么鸟巢多呢？

生（齐）：鸟儿也多。

师：对，你们知道这里有多少鸟儿吗？

生：我查过资料，好像有数万只鸟。

师：是这样的。你很会借助课外资料来理解课文。

生：第二点，这里十分有安全感。

师：为什么说很有安全感呢？

生：因为人要来捕捉它们，它们就可以隐蔽。"那么多的绿叶，一簇堆在另一簇上面……"树那么大，枝叶那么多，不留一点儿缝隙，所以很有安全感。

师：你从哪里看出树很大？

生：我们抓住了一个词"卧"体会到的。"卧"就说明这棵树占地很宽。

师：有多宽呢？

生：十八亩。

师：十八亩有多大呢？我们学校的面积是十亩，十八亩差不多有两个我们学校那么大。

（生惊呼）

生：在这么宽的大树中，鸟儿可以分散隐蔽在枝叶中，不容易被发现。

师：说得很有道理。

生：还有一点就有点搞笑了。

师：说说看怎么搞笑？

生：这里的人为伤害概率为百分之零。

师：为什么呢？

生：我们从第9自然段中知道，这里的农民是不允许捕捉鸟儿的，这对它们的伤害大大减少了。

师：我认为这不叫搞笑，你们很会读书，不仅能够结合本段的语言文字深入理解，而且能够联系后文理解呢。

生：我觉得还有一个原因让它们很安全。

师：什么原因？

生：因为这棵榕树在水中央。人们一般不容易到这里来，鸟儿就不容易受到伤害。

师：你想得很周全。那第三个理由呢？

生：这里的食物很充足。

师：你们怎么知道的呢？书上没有写啊。

生：鸟喜欢吃虫子，树的枝叶多，可能虫子就多。有的鸟喜欢吃虫子，还有的喜欢吃叶子。

（生哄笑）

师：我们班有不少科学爱好者，可能大家读过一些知识，枝叶那么茂密，就可以给鸟儿提供充足的食物来源。能结合课外知识来理解课文，是个不错的办法。

师：那你们说的第四个理由是什么呢？

生：我们从第 8 自然段知道，"那翠绿的颜色，明亮地照耀着我们的眼睛，似乎每一片绿叶上都有一个新的生命在颤动"说明大树充满了生机。

师：怎么体会的？

生：我们认为有两个可能：第一是风吹过来，所有的叶子都会动；还有可能是每一片树叶后边都站着一只鸟。

师：你们赞同她的观点吗？

（生有些疑惑，有些摇头）

师：为什么不赞同呢？大家可以再议议。

（生思考，同桌小声议论）

生：这是巴金先生第一次到鸟的天堂看到的情景。他当时一点儿都没有想到树上有鸟，所以他非常失望。

师：为什么失望？

生： 因为他认为鸟的天堂没有一只鸟。

师： 那你们认为"每一片绿叶上都有一个新的生命在颤动"是指鸟儿在动，对吗？

生： 不对。我们认为这里的"每一片树叶都有一个新的生命在颤动"是指榕树充满了旺盛的生命力，每一片绿叶都让我们感到一种生机。正因为这样，就为鸟儿提供了一个生机盎然的绿色家园。

师： 你的阅读很深刻，我很赞同你的见解。

生： 我还想补充一点，树叶在阳光照耀下闪闪发光，远远看起来像在颤动。这棵树看起来也很美。鸟儿也喜欢在美丽的环境中安家嘛！

师： 看来你已经站在鸟儿的角度思考生存环境问题了！（笑）

生： 经过我的实验发现，我家的地下停车场冬暖夏凉；而"鸟的天堂"的绿叶堆在一起，没有缝隙。那里一定也是冬暖夏凉。

师：（笑）榕树成了天然的空调了。

（生笑）

师： 大家可以想象，这样一棵生机勃勃的大榕树，空气怎么样？

生： 肯定很清新，氧气充足。

师： 对啊！天然的大氧吧肯定会吸引许多的鸟儿来这里筑巢啊！

师： 这里的鸟儿特别多，还有别的原因吗？

（生显出疑惑不解的表情）

师： 大家想想，这样一棵巨大的榕树为鸟儿们提供了一个安全、优美的绿色家园。那么多的鸟儿在这儿生活，那么什么也多？

生： 鸟粪多。

师： 反过来，这些鸟粪有什么作用？

生： 鸟粪又滋养了大树，让大榕树长得更好。

师： 是啊！美丽的大榕树吸引了数万只鸟儿，它们在这儿栖息、繁衍，生生不息；鸟儿又让榕树更加枝繁叶茂。这棵已经有 380 多岁的树充满着勃勃的生机，鸟儿怎能不喜欢这样的乐园？在这样的乐园里，鸟儿怎能不自由、不幸福呢？这大榕树真是一棵生态之树啊！（板书：生态之树）

（出示字幕，配乐，生齐读第 7、8 自然段）

师：在这生态的环境中，我们清楚地听见那只画眉鸟站在树枝上兴奋地叫着，唱着好听的歌。想象一下，那只画眉鸟在唱些什么呢？

（生小声议论）

生：我觉得画眉唱的是赞美生活的歌。

生：我认为画眉唱的是《春天在哪里》这首歌，（唱）"春天在哪里呀，春天在哪里，春天就在美丽的榕树里，这里有绿叶啊，这里有虫子，春天就在这样的天堂里！"

（全班拍掌，笑）

师：是呀，它们唱出了天堂之歌。同学们，你们还觉得画眉在唱怎样的歌？

生：我认为它在唱《好大的一棵树》，（唱）"好大一棵树，绿色的祝福……"

师：真是好大的一棵树呀！

生：我还感觉它在唱《天堂》，（唱）"绿绿的天堂……"

师：画眉还唱着怎样的歌？它会说顺口溜、儿歌吗？

生：我想用顺口溜赞美它："艳阳天，春光好，风和日暖真逍遥，红的花，青的草，杨柳树下有小桥，小桥底下老公公把船摇。"

（全班同学拍掌）

师：她唱出了鸟儿的心声。

生：我还感觉它在唱《飞得更高》，（唱）"我要飞得更高，飞得更高……"

生：我用顺口溜来说，"鸟的天堂真美丽……"

（生笑）

师：你们为什么笑啊？

生：她说不顺口。

师：有点儿难为她了，这么短的时间内，说得有些不顺口也情有可原啊！你之后再改改，好吗？

生：我把歌曲《神奇的九寨》的歌词改了，（唱）"神奇的榕树，哦……我们的天堂……"

（全班响起热烈的掌声）

师：从你们的歌声中我听到了，在这生态的环境里，画眉鸟唱着一曲曲"生命之歌"。（板书：生命之歌）

师：难怪作者在两次到这里后，为大榕树的生命力所倾倒，被群鸟的欢乐所感染，会情不自禁地说——

（出示字幕）

生（齐读）：那"鸟的天堂"的确是鸟的天堂啊！

师：让我们再去静静地看看那根深叶茂的大榕树，再尽情地欣赏那自由快乐的鸟儿吧！

（出示字幕，配乐。三个学生分别朗读写树的部分、写鸟的部分以及作者的感叹部分，然后男女生分读、齐读三部分）

师：树与鸟，鸟与水结合在一起，鸟因树乐，树因鸟美，构成了一幅多么生动活泼的画卷呀！这里有树的生态之美，还有鸟的欢乐之美，更有人与自然、与动物的和谐之美，这真是一道世间罕有的天然美丽的风景线，是一幅足以让人流连忘返的风情画。这里是真正的天堂！

四、拓展阅读，升华认识

师：20 世纪 30 年代，巴金到这里后，由衷地发出了"那'鸟的天堂'的确是鸟的天堂啊！"的感叹。（出示字幕）70 年后的今天，我们不禁要问：那"鸟的天堂"还是鸟的天堂吗？（出示字幕）

师：请看，这就是今天的小鸟天堂！

（课件依次出示"鸟的天堂"的整体图、百鸟出巢图、百鸟归巢图）

（生边看边兴奋地感叹）

师：大家看了后有什么感觉？

生："鸟的天堂"还是那么美。

生："鸟的天堂"的鸟儿还是那么自由快乐。

生："鸟的天堂"还是那么令人神往。

师：是啊！70 年后这里依然是鸟的天堂啊！

师：你们知道为什么 70 年后这里依然是鸟的天堂吗？请大家读一段材料。

出示字幕，生自由读文字资料：

1933 年，著名作家巴金游后写了散文《鸟的天堂》，"小鸟天堂"从此得名。小鸟天堂是侨乡广东新会著名的国际级生态旅游景点，位于距城区 10 公里的天马村。

它拥有数百年的悠久历史，占地达 18 亩，远看像一片浮动绿洲的古独榕，堪称南国奇观。而每天栖息在这棵美丽大树上数以万计的各种野生鹭鸟，暮出晨归，嘎嘎而鸣，翩翩起舞，更蔚为壮观。"一株榕树便天堂"，这一自然景象出现在人口稠密区，生生不息，已延续了 384 年，形成了人与自然和谐相处、共同发展的典范，实属罕见。历年来，吸引了大批中外游客慕名而至。

380 多年来，天马人一直用"爱树护鸟，爱护自己，爱护子孙"的祖训教育着一代又一代的后人。人们把这棵大榕树看作是一棵神树，把树上栖息的鸟看作神鸟，不许谁去触动它，如果谁打鸟，就会受到家法的惩治。多少年来，天马人就是以他们最纯朴的环保意识，保护着鸟，保护着树，保护着这个赖以生存的环境，使这个自然奇观完好无损地保存至今。这里已成了全国最大的天然赏鸟乐园，成了人们心驰神往的旅游胜地，成了著名的国际级生态旅游景点。

师：看了这段材料后，你们明白了 70 年后这里依然是鸟的天堂的原因了吗？

（生结合材料中的语言谈认识，说到材料中的关键字词时，师点击课件，字的颜色变红）

生：因为 70 多年来，天马村附近的人们保护着这块圣地。把树称为神树，鸟称为神鸟。数和鸟在当地人的心目中有很高的地位。

生：当地人在过去 380 多年的时间里，一直把树和鸟当宝贝来爱护。

师：从哪儿看得出来？

生：当地的人们把"爱树、护鸟、爱子孙"作为祖训。

师：你从"祖训"这个词知道了什么？

生：他们一代代把这句话传下来。

生：我从"一直"这个词可以看出他们的坚持不懈。

师：他们一直坚持了多少年？

生：380 年。

师：380 年！坚持了多少代人啊！

生：如果没有天马人的精心照顾，就没有这棵神树和这些神鸟的今天。

师：你从哪儿看出天马人对树和鸟的精心照顾？

生：打鸟要受到家法惩治。

师：他们不仅有环保意识，而且有环保行动。

生：我从"纯朴"看出他已经很自然地把爱树、护鸟当作自己的职责了。

师：环保意识产生环保行为，给鸟儿安全的生活空间。

生：我从"纯朴"看出，他们没有什么豪言壮语，他们觉得保护鸟和树就是保护他们自己赖以生存的环境。

师：天马人已经把鸟、树的生存与自己联系在一起了，保护它们就是保护自己的家园。70年后的今天，"鸟的天堂"发生了什么喜人的变化？读一读。

（生齐读资料末句）

师：人们把生态的大榕树当作鸟儿的生命之树来爱护，人、鸟、树和谐相处，所以我们现在仍能听到鸟儿在这天堂般的大榕树上愉快地唱着生命之歌。

（出示字幕："那"鸟的天堂"还是鸟的天堂啊）

师：今天，我们能够以此告慰巴金爷爷，"鸟的天堂"仍然那么美。

（生充满激情地读：那"鸟的天堂"还是鸟的天堂啊）

师："鸟的天堂"依旧，这要归功于一代代天马人的环保意识和环保行为。

（生充满敬佩地读：那"鸟的天堂"还是鸟的天堂啊）

师："鸟的天堂"完好无损，我们还要感谢一批批来到这里，热爱生命、珍爱自然的中外游客。

（生充满感激地读：那"鸟的天堂"还是鸟的天堂啊）

师：在这个辽阔的地球上，像"鸟的天堂"这样的古榕树还有很多很多，看！
（课件出示各种古榕树图）

（生目不转睛地看着，情不自禁地发出"哇"的赞叹声）

师：这都是因为人与自然和谐相处使它们生机勃勃。同学们，让我们爱护身边的环境，让生态之树常青，让生命之歌常响，让那"鸟的天堂"永远演绎着鸟树相依、生生不息的美丽童话，让我们去创造更多的人间天堂！

（生意犹未尽，下课）

【名家点评】

为着学生学习文化的建设

——读姚嗣芳《鸟的天堂》教学实录一得

傅先蓉

喜读姚嗣芳《鸟的天堂》教学实录，我看到了一棵大树。她在成师附小 20 多年"情知教育"硕果的滋养下成长，与时俱进，与新课程同步发展。她努力学习着，用心思考着，勤勉践行着，热情飞奔着——一切都是为了学生的和谐、主动、全面发展。因而有了这样一节全然不同于她以往数次教授过的《鸟的天堂》！我发现，她正进行着新的探索：新课程背景下学生学习文化的建设。

我们知道，学习文化会影响学生的学习动力、兴趣、效能，学习文化决定着学生学习的品质，关系到生命发展的质量；自主学习、开放、整合、合作、交往、探究等新的学习文化要素，将赋予学生学习的意义。那么，这样的学生学习文化应如何建设？由实录，我们已经听到了她在思想认识层面和行为操作层面的回答。

还一片放飞心灵的天空

教师的教学文化直接影响着学生的学习文化：学习是生成智慧的活动。姚嗣芳深谙此中真谛，她的教学活动构想总是为了课堂的精彩生成而精心预设动态的方案，还学生一片放飞心灵的天空。

她善用文本资源。用好文本是最重要、最好的课程资源开发。她潜心研读，敏锐地抓住文本中"那'鸟的天堂'的确是鸟的天堂啊！"一句为主旨组织课堂，一咏三叹，经历了由鸟到树，再到鸟，最后到树，鸟、人的发展过程，层层深入，步步推进，明晰敞亮。

她关注学生需求。走进学生的学习生活方可建设学生的学习文化。她真诚而真实地了解本班学生学习生活的现状和实际需求，对学习中可能遇到的困难、会产生什么问题了然于心，熟知学生的态度、习惯、兴趣……所以在想象画眉鸟在唱着些什么好听的歌时，几位同学改编了歌词后，老师轻轻一拨："它会说顺口溜、儿歌吗？"点燃了学生思维的火花，有两位学生马上即兴创作起了儿歌、顺口溜，没有对学情的深切了解，没有对学生需求的关注，能有这样恰切的指点吗？

她巧于设计问题。设计问题是教学活动预设的核心，她显然是巧设问题的高手。

①鸟的天堂给你留下怎样的印象？（初读，整体感知时）

②鸟儿在天堂是怎样生活的？你有什么感觉？（细读，感悟重点时）

③看到（鸟儿欢腾的生活）这样壮观的景象，你忍不住要问什么？（感悟，引导质疑时）

④70年后的今天，那"鸟的天堂"还是鸟的天堂吗？（拓展，激励探究时）

这几个问题，既有思考性，又有情感性；既是知识的增长点，创新思维的生长点，又是情感的渗透点、体验点；既指向语言实践活动，又直抵心灵；既有力度又深浅适度；既开采、激发了学生智慧潜能的宝藏，又为生命发展奠基，真是精妙极了！

她悉心整合资源。课程资源的开发要适度。她积极拓展与文本有关的资料，从大量的信息中精选出紧贴文本的两段短文和三幅令人振奋的图画："鸟的天堂"全景、百鸟出巢、百鸟归林，再引导探究"70多年后的今天，'鸟的天堂'还是鸟的天堂吗？"适时投放。这些资源充盈了文本，纵横渗透，促思激情，开阔了学生视野，培育了情怀，在引导学生成为一个探索实践者上收效喜人，且师生共同享受着这些资源。从资源内容的确定到时机的选择，都恰到好处，妙不可言。

基于此，《鸟的天堂》的课堂是服务于学生的成长与发展的，必然是无限开放的，丰富的，具有时代性的，是学生自主的，是智慧的，是充满生机与活力的。

耕一方品味涵咏的乐土

语文是人类文化的重要组成部分，可以说，学习语言就是学习文化，语文教学的过程就是一种文化的习得和积淀的过程。那么，学生学习文化时需得突出语文的学科本色，体现语文学科的个性：对语言文字的感知、品味、创造。

姚嗣芳正是抓住了语言文字之根，从语言入手，在对话中共同耕耘，共同享受语言，分享课堂。请看几个片断：

通过教师引导，学生默读自悟，潜心会文本，合作探究，同学们抓住第12、13自然段的语句想象出鸟儿生活的画面；扣住第7、8自然段中"这真是一棵大树""不可计数""卧""堆"等词语显象得意，从而与作者共鸣："那'鸟的天堂'的确是鸟的天堂啊！"

　　这是学生在自主求知的过程中，潜心发现，触摸语言，读中去发现有感受，读中思中有领悟，沉浸于意境中的自然抒发，读出了意义，读出了韵味，读出了情味。

　　在发出了"那'鸟的天堂'还是鸟的天堂吗?"之疑后，通过拓展阅读，给学生足够时间去品读、涵泳，玩味、体验，"祖训""一直""380 年""纯朴"这些词语表达出个性十足的见解。你一言我一语，将自己的理解、感悟结合自己的认知积累、情感积累，以自己最本真、最生动的语言快乐地释放出来。又在这和谐的交流中产生思与思的碰撞，心与心的接纳，情与情的交融，最后共同吟唱出极富情味的生命礼赞："那'鸟的天堂'还是鸟的天堂啊!"

　　这是生命的礼赞，也是学生学习文化的礼赞。因为在这里，语言的建构，智慧的绽放，情感的陶冶，精神的愉悦正是在品味语言中，移情体验中得到丰盈、受到润泽的，因此，散发出浓浓的语文味、人情味。

姚嗣芳与回母校探望的学生合影（第一排左三系作者　摄于 2015 年）

搭一个自主创造的舞台

　　学生有探究的需要，有获得新的体验的需要，有获得认可与欣赏的需要，有承担责任的需要。姚嗣芳以此为依据，倾情激励学生进行探究，为学生搭一个自主创造的舞台。激励探究，是本课最亮丽的风景。

　　上课伊始，教师抓住题眼"天堂"，让学生讲意思说感觉，接着再从课题中知道了什么；然后再从读中看"天堂"给自己留下怎样的印象。

　　了解作者发出的感叹后，又引导学生从"这句话你发现了什么？"进一步去探究两个"鸟的天堂"分别指什么，鸟儿在"天堂"里怎样生活。

　　问题性、实践性、参与性和开放性是进行探究的特征，至此，问题由教师提出，学生积极参与实践。巧妙的是，教者以"面对（鸟儿生活）壮观的景象，你忍不住要问什么？"为引，将探究导向主动质疑，引向深层思考。接着，学生又带着自己提出的新问题研读文本，探索解疑，体味了生态之树、生命之歌。更高明的是，当学生释疑而出时，教师即深度叩问："70多年后的今天，'鸟的天堂'还是鸟的天堂吗？"一石激起千层浪，学生运用已获得的解疑之法实践着更深度的探究。正是这样的探究，赋予了这篇传统的经典课文以鲜明的时代特征和强烈的现实意义。

　　学生阅读文本，自己去发现；发现问题，自己去解决；解决疑难，自己去创造。这样的探究，经历了"感知、认识'天堂'到感悟、欣赏'天堂'再到感动、醉心'天堂'再到感恩、创造'天堂'"的心智历程，获得了深层次的情感体验，在走进文本又走出文本的过程中读出了对自然、对环境的关注，对社会的责任感，构建了知识体系，掌握了解决问题的方法，促使学生成为一个探索者，从而获得更多的成功体验。

　　这一方品味、涵泳的乐土，一个自主创造的舞台，必将给学生留下鲜明的形象、鲜活的语言、至诚的情意、至真的感悟，可以说是美哉！"工具"共"人文"一色，语言与精神同构共生。

建一座自由温馨的圣堂

　　课堂是传播文化、习得文化之地，它因文化润泽学生的生命之地，享受生命的乐趣而愈加神圣、圣洁。姚嗣芳用她的真心深情营造着学习的环境，为学生建一座自由温馨的圣堂。

　　不说她选择拨动心弦的音乐营造环境，不说她展示震动心灵的图画营造环境，也不说她用亲切的微笑和爽朗的笑声营造环境……单说她激情四射的语言营造环境：有衷心赞美、由衷欣赏的，如"从你们富有个性的感觉中，我听出了你们对'天堂'的向往""你的阅读很深刻，我很赞同你的见解"让发言的学生体验成功，又激发其他同学的求知欲，启迪更多人的思考。

有中肯的指导、点拨、提升的，如"他们这组研究得不错。哪位同学能帮他们梳理一下，刚才他们说的这棵大榕树为鸟儿的生存提供了哪些有利条件？"引导学生关注他人，欣赏他人，乐于助人。"画眉鸟还唱着怎样的歌？它会说顺口溜、儿歌吗？"激励学生大胆求异，勇于创造。

有肯定中渗透学法的，如"很能干！能根据形声字的规律来识记生字，不错！""对了，就应该像这样把树的特点和它吸引鸟儿的原因联系起来说。""看来你已经站在鸟儿的角度思考生存环境问题了！"在恰当的激励中教给了学生方法，让学生更自信。

有促使学生生疑的，如"你们赞同她的观点吗？为什么不赞同？大家可以再议议。"在学生思考有误时，引导学生交流讨论，自主质疑。

有平等对话，表达理解、鼓励的，如"你们为什么笑啊？有点难为她了，这么短的时间内，说得有些不顺口也情有可原啊！你之后再改改，好吗？"给学生充分的理解、尊重、激励，让学生有尊严地坐下。

……

你能简单地将这些视为评价吗？言为心声，这是尊重生命之爱心的奔流，珍爱生命之激情的涌动，目中有人，语中有情，这心，这情，为学生创造了一种愉悦、温馨、和谐的学习环境。肖川说："一个充满赞扬和肯定的环境，使学生感到安全，受到鼓励，得到尊重和富于挑战。"在这样亲切奇妙的环境中，师生间充分理解，分享课堂，共同享受着互动过程的乐趣。在这样的环境里，绝无旁观者，唯有快乐的参与者、自由的飞翔者。

当学生的学习文化有了这样广阔天地的支撑，他们才能放飞心灵，品味涵泳，自主创造。当学生的学习文化有了这样的滋养、浸润，学生的发展才会根植于文化的土壤，才会充满勃勃的生命力，学习文化才会成为学生发展的力量。

啊，好大一棵树！分明是一株根深枝繁叶茂的大树。读完实录，我已是满心欢喜。

（评课者：傅先蓉，四川省语文特级教师）

三、深探便学的"试水"

——人教版小学语文第八册《跳水》教学实录

执教：成都师范附属小学　姚嗣芳
班级：成都师范附属小学四年级六班

姚嗣芳在全国名师"小学生语文学科素养培养"研讨会上执教《跳水》（摄于2010年）

【授课背景】

　　学生学科素养的提高是隐性的，怎样的课才能够体现学生的学科素养在提高？学生学科素养的培养与教师的学科修养有什么直接的联系呢？以"关注名师，学习名师，成为名师"唤醒教师专业成长的自觉意识为导向，2010年5月8日至9日，锦江区教育局在成师附小举办了"全国名师'小学生语文学科素养培养'研讨会"。活动邀请国家督学、江苏省教育科学研究院院长成尚荣全程追踪评课并做主题讲座，河南名师武凤霞、江苏名师薛法根、浙江名师盛新凤分别与我区的三位名师同台展课。活动采取"同课异构＋主题发言＋专题讲座"的形式进行，来自全省的四百多名教师共享了一场形象生动、风格各异、精彩纷呈的课堂教学盛宴。活动主题为

"小学生语文素养的培养"，旨在求解小学语文教学的核心价值。我在该活动中展示了《跳水》一课。

当时，我校的主体学堂研究才进行了半年多，在多次的课例研究中，我围绕让学生"动"起来努力。我大胆地改变课堂的教学方式，改"秧田式"为"圆桌式"，变"单向问答"为"多向交流"，变"教师讲"为"主体学"，变"单一教"为"多维学"，小组合作学习逐渐成了我课堂的一种常态，学生成了课堂学习活动的主体，课堂不再是老师的讲堂，而变成了学生的学习之堂、学做之堂和学会之堂。

在我看来，培养语文素养的关键，不是靠教师的讲解，而是靠学生不断进行语文实践。所以，教师必须让位，给学生提供充分的时间和空间，让学生"浸泡"在语言的实践之中，充分地读、认真地思、自由地写、尽情地说，真正成为课堂的主角。

如何让阅读教学课堂成为促使学生更好更快地学会学习的活动平台，以增强学生学习的兴趣与信心，提高学生学习的能力与动力呢？那就要以学生为课堂学习活动的主体，教师的指导始终着眼于学生的自主、自为和自省、自悟。今天再看本课的实录，虽有不少缺憾，但这节《跳水》的实践探索，也能为老师们提供一个很有启发性的研究视角。

【课堂实录】
一、回顾课文主要内容，弄清人物之间的关系

师：今天，我们学习俄国大作家列夫·托尔斯泰的作品《跳水》。在这之前，按照平时的习惯，同学们已经预习了《跳水》这篇文章，哪一组的代表能说一说这篇文章主要讲了什么呢？

生：《跳水》这篇文章讲的是有一艘正在环游世界的船正在返航，那天风平浪静，所以一只大猴子就在船上逗水手们笑，但是它越来越放肆，把船长儿子的帽子拿到第一根横木上，放到横木的顶端，船长的儿子恼羞成怒，上去拿自己的帽子。这时，船长出来了，拿着一支打鸟的步枪，命自己的孩子跳海，孩子听不懂爸爸在说什么，所以爸爸说："向海里跑！不然我就开枪了！"他的孩子像一颗炮弹似的跳进了水里。40秒后，水手们把孩子救上了船。最后，船长看到这一幕，嗓子像被什么东西挤了一下，呜咽起来。

师：看得出来这位同学在课前预习的时候，把课文的主要内容已经弄得很清楚了。那么这一课当中，涉及到好些人物。姚老师知道大家在预习的时候已经对人物间的关系有所研究。哪组代表愿意用你的方式来标示人物间的关系？（请三名学生上台，在黑板上画出人物关系。其他学生在小组内合作画人物关系图）

（三名学生分别用不同的方式标示人物关系，其他学生观察思考。其中一生画完返回座位后，又主动上台对所画的内容进行修改）

师：我们来看看完成得怎样，有没有把人物的关系弄清楚？三位同学用了不同的方式标出了几个人物间的关系。那么，我们首先看一看这三个同学是不是都抓到了故事中的主要人物？

生（齐）：都抓到了。

师：是吗？都抓到了。你们发现有哪几个人物呢？

生（齐）：船长、儿子、水手、猴子。

师：这两位同学也是抓到了。对这三种不同的方式，同学们有什么评价吗？他们是不是都把关系标清楚了、标准确了呢？

生：我们组认为唐文彦写得最好，因为他画得很清晰，而且把所有的关系都写得很准确。其他两位呢，有点儿复杂，有点儿密，有点儿看不清楚。

师：哪个更清楚？哪个看不清楚？

生：任力言的看不清楚。

师：任力言，你上来给大家解释一下，好不好？

生：这个孩子和猴子之间的关系是，猴子逗孩子，然后孩子要去抓猴子。

师：他的目的是要去抓猴子吗？

生（齐）：是要去拿帽子。

师：那么，能不能换一个词？

生（齐）：换"追"字。

师：我也觉得在这儿换"追"字更准确。来，我们把这个词换成"追"。请继续！

生：水手们看见猴子逗孩子，然后水手们笑话孩子。船长叫孩子跳到水里去，实则是想救孩子。

生：水手帮船长把孩子救上船。船长和孩子还有一个关系，船长是孩子的父亲，孩子是船长的儿子。

师：听了他的解说，你觉得他把几个人物间的关系弄清楚没有？

生（齐）：弄清楚了。

师：现在，剩下的一组同学上来解说一下。

生：我是这样想的，船长拿着枪在逼着儿子跳水。首先是猴子拿着孩子的帽子，把它放在横木上；然后孩子爬上去拿帽子，水手们笑猴子和孩子；船长出来了，他发现这件事情，他就用枪逼着孩子跳水；水手们就纷纷下去救这个孩子。

师：刚才你在说的过程中，好像没有说到水手和猴子、孩子之间的关系，一来就说到了孩子跑到上面去追猴子，是吗？

生：是。

师：那你就要给大家讲一讲。

生：最初水手们在笑猴子和孩子。

师：一开始就在笑孩子吗？

生：应该是在笑猴子。猴子就去逗那个孩子，后来才是孩子去追猴子。

师：这三位同学用不同的方式把人物之间的关系讲清楚了。相信通过这样的方式，大家不仅把人物之间的关系弄明白了，对内容的把握也更加精准了。

二、多角度探究船长行为，感悟船长形象

师：同学们已经对这篇文章有所了解，而且预习的作业做得非常棒，大家已经知道在这个孩子遇到危险的时候，父亲是用枪逼着儿子去跳水，从而救了儿子。从同学们的预习作业中，老师发现你们对这个问题特别感兴趣。接下来，我们就围绕这个问题来进行深入的研究，好吗？

生（齐）：好！

师：接下来大家进行小组交流。在这个过程中你可以把你的见解充分地表达出来。老师给大家三个建议：第一，想一想船长为什么用枪逼儿子跳水？第二，在当时的情况下，有没有其他更好的方法？第三，你从船长的行为当中，还可以看出船长是个怎样的人？接下来，带着你预习的收获，在组内进行交流。

（学习小组讨论交流。老师巡视，了解学生讨论情况。之后各组汇报交流）

生：我们认为，船长是个急中生智的人。在这种混乱的情况下，他可以马上想出一个办法来解决这个问题。

师：你说船长是急中生智的人，那当时什么让他急？

生：我想补充一下，当时船长是想用枪打海鸥的，但是看见儿子站在那么高的横木上，就用枪逼他，所以他是急中生智。

师：你没有说明白，急什么？

生：孩子已经站在很高的横木上了，是一米多长的，非常细的横木，然后船长就非常着急，因为这样孩子很容易就掉下去，摔得粉身碎骨。请大家看看语文书，书上写道："只要孩子一失足掉下去就摔得粉碎。"这就是急。

师：当时的情况非常危险。除了刚才郁同学说的这处地方，还有其他地方说明当时孩子十分危险吗？

生：我们组换个词，我们觉得船长是个随机应变的人。

师：我有一个建议，刚才你们提到急的问题，能不能接着把这个问题说充分，这也是一种合作哦。

生：我想补充一下，因为当时孩子是在最高的那根横木上，"只要"是个关键词。只要孩子一失足，就会跌到甲板上，摔得粉碎，就有死亡的危险，所以当时情况非常紧急。但是当时也没有人想出别的办法来。

师：刘同学抓住了一个关键词，好。

生：当时那些勇敢的水手都不知所措。他们明明都已经环游世界了，都已经很有经验了，但是他们还是拿这件事没有办法，说明当时的情况非常的急。

师：非常不错，你抓住了水手的情况来体会。

生：横木大概只有 10 厘米宽，只比我们的脚宽一点点。

师：说得不错！老师也查过资料，桅杆上的横木宽度一般只有 10 厘米左右，最上面的横木最多只有一只脚那么宽。在这种情况下，他要转身根本不可能，太难了，非常危险。你联系了当时桅杆的情况来谈，不错。

生：请大家看课本，因为他站在最顶端，起码有三层楼高，他醒了过来，脚下摇晃起来，随时都可能掉下来。

师：你抓住了孩子的一个动作来体会，很不错。你刚才说孩子醒过来，那孩子刚才之前在睡觉吗？

生：我们觉得那个"醒"是醒悟，因为之前猴子把孩子的帽子拿走了，孩子一心一意地去抓猴子，没看到这些情况，当听到有人在大叫的时候，他才猛然发现自己已经站在最高的横木上了。

师：那孩子刚才处于什么状态？

生：冲动、急躁。

生：我们组还有补充。请大家看课本，人群里有个人大叫一声，这个人是水手，水手的经验很丰富，连水手都大叫了，那还不危险啊？

师：你们是从旁人的表现中体会到危险的。那水手大叫一声之前，孩子处于什么状态？

生：刚才那个孩子一直盯着帽子，没有看其他地方，所以水手大叫他才"醒"过来了。

师：那他究竟处于什么状态？

生：孩子气急了，非常冲动，失去理智了，完全不顾后果。

师：同学们还从哪些地方体会到危险？

生：请大家看课文第 4 自然段，里面有一句"孩子气急了"，第 5 自然段第一句还有一个"气极"，说明孩子非常气。（师板书：气急　气极）

师：你找到了两个非常重要的词。这两个词有什么不同？

生：第一个"气急"，是孩子非常着急，很想快点拿到帽子；第二个"气极"是说孩子非常生气，到了极点。

师：正因为这样，所以他完全不顾后果。

生：我们还有补充。课文第 4 自然段说孩子一边喊一边往上爬，孩子的注意力就不在同一个地方，很可能摔下来。

生：请大家看课本的插图，那个小孩和猴子看起来已经变得很小很小了，因为他已经到了桅杆最高的地方。

师：知不知道有多高？

生：我在网上了解过，这个桅杆最高有 70 米，最低都有 50 米。因为要用桅杆固定帆，才能节省油料航行。

师：老师很佩服你，能主动从网上查阅资料。我想补充一下，就算桅杆只有四五十米，起码也有一般楼房的八九层楼那么高。这样的高度，孩子在窄窄的横木上摇晃起来了，实在是太危险了。

生：我们组想补充一下"急"。猴子喜欢恶作剧，孩子即使拿到了帽子，猴子也可能搞恶作剧把孩子推下去。

生：请大家看课文第 5 自然段的第 2 句。孩子丢开桅杆走上横木，没有固定的东西，随时都可能掉下去。他相当于把自己的生命抛开了。

生：请大家看课文第 5 自然段，孩子摇摇摆摆地走上了最高的横木，他的平衡力并不好，连勇敢的水手都吓呆了，可以想象当时有多危险。

师：你能想象一下当时水手吓呆的样子吗？

生：能。水手们一定是嘴巴张得大大的，眼珠都要瞪出来了。

生：请大家看课文第 4 自然段的最后一句，要拿到帽子，手必须放在绳子和桅杆上，除此之外没有别的办法。大家都走过独木桥，知道很难走，这应该比走独木桥还要窄一些，什么支撑物都没有，孩子摇摇晃晃的，非常危险。

生：请大家看课本第 64 页第 8 自然段。他像一发炮弹落到大海里，说明他落下时又高又重，这也能体会到危险。

师：你们结合孩子的表现、水手的表现，以及当时桅杆的条件，已经感受到了当时的急和当时的危险。请问如果要用一个四字词形容当时的危险，你要用哪些词？

生：命悬一线。

生：箭在弦上。

生：九死一生。

师：哪一组没有表现过？

生：步步为营。

师：这个词不是说危险，是说为了达到目的，防守严密，行动谨慎。

生：火烧眉毛。

生：命在旦夕。

生：十万火急。

生：千钧一发。

生：迫在眉睫。

师：那请你们通过自己的朗读，把当时的危险表现出来。

（全班齐读第 5、6 自然段）

师：刚才这组所说的船长"急中生智"，大家已经从故事中体会到当时情况的"急"。接下来大家继续讨论？为什么说船长用枪逼儿子是"智"呢？

生：我们组觉得如果在船上遇到紧急情况，跳水就是最好的选择，因为跳到水里至少不会摔得粉身碎骨。

生：其实这是激将法。拿破仑也用过这种方法，他曾遇到一个落水的士兵，他也不会游水去救那个士兵，而是把枪对着那个士兵说："你再不游过来我就开枪了。"结果那个士兵奇迹般地游了过来。船长非常镇定，才想出这个激将法让孩子得救。

师：那当时这个方法是不是非常好？

生：我觉得这个办法是当时唯一的办法。我想了想，假如跳到甲板上，轻的可能孩子会残废，重的孩子可能会死。但是假如孩子识水性的话，跳到水里，他可以完全不受一点儿伤害。

师：我打断一下，好吗？他说是"假如孩子识水性"，你们觉得是不是"假如"？

生：他明明是船长的儿子，水性肯定很好。

师：为什么这么说？

生：因为书上说这是一艘环游世界的船，船上的人水性肯定很好，否则怎么敢环游世界呢？而且儿子跳到水里，肯定不会受伤，他还可以自己游回来。

生：我认为孩子跳到水里不会受伤，因为船上还有很多水手，可以把孩子救上来。

生：我不支持我们小组的意见。因为以前我在猛追湾游泳时，从三米高的地方跳下来，身上都会摔得很疼。从十米、二十米的地方跳下来，可能会摔晕，如果从四五十米的地方跳下来，肯定会受轻伤或者比较重的伤。

生：我们组反驳他的意见。大家看过跳水比赛，运动员从二三十米的跳台跳下来，如果注意跳水的姿势，是不会受伤的。

生：可是船长用枪逼孩子跳水，孩子只能乱跳，也不可能用那么标准的姿势跳啊！

师：那摔在甲板上和跳进水里相比，哪个办法更好一些？

生：我要补充一点，那天风平浪静，儿子跳进水里不会被汹涌的浪卷走。

师：你们说了这么多理由，那当时有没有别的更好的办法可以救儿子？

生：船上有渔网，水手们可以把渔网绷直，孩子可以跳到网上。

生：水手们可以把船上的被子垫起来，孩子就可以跳下来，就不会摔伤。

生：我觉得大家可能没有想到这一点，其实大家说的方法都是可以跳，但问题是根本没有时间准备，因为孩子已经在桅杆上摇晃了，他随时可能掉下来摔死。

师：你是最理智的，在那种情况下，虽然可能有很多其他方法可以选择，但孩子已经在桅杆上摇晃了，根本没时间去放被子、绷渔网，所以，当时船长的做法让你们看到了他的急中生智。

师：除此之外，你们还能看出什么？

生：我们还看出船长是个遇事冷静的人，他看到儿子很危险，却没有惊慌失措，而是马上想到利用身边现成的工具救儿子。

师：我们来看看船长当时是怎么做的？

（全班齐读课文相关段落）

师：接着交流，你们还看出什么？

生：我们还看出父亲对儿子深沉的爱。因为当儿子的生命受到威胁时，船长克服了内心的担忧向儿子举起了枪，逼儿子跳水；当儿子平安后，他却呜咽了起来。

师：你说得真好，在当时的情况下，父亲对儿子最好的爱就是把儿子救下来，所以才用枪逼儿子。可是当儿子得救后，父亲太激动了，所以禁不住呜咽了起来。

生：我们还体会到船长的果断。船长本来是要拿枪打海鸥的，可是看到儿子的危险后，立刻就向儿子瞄准；同时向儿子大喊，逼他跳水。

师：怎么逼的？全班齐读船长的话。

生：船长用枪就是对孩子进行威慑。

师：你说得真好，此时此刻，枪对孩子起到威慑作用，孩子必然会跳水。

师：刚才大家结合课文内容和生活经验，体会到了船长的机智、果断、智慧，能利用身边的现有条件救儿子，同时，你们也体会到这背后船长对儿子的深爱。当时儿子已经吓得失去理智，水手也惊呆了，船长为什么能在那么短的时间内想出这个办法救自己的儿子？

生：因为他很有经验，他生活在一艘环游世界的船上，他在海上经历了许多困难、许多危险，所以他知道在这种情况下应该利用什么条件，应该做什么。

师：我非常赞同你的看法，正是船长丰富的经验帮助他救了自己的儿子。好了，孩子们，今天就学到这儿吧，下课。

【名家点评】

学为主体　学会学习

——简评姚嗣芳老师执教的《跳水》

廖惠渝

在课程改革深入发展的今天，如何让我们的阅读教学课堂成为促使学生更好更快地学会学习的平台，增强学生学习的兴趣与信心，提高学生学习的能力与动力呢？

姚老师上的这节《跳水》的实践探索，为我们提供了一个很有启发性的研究视角。这就是要以学生为课堂学习活动的主体，教师的指导始终着眼于学生的自主、自为和自省、自悟。

具体说来，主要应在以下三方面着力。

一、主向精巧：贯穿核心问题

主向，即核心问题，它要有利于激发学生主动学习，促进学生积极思维，体现教学重点目标，整合教材关键内容。它是贯于整节课及处于中心地位的思考问题和探究任务。

姚老师的这节课，就投放了一个设计精心巧妙的核心问题。在回顾了课文主要内容和人物关系之后，教师提出：你怎么看待船长用枪逼儿子跳水的行为？

这个问题，既抓住了文章所记叙事情发展变化的高潮和结局，又紧扣了教材编者所提示的课后首要问题（说说你对船长的看法），也顾及了学生阅读个这故事最感兴趣的情节内容；满足了学生阅读的需求。它十分有思考价值。

二、主体落实：凸显生生互动

课堂上，教师要让位于学生，敢于、善于让学生自主学习、自主探究、自主交流、自主总结、自主评价，才利于学生逐步地学会学习。

在这一课时中，学生在自己的学习小组内先讨论，然后在全班代表小组做汇报，过程中不时出现学生争相发表意见、亮出观点的场面，或陈述、或补充、或争辩、或反驳，纷纷表达自己的理解，大量的生生互动使学生的参与面很广。

从学生滔滔不绝的发言来看，他们思考问题的角度很多，有自己的个性认识，有自己的表述特色。总的来说，能从船长命令跳水的原因（当时情况的危急）、这个办法的优势（与其他各种办法比较）、这个行为表现出的船长形象（急中生智、随机应变、遇事冷静、沉着果断、对儿子深切的爱）等多个方面进行探究，表现了各自的领悟能力和理解水平。

在交流讨论中，学生还能结合对文章有关语言文字的朗读，表达自己对船长行为的认识和领悟。

如是，学生在与同伴的互动交流中始终围绕文本、紧扣主问题去进行对话，实践了语言文字训练的活动，并把品读语言文字与发展思维能力和投入情感体验结合起来，既开启了自己的聪明智慧，又陶冶了自己的道德情操。

三、主导得当：教师适时点拨

学生主体的落实、突出与显现，离不开教师主导的参与。

在这节课前，教师对学生预习作业进行了提示：一是自读全文，熟悉故事内容情节，并用自己喜欢的方式标示人物之间的关系；二是初做探究性思考"你怎么看待船长用枪命令儿子跳水"这一举动。这两个要求意在让学生整体感知全文，尝试自主探究重点。

针对小学四年级学生的认知水平，教师出示主问题时，又把它细化为三个小问题，以启发学生从多个角度去思考：①船长为什么这样做？②还有其他更好的办法吗？③从中你可以看出船长是个怎样的人？

在生生互动中，教师也有适时的插话、随机的点拨，或讲述、或建议、或提醒、或指正。

例如，学生讲到船的横木的情况时，教师根据所查资料，说明横木宽度仅10厘米；对学生说的"孩子醒过来了"，教师让学生想想当时"孩子是在睡觉吗"，引导学生并予以纠正；在学生抓住有关语言体会到当时的险情时，教师说："那请你们通过自己的朗读，把当时的危险表现出来。"让学生在交流议论中结合诵读。这样，促使学生更准确、深入地去思考和探究问题，更切实、迅速地提升学生的认知水平和感悟能力。

姚老师这节课所展示出的课堂教学形态带给我们的启示是：为阅读教学走向深化，

实现有效阅读，教师应力求让学生阅读探究的问题更集中些、时间更充分些、方式更自主些，加强学生学习的积极性、主动性、创造性，真正让学生成为学习的主人。

（评课者：廖惠渝，成都市小学语文教育学会会长）

姚嗣芳与教研组的老师在一起（中间系作者   摄于 2016 年）

四、整合有利于学生发展学科素养的内容

——北师大版小学语文第五册《幻想和想象》单元"整体阅读"
课堂实录

执教：成都师范附属小学   姚嗣芳
班级：成都师范附属小学三年级五班

【授课背景】

2012 年 6 月，我又送走一批毕业生，这批学生在各方面的发展都很不错。但静心分析前三年的课堂改革实践,我仍觉得有需要完善和深化之处,特别是教学内容的开放程度不够,课堂所教更多的还是教材内容,学生的学生阅读量不够,对学生课外阅读的指导也不够,特别是经典诵读和整本书阅读相对较弱。长期的逐篇教学模式,将学生的语文学习内容窄化为一本书的二三十篇课文,大量丰富的课外资源无法进入课内,不仅限制了学生语文能力的发展空间,而且导致学生语文能力发展零散、错位。

怎样开始新的改变?

语文教学应该是"质从量出",要想把对学生课外阅读的指导纳入课内,那必须打破语文课堂逐篇教学匀速运行的状态,压缩课堂教学时空,将大量的课外阅读资源纳入到课内。

于是,我从教学内容入手,开始了新一轮的课堂变革,具体路径是走"整合"和"拓展"之路:立足单元主题,从传统的逐课设计的模式,转变为大单元整体教学,围绕主题选择多篇思想文字俱佳的文章或者整本书,将教材内的单元材料和课外资源进行整合,围绕单元的核心目标,整体设计单元整体教学,让学生省时高效地学完教材内容,从而挤出时间在课堂上实现大阅读。

这样的改变,使学习内容更加丰富多样,课堂上容量大、效率高,教学过程更具开放性,阅读过程充满生机与活力。

2012 年 12 月 18 日,在锦江区"阅读的心生欢喜"之系列研讨活动中,我执教的大单元整体阅读课《幻想和想象》,展示了我那个阶段的思考与探索。

【课堂实录】

一、展示词语积累

师:同学们,本单元的单元主题是"幻想和想象",下面大家来进行一次小小的比赛,看看带有"想"的成语谁积累得多。每个小组的三号同学轮流着来。

生:冥思苦想。

生:异想天开。

生:思前想后。

生:想方设法。

生:心想事成。

生：浮想联翩。

师：你的声音最洪亮，我就喜欢你这种声音。

生：想前顾后。

生：魂牵梦想。

生：胡思乱想。

生：奇思妙想。

生：左思右想。

生：朝思暮想。

师：你们好厉害，积累了这么多词语。了不起！

二、学习《七色花》，感受童话中的神奇幻想和想象

师：今天我们要学习这册书的第九单元。首先请大家展开想象的翅膀，到神奇无比的童话王国，去摘一朵神奇的花。那朵花叫什么花？

生：七色花。

师：《七色花》是一篇童话，那这篇童话的作者是谁呢？你们在阅读中看到下面的注释了吗？

生（齐）：卡达耶夫。

师：卡达耶夫是哪个国家的呢？

生：俄罗斯。

师：对。这篇童话故事中，可爱的小女孩珍妮用神奇的七色花做了哪些神奇的事情呢？

生：她带着面包圈回家。

生：马上去北极。

生：让世界上所有的玩具都归她所有。

生：她让腿有问题的维佳变得健康起来。

生：让玩具赶快回商店去。

生：她从北极回到她自家的院子里。

生：让妈妈的花瓶碎片完完整整地合在一起。

师：好像还有一件事情，忘了吧？

生：让珍妮带着面包圈回家。

师：对了，这七件事情都是珍妮用七色花做的。你们读了这篇文章之后，有没有发现这篇童话故事和一般的童话有些不一样呢？

生：我觉得有一些幻想的感觉。

师：你发现了这篇童话故事有幻想的感觉。（板书）

生：很多童话故事讲的都是公主等，这篇文章讲的是一个小女孩用一朵七色花做了一些自己想做的事情。

生：其他儿童故事一般写的是真实的故事。比如说《狼来了》就是一个真实的故事，而《七色花》写的是想象的故事。

师：给你纠正一下，你说的《狼来了》是寓言故事。你说得不错，这篇文章充满了想象。接下来，姚老师请大家翻开语文书，看看这篇文章中究竟哪些地方有神奇美妙的想象。同学们在预习的时候，已经在思考这个问题了。现在你们把预习中勾画出来的很神奇、很美妙的地方在你的小组里说一说。哪些地方让你觉得很神奇？为什么会有这种感觉呢？等会儿小组推荐一个代表发言。

（小组讨论交流）

师：大家都在举手，哪一组同学首先来汇报？

生：我们组觉得老婆婆把一朵有七色花瓣的花送给珍妮很神奇。我觉得世界上可能没有七色花。文章后面又说只要撕下一片花瓣，就能实现愿望。如果世界上有七色花也不可能撕下一片花瓣，就能实现愿望。

师：这组说到了两点神奇之处，但是究竟为什么神奇没说清楚。哪组同学来补充一下？

生：我对魏梓萌组有补充。下面还有老婆婆教珍妮唱歌谣，珍妮刚学会，老婆婆就不见了。

师：他说花很神奇，你觉得哪里神奇了？

生：我觉得这个世界上根本不可能有七种花瓣不同颜色的花，而且就算有这种花，也不可能帮你实现各个愿望。

师：我觉得你把前面同学的意思说明白了。花朵很神奇，而且这朵花能帮你实现愿望，就更神奇了。

生：我觉得老婆婆是突然出现了，等珍妮学会了歌谣后又突然消失了，这里也非常神奇。

师： 你特别能干！会抓住文章的关键词来体会神奇，好办法！老婆婆来无影去无踪，一下子就不知道哪儿去了，确实太神奇了！

生： 我们组对"于是，玩具从四面八方飞来"感觉太神奇了。"洋娃娃、小皮球、小汽车、小飞机……"后来就没有写了，说明还有很多很多玩具，而且堆满院子，堆满街道。有些玩具还跟着珍妮来到一个阳台，这真是太不可思议了！就算我们小朋友的玩具多，可能也只能装一个柜子。可是这个故事中的玩具太多了，还跟着珍妮往楼上爬，我觉得非常神奇。

师： 姚老师特别欣赏你高质量的发言，知道为什么吗？刚才李瑞琪联系到文中的语言和我们现实生活的感觉来说，而你是联系到故事和现实的不同来谈神奇了，角度很新。

生： 我想补充一下，文中说"小男孩的腿马上就好了"，我觉得这里也非常奇怪，小男孩的腿明明生病了，可是居然可以马上就好。

师： 是啊，就像有魔力一样，太不可思议了！

生： 我想补充一下，我的手曾经骨折过，我养了两个月都还没有好，而小男孩的腿马上就好了，太不可思议了。

师： 你能联系自己的实际情况谈体会，太好了！大家都知道，前段时间李瑞琪骨折了，她的手到现在还没有好全呢。而在童话故事中，小男孩的脚瞬间就好了，怎能不让人觉得神奇呢？

生： 文章有一段说的"让妈妈的花瓶完完整整的吧"，你想一个花瓶从高处摔下来，是不可能复原的，结果她唱完一支歌谣，撕下一片花瓣，花瓶瞬间就完好无损了。简直有魔力，太不可思议了！

生： 我对严周兴禹组有补充。文中说珍妮"立刻到了寒冷的北极"，北极那么远，起码有几千公里吧，可是珍妮一下子就到了北极，我觉得这太不可思议了。

师： 你说得太好了，这与现实的差别真是太大了。

生： 小狗本身把她的面包吃掉了，她又说让自己带着面包圈一起回家，回家后就看到手上有面包圈，我觉得小狗不可能把面包圈吐出来。

师： 是啊，在现实中是不可能实现的事，在童话故事中全都实现了。

生： 北极离她家的院子那么远，她不到一分钟就到了，我觉得这里也很神奇。

师：你看看书中是怎么说的呢？

生：一眨眼就到了。

师：简直不可思议。你刚才抓住了文中的一个关键词来表达，很好。

生：我反对李沛瑶的意见，我觉得她说偏题了。

师：为什么呢？

生：因为她说先把面包圈吃掉了，然后又回到家。她是许下愿望回到家才发现自己拿了面包圈，但是李佩瑶说她回到家以后面包圈不见了。但是迷了路以后是没有回到家的。

生：对啊，我刚刚就是这样说的，我说她回到家就看见手里有了面包圈。

师：我喜欢你们这种上课的感觉，认真倾听，有不同意见就大胆提出来交流。

生：现实生活中如果花瓶打碎了，虽然可以用502胶水或者胶布粘，但是就算粘上去还是有痕迹的，而这个歌谣居然可以让花瓶完好无损。

师：哈哈，真有意思。

生：她马上从北极回来，其他的时候都是撕下来之后唱才有效，为什么这儿边撕边唱也有效呢？

师：边撕边唱，唱的同时就已经实现了她的愿望，真的很神奇！

生：前面写的是她想让所有的玩具都归自己，结果玩具堆满了街道和院子。她一下子又让所有的玩具都回到商店去了。

师：我喜欢刘叶的发言。刚才他在读课文的时候，设身处地地到了文章描绘的场景中，似乎看到了街道全都堆满了玩具，对文章中的神奇有了新的体会。

生：我觉得"歌谣没唱完，花瓶就已经完完整整了"这句话很神奇，珍妮明明还没有说想要干什么，花瓶就已经完完整整了，难道这朵花还能猜到人的心思吗？

师：我们一起来看看那首歌谣是怎么唱的，读一读。

生（齐读）：小花瓣儿飞哟飞，飞到西来飞到东。飞到北来飞到南，绕一个圈儿转回来，让妈妈的花瓶完完整整的吧。

生：我们随便摘一朵花都不会这样，但是一朵七色花就有那么神奇的魔力。

生：所有的玩具都不见了，本来那些玩具都堵塞了交通，它们突然又跑到了商店，们会不会是活的啊？

师：我发现你已经赋予了玩具生命，所以你会感觉玩具活起来了。多么神奇啊！

师：从你们刚才的发言中，姚老师发现，你们已经感受到了童话中的想象是多么奇特。小女孩用这朵有魔力的花，做了那么多有意义的事，帮助了别人，快乐了自己。假如你也有一朵这样有魔力的七色花，你打算做什么有意义的事情？

生：假如我有一朵七色花，我想给灾区的小朋友捐书。

师：我怎么没有听出来你这朵花有魔力呢？

生：我想把书送给小朋友，让每个人都有书读，另外，自己也可以得到。

师：真是一个有爱心的孩子。

生：假如我有一朵七色花，我想让我的奶奶身体恢复健康，因为奶奶患有严重的关节炎。

师：这的确是件有意义的事。

生：假如我有一朵七色花，我想让近视的人以后都能不用戴眼镜就能把世界看得清清楚楚。

生：假如我有一朵七色花，我想让中国变得更美更强大。

生：假如我有一朵七色花，我想让所有的坏蛋都拥有一颗善良的心，不再做坏事。

师：你是不是因为看到了什么新闻，受到一些影响？

生：是的，那天我在电视上看到了一则新闻。有个小孩正在和认识的老婆婆打招呼，刚打完招呼就被一个人砍了。我觉得那个杀人犯太残忍了，我希望所有人都变成善良的人。

师：这两天同学们都在关注美国的校园枪击案，你们都在为那些丧生的人感到难过。现实生活中大家免不了会看到一些非常残酷的、丑恶的事，所以，你们希望在童话中的一切都是美好的。你们不仅感受到了童话故事的神奇，而且表达了自己心中美好的愿望。姚老师真为你们高兴！

三、学习《我想》，感受儿童诗中的神奇想象

师：有人说，想象是孩子们头脑里的飞碟，它怪诞新奇，来去无影。其实，不光是童话故事里有，在儿童诗中也同样充满想象和幻想。在这个单元里就有一首儿童诗，是我们国家著名的诗人高洪波写的。

师：这首诗的题目是——

生（齐）：《我想》。

师：这首诗里同样充满了神奇的幻想和想象，请小朋友们打开书翻到这首诗，我们来读一读，这首诗写出了"我"哪几个神奇而又美好的愿望呢？

（生齐读诗歌）

师：读了这首有趣的诗歌，你肯定发现了这首诗里也有好多神奇的地方。你觉得这首诗中哪些地方非常神奇？拿出你的笔，边读边勾一勾，等会儿把你的发现和大家交流交流。

（师巡视）

师：在读到这些诗句的时候你是不是想到些什么呢？有什么特别的想法呢？边读边勾，你可以在勾的时候轻轻念一念这些诗句。

师：哪些孩子特别想表达自己的见解？我想把第一个机会给林嘉雯，她今天还没有发过言。

生：我觉得"我想把手儿接在桃树枝上"这句特别神奇，可以把身体拆散，然后把手接到桃树上。

师：诗中说了要拆散吗？好可怕呀！

生：我来给林嘉雯补充，"随着风儿悠荡"这句话表示他的身体非常轻。

生："我想把手儿接在桃树枝上"，还要戴上一串花苞，一串不是一朵，是很多花苞，随着风儿悠荡，就会悠出布谷鸟的声声歌唱，我觉得很神奇。

师：你的眼前有形象了，你在读这首诗的时候，脑子里已经呈现出一种画面了，而且悠两下就能让布谷鸟发出声音，太有意思了！

生：我来补充，把身体拆散是不可能的，要是在现实生活中，我们早就血肉模糊了。

师：是啊，儿童诗非常美好，怎么会那么可怕呢？

生：我来继续说，"我把自己种在春天的土地上，变小草、变小花"，人就变成小草和花了，好神奇啊！

师：你联系了生活实际，种下去就能变小草小花，太美啦！

生：当我读到"我想把脚丫连在柳树根上，伸进湿软的土地，汲取甜美的营养"，我觉得特神奇。"我"不仅变成根了，还要汲取营养。在现实生活里，就算你把脚丫伸进泥土里，也不会吸收到营养，也不能长成绿色的账篷。

师：你已经感受到诗歌语言的神奇了！

生："我想把眼睛装在风筝上"，小作者想看世界上的很多美景，就把眼睛装在风筝上，这个想法好奇特啊！

师：我感觉你在读这首诗的时候，已经读出了对大自然的热爱，对春天的热爱。大家就应该像他这样，带着自己的感受去读诗歌。

生：如果他把脚丫连在柳树根上，他自己会长很高。

师：哈哈，你已经在读诗中产生幻想啦！脚丫不仅会与柳树根连起来，而且还会再长呢，长得比柳树还高呢！这难道不神奇吗？

生："成为柳絮和蒲公英"，柳絮在河里飘荡，蒲公英会在天空飞翔，诗里说"他会飞呀飞，飞到遥远的地方"，我觉得这里特别有趣。当他把自己种在土里的时候，就会像蒲公英和小花一样到处飘，甚至可以飞到遥远的地方去。

生："蓝天是我的教堂……"

师：是教堂吗？（笑）

生：蓝天是我的课堂，我就在想为什么蓝天是我的课堂呢？

师：哦，你提出了一个不明白的地方，谁能帮帮他呢？

生："蓝天是我的课堂"很有趣，看白云多柔软，瞧太阳多明亮，他看到了白云有多么柔软，也看到了太阳有多么明亮，他有很多收获，我觉得这当然就是他的课堂。

师：我很欣赏张若锦的发言。其实不管是白云也好，风筝也好，都是我们学习的对象，世界的任何地方都可以是我们的课堂，只要你有一颗热爱生活、热爱大自然的心，善于观察，哪儿都是你的课堂。

师：刚才小朋友们已经深刻地感受到了在诗歌当中同样也有神奇的想象。接下来姚老师有件事想请大家帮忙。我这里有两首乐曲，我想让大家配乐朗读这首诗，可是，我没想好应该选哪首乐曲给这首诗配乐，请你们来帮姚老师拿拿主意。好，你们先来听一听哪首乐曲更适合这首诗的朗读。（播放：《命运交响曲》和《初雪》）

师：赞同选第一首乐曲的举手！（没人举手），为什么大家都不赞同用第一首呢？

生：《我想》这首诗非常悠慢，有很多想象和幻想，不能用太快的音乐，否则会打断读者的想象。

生：我感觉第一首乐曲听起来太激昂了，而且节奏太快了，与《我想》这首诗不相配。

师：其他同学都赞同他们的意见吗？我赞同你们的意见，我们就选用第二首乐曲吧。拿起你们的书，如果想站起来的就站起来吧，边读边想画面，慢慢地沉浸在想象和幻想之中……

（生配音乐读）

师：听你们的朗读真是享受啊！相信大家读到这儿已经迫不及待地想当一回小诗人，下面就满足大家的心愿。生活中有很多事都会让你产生美好的愿望，那么你身体的哪些部位可以和这些东西联系在一起呢？请各组同学一起合作，模仿诗歌的格式，创作一节诗歌。

（小组合作，创作诗歌）

学生小组展示创作的一小节诗歌：

生：我想把耳朵安在鸟儿背上，让鸟儿一直飞翔，飞呀飞——让我听见风娃娃的歌唱。

生：我想把脚丫接在腊梅枝上，跟它一起享受营养，同它一起迎来吹着的寒风，吹啊吹——吹得腊梅开出红艳艳的花朵……

师：腊梅的花朵不是红艳艳的，是淡黄淡黄的。

生：我想把自己变成冬天的动物，变成雪兔跑得飞快，变成企鹅有胖胖的身子，变成晶莹剔透的雪花是我最大的梦想，我会飞啊飞，飞到各个地方去旅游，不过要飞到各个地方去旅游之前要先收拾好行李，要不然饿了怎么办。（全班学生笑）

师：你的诗歌想象得太有趣啦！

生：我想把鼻子放在餐桌上，闻那香甜的土豆，闻那面包的清香，闻啊闻——餐桌是我的饭堂。（笑声）

生：我想把自己装在红绿灯上，变红灯请你赶快停下，变绿灯请你赶快开走，成为一盏优秀的红绿灯，更是我最大的愿望。我会走啊走啊，走到行人面前提醒他要遵守交通规则。

师：想法不错，可是，你这盏红绿灯可以到处走吗？

生：我想把舌头装在果酱里面，带着一丝香甜的味道，随着一丝甜味慢慢地舔，舔啊舔——舔出甜甜的味道。

师：你真是一只小馋猫。下面同学们就把你们神奇的想象写出来，我期待你们的佳作。姚老师发现，当你们展开想象的翅膀时，你们的身体会变得如此的奇妙，你们的大脑会有那么多奇思妙想。希望大家在今后的生活中继续展开想象的翅膀，去感受美好的生活，去实现美好的梦想。今天的课就上到这儿了，下课！

【名家点评】

以单元"共振点"提纯"语用"品质

余小刚

12月18日，在锦江区"阅读的心生欢喜"活动最后环节，我应邀与成都市著名小语专家廖惠渝先生一起为特级教师姚嗣芳老师的单元整体阅读评课。

在姚老师上课的同时，我一边观课，一边即兴创作了这样一个故事：一位作家在笔写年代，很想拥有一支耐用美观的笔，"最好是一支金笔！"他想，"如果拥有一支金灿灿的笔，那么，我肯定会写出光耀千古的文章！"

一位制笔商知道了作家的想法，找到作家，表示愿意帮助作家实现愿望，"您能出多少钱呢？"

"黄金加笔的价钱。"

"好吧！"制笔商开始制笔，他用24K黄金做笔尖，用18K黄金做其他的部件，如笔挂。

笔制好后，制笔商全部按照24K计费卖给作家，结果皆大欢喜。

显然，制笔商以盈利为目的，他从整只笔构思，所以他依然有利可图。作家也是从整只笔出发，他需要的主要是笔尖这个支点，所以他也很开心。

语文单元整体阅读教学不是一个新话题，但在课改语境中，这样的实践有何价值呢？

课标"综合性实践性"的语文特点描述，释放了可以整合的信息。

语文课标对语文有"实践性综合性很强"的学科特点定位，这就释放了一个信息，教师对语文课程、教材处理、教学设计都可以带有整合的意识，以学生发展需要为内在主线，把握规律性的、利于学生发展核心性的语言素材，形成共振效应，产生"整体大于部分之和"的整体效能。

说到底，单元整体阅读教学是一种把课文作为"例子"的价值最大化的方式。

对教师来讲，单元整体阅读教学对教师素养的要求很高。首先，它要求教师具有全局意识，熟悉并有极高的处理教材的能力，能够准确把握单元内课文组的核心信息，这个核心信息是提高学生语文素养的关键性元素；其次将核心信息进行巧妙设计，在课堂运行过程中，化为共振点，使单元内的课文组所包含的教学核心价值通过师生的互动，形成学生的素养；最后是对单元组内课文进行板块组合，使单元内的课文相互呼应。

单元整体阅读设计的基本策略是板块设计。一般设计为：整体感知、重点探究、整体提升三大板块。

从设计上我们可以看出，单元整体阅读的好处是直奔核心，求取高效。

张力弥漫，单元"语用"的高密度呈现。

本课是姚老师设计的板块之二，在单元整体感知的基础上，以单元内的主要课文为载体，对单元核心目标进行集中探究，重点突破，实现学生由感性认识到理性认识的飞跃，从而实现语文素养的提高。

以读为明线，以体验为暗线，在"理解"与"语用"之间形成梯度，以"表达"实现单元核心目标。

从课堂流程上看，本课主要有三个环节：展示词语积累，使学校语言落到实处；学习《七色花》感受童话的神奇幻想和想象；学习《我想》感受儿童诗中的神奇幻想和想象，并尝试运用幻想和想象进行语言运用。

从认知规律看，体现如下课堂设计特色：学习积累——文本感知——体验聚合——素养渐生——尝试运用。

整体来看，可以说，姚老师的这节课，设计视点高，课堂张力足，体现了大家风范。

充分让学生站在前台的一贯坚持。

本课让我最为欣赏的是姚老师充分让学生站在台前。

单元整体阅读教学处理不好，会让学生的主体性得不到体现，因为，"整合"首先来自教师，学生有"被整合"的可能。怎么化解这个矛盾？姚老师这节课无疑是一个示范。

姚老师开课以说带有"想"的成语比赛创设情境，触及主要信息，很自然地从学生喜爱的活动开始，在随后的学习课文和体验"幻想"和"想象"时，姚老师主要让学生充分地读、充分地说、充分地触及语言材料，让我们能够看到：语言材料——表象获取——生活对接——语言运用的教学过程，我们说教学的有效性，完全可知可见。

姚嗣芳在四川省青年教师课堂教学展示活动现场做评课发言（摄于 2018 年）

思考：单元整体阅读与核心素养形成不孤立。

从效能角度讲，单元整体阅读无疑是"万马千军中取上将之头"的做法，但教育毕竟是由许多细节累计起来的"慢"教育。

如何处理核心素养形成不孤立的问题，是值得思考的。语文课标提出"综合的能力训练"，显然，单一的能力训练不是语文教育所倡导的，核心素养也只是语文素养的一部分，而非全部。所以整体提高语文素养与单元整体阅读应如何协调，仍是我们应该思考的问题。

（评课者：余小刚，《四川教育》首席记者）

五、"主体学堂"课堂研究

——北师大版小学语文第十册《阅读大地的徐霞客》课堂实录

执教：成都师范附属小学　姚嗣芳
班级：成都师范附属小学五年级六班

【授课背景】

新一轮基础教育课程改革开始之后多年，很多课堂依然不尽如人意。无论是自觉还是不自觉，浸泡在课堂的教师都在内心构筑起一道课堂的"安全防线"，好像这样就可以心安理得地重复"昨天的故事"。但是，被"安全防线"封闭的心灵却不再阳光灿烂。因为，有那么多薄待生命的遗憾在课堂上发生着。

2009年8月，读到《人民教育》关于郭思乐教授的"生本教育"的专辑展示后，我特别激动。一直以来，我总在苦苦冥思：怎样才能真正让每一个孩子在课堂上实现生命质量的最优化发展，怎样才能真正落实"以学生为本"？

于是，带着憧憬，我们一行去了广州。在不同学校、不同班级的两天观摩，不仅彻底颠覆了我对课堂的认识，而且引发了我对行云流水般、节奏控制恰到好处的课堂教学的深深反思。我相信，只要真正落实"生本"理念，学生就有创造一切的可能性。为了生命的成长与个性的张扬，我必须变！2009年10月，我开始把学习"生本教育"的成果转化为自己课堂改变的行动。几次尝试之后，从2010年起，我开始了自己认定的与教育本质相吻合的新一轮课堂变革，开始了主体学堂的研究，并取得了真实的研究成果。

2011年4月25日、26日，由成都市教育局、成都市教育科学研究院主办的成都市小学"儿童学堂"课堂变革系列研讨活动在成都七中育才学术厅隆重举行，活动旨在亮相个体经验，呈现改革历程，以具体的效果实证课堂变革的可能性，引发实践大众的改革欲求，引动区域课堂变革。

活动的主要内容是成师附小"主体学堂"姚嗣芳教学变革研讨，芳草小学"个性化学堂"梁艳教学变革研讨。活动的方式是教师上课、同伴议课、专家评课、教者讲座、学校交流、短信互动。整整两天，能够容纳八百多人的会场座无虚席。我班学生课外求知的广度、思维的深度、超越文本的开放式的自主解读、自信和富于个性化的表达、互不相让的思想交锋、令人惊叹的文字表达能力都让观课者由衷赞叹。

　　参会者在期待、观摩、聆听、思考、交流中，有满足，有欣喜，有疑问，有讨论。活动结束，思绪仍未了，研讨的价值得到充分体现。这次以教师课堂变革个体经验和学校管理经验呈现为主要内容的"儿童学堂"系列研讨活动，以朴实、扎实、务实的姿态引动了成都市小学教学改革，吹响了区域小学课堂变革的"冲锋号"。

姚嗣芳在成都市小学"儿童学堂"课堂变革系列研讨活动中执教《阅读大地的徐霞客》（摄于 2011 年）

【课堂实录】

第一课时

一、课前小主播展示（两名学生）

生：今天我们给大家介绍最新上映的电影《功夫熊猫2》。

生：请问大家对《功夫熊猫1》里的阿宝有什么看法吗？（点名学生回答）

生：我认为《功夫熊猫1》的主角阿宝是非常憨厚、非常可爱的熊猫。

生：我认为《功夫熊猫1》中的阿宝有足够的潜能，只要用美食诱惑出来，他就能激发无限的潜能。

生：现在我就和大家说说《功夫熊猫2》的主要内容。阿宝和其他五位盖世英雄来到中国，他想要和中国的孔雀决斗，孔雀想用自己的秘密武器称霸中国。

生：大家或许不知道，这部影片融入了许多的成都元素，包括成都的各个景点，成都的名小吃，都会在这部影片里现身。

生：如果大家有兴趣的话，可以去观看。

生：谢谢大家，我们的课前小主播讲完了。

（全班鼓掌）

师：按照平时的习惯，请同学们给你们做评价，好吗？

生：请同学们为我们评价。（请生回答）

生：你们这次的课前小主播做得非常有新意。以前有的比较乏味，内容是别人介绍过的，你们这次的介绍联系了我们的生活实际，我觉得非常好，给你们打100分。

生：我觉得你们的课前小主播做得很好，我也很同意全智超的意见。但是给你们提一个小小的建议，杨浩洋的普通话的平舌音和翘舌音有点儿分不清。

生：谢谢你，我会改正的。

师：好，很真诚。再请一位吧。

生：我觉得你们两个配合得挺不错的。谁说完了，接下来该谁配合得非常连贯，中间没有停顿。只是我觉得你说话的姿势应该有变化，不要老是斜着的。

生：谢谢你的建议。

师：那就谢谢两位。我们就开始上课吧。把你们的"三号"本拿出来，放在桌面上。

二、交流预习情况

师：今天我们一起学习第十单元的一篇人物传记《阅读大地的徐霞客》。下面我要来检查一下你们的预习，看看生字、词语你们学得怎么样了。拿出本子来，把黑板上的字音写在本子上，有没有哪一位同学愿意上来注音？好，请包云天上来。

（一名学生在黑板注音，其余学生写在本子上）

师：写完的同学评价一下。哪位当小老师来做评价？

生："锲而不舍"的 qì 写成了 rèn。

师：这个字怎么念？

生（齐）：qì。

师：都赞同是 qì 吗？有不同意见的吗？

生：我认为这个字应该读 qiè。

师：我赞同你的意见，不是 qì。看来你们预习时忽略这个字的读音了，这个字应该读 qiè。一起读读。

师：这黑板上的读音都对吗？有没有问题？

生："栖息"的"栖"应该读 qī，不是 xī。

师：这个字念错了，应该念 qī，而不是 xī。看看你们的本子，如果有错的，马上改一改。改完的孩子一起来读一读。

（生齐读）

师：各自带一个词语再读。

（生齐读）

师：你们在预习中已经做了摘录笔记，我要考两个比较难的字，谁敢来？

师：我要把这个机会给最后一组的廖星霖。其他同学拿本子写。

师：攀登、融化。

生：哪个"róng huà"？

师：雪融化成水的"融化"。

（生在黑板上书写，思考速度和动笔速度较慢）

师：要不要求助？

生：不用。（生在黑板上写：融化）

师：刚刚你问姚老师哪个"róng huà"，是还有一个"róng huà"吗？

生：是。

师：请你上来写一写。

（生在黑板上书写：熔化　溶化）

师：请你给大家讲讲，这三个"róng huà"有什么不同呢？

生：第一个"融化"是雪变成水，第二个"熔化"是把钢铁变成水的熔化，第三个"溶化"是把盐放进水里的溶化。

师：说得不错，我们掌声鼓励他。

师：接下来，第三个任务来了，有两个词语，预习时查过了吗？

生：查过。

师：谁来说说"卓尔不群"的意思？

生："卓尔不群"的意思是优秀卓越，超出常人。

师：哪个字是优秀的意思？

生："卓"。优秀卓越就是"卓"；超出常人，不像一般的人，就是"不群"。

师：连起来就可以理解为——

生：优秀卓越，超出常人。

师：其实这个"卓"字，本身的意思不是优秀，而是高高的、突出的意思。我们把它理解为比一般的人更优秀。

师：另一个词哪组同学来汇报？

生：我们组认为"锲"是"刻镂"的意思，"锲而不舍"就是不停地刻镂。

师：什么叫"不舍"？

生：就是不放弃。

师：表面是不停地刻，实际的意思是——

生：有恒心，有毅力。

师：今天大家解释这两个词，都抓住了关键字。其实，解决了词语中最关键的字，词语的意思理解问题就迎刃而解了。

师：在预习时，同学们都用括号式完成了这节课的提纲笔记。接下来，我们讨论：围绕"奇人"课文写了哪些内容？我要请两个组的代表来展示你们的提纲笔记。今天的提纲笔记只做到第一层。其他同学，可以把你的提纲笔记在组内进行交流。

（两个小组的代表分别在黑板上写提纲，其他学生在小组内交流）

师：两个组的代表写完了，有一些相同的地方，也有些区别。我们看到了相同的地方，他们把第1自然段写出来了。概括，究竟是指概括了什么？

生：我们组认为概括了徐霞客和他的书。

师：究竟概括了什么内容？

生：评价徐霞客是个奇人，写下了一本《徐霞客游记》。

师：那么你认为，这一部分，是对全文的概述。按照我们平时写提纲笔记，这一部分，是不是可以给它换个位置。换到哪去？

生：换到最后一段。

师：你们刚才说他是奇人，是对全文的概述，那应该放在哪里？

生：应该放在前面。

师：对了。说他是"奇人"，可以放到最左边来。接下来，这一部分，现在有争议了，这一组是把第二自然段单列出来，第 3～6 自然段是一部分。而另一组是第 2～3 自然段划分为一个部分。现在我要请这一组的代表说说理由。

生：我们组认为第 2～3 自然段是介绍徐霞客。请大家看第 3 自然段，这段在说徐霞客在此后的三十年干了许多有益于人类的事情，这是介绍徐霞客。

师：现在张浩楠组的意见和他们不一样，说说你的理由是什么？

生：我们组认为第 3 自然段是一个过渡段，是从介绍徐霞客到徐霞客的探险过程。

师：为什么你认为是过渡段？

生：第 3 自然段既没有说明徐霞客有雄心壮志，也没有具体介绍徐霞客探险的内容。

师：那么这段在说什么呢？有的组不同意你们的意见，哪个组把你们的想法说一说？

生：我们组认为第 3 自然段也是在讲后三十年，第 4～6 自然段也是在讲后三十年，可以合在一起。

师：你赞同他们的意见吗？

生：赞同。

师：刚才这个组认为应该分开，你有反驳他们的理由吗？

生：我们组认为第一和第二自然段是在讲徐霞客的卓尔不群，这是他与大家的不同之处。

师：为什么说他卓尔不群？

生：就是大家都埋头于经书之中，而他却是去了解有关历史地理的事情，他并没有对当时的传统学习有兴趣。

师：你的意思是说他的志向与大家不一样？

生：是。

师：如果是志向不一样，他立下了雄心壮志，我们能不能把这部分意思概括为两个字？

生：立志。

师：好，那这部分叫作立志。

生：我们组还觉得，第三自然段讲的是徐霞客在此后的三十年探险过程非常艰辛，是在介绍他所遇到的困难，并不是在介绍徐霞客。

师：大家赞同吗？

生：赞同。

师：上面的部分概括为"立志"，这一部分你们能不能也用两个字来概括？

生：行动。

师：刚才你们说他在探险中经历了很多很多危险。可以怎样概括？

生：我们组有补充，我们组认为这两个字可以概括成"艰难"。

生：我们组认为可以概括为"历险"。

师：很好。看到这个部分，这一段究竟在写什么？能不能也用两个字？

生：总结。

师：总结什么？

生：写了一本书。

师：可以怎么概括？

生：写书。

师：刚才我们在概括提纲笔记的过程中，从复杂到简单，越来越准确、精炼。我请一位同学把提纲笔记重新写一下，要写得又快又好。

三、认识"奇人"形象，感悟人物性格，了解人物贡献

师：在课前预习中，同学们除了学习生字词语，做了提纲笔记，还围绕"徐霞客是个奇人"，结合文中的重要语句做了深入研究。接下来，姚老师要请你们互相交流，徐霞客是个奇人，文中的哪些地方给你留下了深刻的印象？下面按照我们的习惯，小组先进行交流，等会儿把你们小组的学习成果在全班进行汇报。

（学生小组交流）

师：刚才，我在巡视中发现，每个组都在积极地表达自己的想法。现在把你们找到的印象最深刻的内容做交流。

生：我们组找到的是第 3 自然段。请大家看第 3 自然段第一句话"行程九万里"。徐霞客当时是从中国北京一直走到云南，路程非常远。当时没有飞机、汽车等交通工具，全是靠步行。我们组觉得徐霞客走了那么远的路，让我们特别感动。

生：我们组还有补充，请大家看第三自然段第二句话"徐霞客任意攀险峰，涉危洞，晚上就是再疲劳，也要录下当日见闻"，这就说明徐霞客非常有毅力，他此后三十多年每天都要记下当日见闻，说明他非常有决心，他就想一定要走遍天下亲自考察，写出一本真正的地理书。

生：请大家看第二自然段。"当时的读书人，都忙着追求科举功名"，就是当时的人都想做一个读书人，想考上状元，但是徐霞客却与众不同，他想开辟的是一条探索大自然奥秘的道路。不管多么艰难，他都一直坚持探索。

师：在当时的情况下，其他人在干什么，追求什么？

生：其他人都在追求功名。

师：有同学搞不清楚，考状元、秀才有什么好处啊？

生：历史书上写的就是，只要考上了状元、考上了秀才，或者考上了会元……就有可能做个八品、七品的小官，然后再升官，有可能做宰相，成为一国的大官。

师：那也就是说可以升官发财，而徐霞客选择了一条什么样的路？

生：徐霞客选择了一条非常艰苦的路。

师：徐霞客为什么要做这件事？

生：请大家看第二自然段。"（徐霞客）醉心于古今史籍及地志、山海图经的收集和研读。他发现此类书籍很少，记述简略且多有相互矛盾之处，于是他立下雄心壮志，要走遍天下，亲自考察。"

师：你非常会读书。徐霞客之所以要选择去研究我们国家的地理和地貌：第一，是因为他喜欢，醉心于此；第二，是因为他发现了原来的书有几大问题。看看，原来的书有哪些问题？

生：原来的书很少，简略，有矛盾。

师：看来他的选择不是心血来潮，也不是一般意义上的游山玩水，他是有使命感的，他是要把原来的书进行修正。大家一起读一读这部分，姚老师读当时其他人做什么，你们来读徐霞客的行为。

（师读：当时的读书人，都忙着追求科举功名，抱着"十年寒窗无人问，一举成名天下知"的观念，埋头于经书之中）

（生读：徐霞客却卓尔不群，醉心于古今史籍及地志、山海图经的收集和研读。他发现此类书籍很少，记述简略且多有相互矛盾之处，于是他立下雄心壮志，要走遍天下，亲自考察）

师：在当时的情况下，要做出这样的选择是非常不容易的，而他的选择与众不同。我们能不能在"立志"这里加一个字？

生：立壮志。

师：他和别人不一样，叫什么志？

生：奇志。

师：我非常赞同。真的是与众不同的选择。除此之外，还有别的地方吗？

生：请大家看书上："有一次，他和三个同伴到西南地区。走了二十天，一个同伴难耐旅途劳顿，不辞而别。"之后好不容易到了南宁，另一个同伴不幸病死，他一路跟着的三个同伴都已经离开他了，说明他的毅力很顽强。

生：他三个同伴虽然都走了，但他还是坚持探险。他不仅要去历险，而且要忍受可怕的孤独。

师：你们的体会很深刻，在三十多年的游历中，徐霞客不仅要面临自然挑战，而且要面对同伴的一个个离去。我们在拓展阅读中了解到，当时其实有个他非常信任的人也接着离开了他，他要面临内心的痛苦，太难了！就这个地方可以继续补充。

生：我们组有补充意见。他走了二十天，同伴都离开他了。那就说明当时条件十分艰苦，徐霞客却十分坚定，也说明他不畏艰险，不达目的不罢休。

生：我们组认为徐霞客是一个知难而进的人。

师：而其他人呢？

生：其他人知难而退，而徐霞客一定要达到目的。

师：这真是一个不达目的不罢休的人。

生：请大家看第三自然段，"即使荒野露宿，栖身洞穴，也要'燃松拾穗，走笔为记'"。我们组想先谈一谈他晚上燃松拾穗，山上的晚上是非常冷的，所以他烧松脂取暖照明，吃的只能是一些麦穗。由此可见，徐霞客的探险是十分艰苦的。

师：你能抓到这句话体会艰辛，真不错。

生："走笔为记"的意思是边走边记，徐霞客肯定是非常劳累的，夜间爬险峰，涉危涧，而他还要坚持记录，我认为他非常伟大。

师：非常赞同你的意见。姚老师想问一问，我们平时都有很多旅游的经历，而现在你们走的风景区，路况都非常不错，你们刚才说到，他走的是怎样的路？

生：请大家看第三自然段，"徐霞客攀险峰，涉危涧"，攀很陡的险峰，涉危涧是要进危险的山洞。

师：洞是山洞吗？

生：我认为"洞"是指山中的小溪。第四自然段也说明了路途险，他所去的有些地方连道路都没有，更不可能像现在的我们可以坐车去。

生：请大家看第六自然段。有一次，他到广西融县的真仙岩山洞，洞口盘着一条蟒蛇。大家都知道蟒蛇是可以把猎物缠起来勒死后再吃的，但是徐霞客不怕凶猛的蟒蛇，从它身上跨过去，还是要到山洞里去探险。

师：你们读出了不怕危险。还有补充吗？

生：还有第四自然段也说了很危险。明朝末年治安不好，经常有盗匪。徐霞客被打劫了三次，连那些财物都失尽了，但是他还是要坚持探险。

师：面对这些盗匪，他失去的不仅只是财物，还可能有什么？

生：请大家看第五自然段，徐霞客还险些被杀害。明朝末年治安真的很差，他连自己的人身安全都不能保证。

师：当时的社会环境，给了他极大的挑战，连财物、生命都得不到保障。

生：我们组从课外书中了解到，他写的宝贵日记也被土匪捡了，这些珍贵的书都是他的心血，给了他很大的打击。

师：是啊，自己的心血被毁，那是更大的打击啊！

生：我们组还想补充，"盗匪横行"这个词说明路上经常可以遇到匪徒来抢劫。

生：有一次，他遭遇了抢劫，土匪什么都不放过，包括他旅游的经费，什么都被夺走了，只剩了一双袜子。

师：你是结合课外资料谈体会的，好办法。

生：请大家看第六自然段。当他度过麻叶洞的时候，听说洞里有一种会吃人的神龙，他却不迷信鬼神，一个人举着火把进去，我们组认为他非常大胆。

生：请大家看插图，徐霞客正在写日记，他吃的是野果，旁边燃的是枯枝，他身边有根木棍，上面挂着两只袜子，他的行囊里只有几本书和一点点干粮。

师：我很欣赏你的视角，别人从语言上去理解，你是抓住插图去解读。那你从插图上体会到了什么？

生：徐霞客虽然生活艰苦，但他还是坚持把这条路走到底。

师：他的探险过程之艰辛，是我们难以想象的。

国家督学成尚荣先生（右一）在认真倾听姚嗣芳班上的学生进行小组
讨论（摄于 2011 年）

（响铃下课）

师：我们下节课继续。

第二课时

一、继续认识"奇人"形象，感悟人物性格，了解人物贡献

师：刚才我发现很多同学非常会读书，在整个交流过程中抓住了当时的社会治安、交通问题谈体会，也说到了其中历险的故事。接下来，请选择他在历险中你觉得印象深刻的内容继续交流。

师：刚才有个组说插图给你们留下了深刻的印象，让你们感受到了徐霞客的艰辛。就这个问题，下面还有哪些组继续发言。我建议大家研究一下当时的交通方式。

生：请大家看第四自然段。在徐霞客的那个年代，没有火车，没有汽车，也没有飞机，只有船和马。那个时候，徐霞客没有骑马，全凭自己一双脚走了九万里。

生：我们现在爬的山都是人工凿出来有台阶的，徐霞客当时爬山是没有台阶的，他都是凭峡壁上的岩石、绳索来爬山。

师：文中说到，他所去的很多地方连路都没有，那么你想过没有，连路都没有的地方，他怎么走？

生：从课外书中我了解到，有一次他爬一座山，他和几个仆人都是用绳索爬上去，最后差点都掉下去。

师：借助工具，借助绳子来爬。还有呢？

生：下雪了，路被雪封住了，路不好走也很滑，徐霞客走着走着险些滑下去，后来他只好用锤子凿出路来。

生：《徐霞客》那本书里写道，他在爬武夷山的时候看到有一座造型奇特的小山峰，通往那条山峰的路只有一条在岩壁间的隧道，于是他只能爬过去，身旁便是万丈深渊。

师：必须手脚并用，爬山太艰难了。建议大家看文中第四自然段的第一句，一起读一读。

（生齐读：徐霞客的时代，没有火车，没有汽车，也没有飞机，他所去的许多地方连道路都没有，加上明朝末年治安不好，盗匪横行，长途旅行是非常艰苦又非常危险的事）

师：请问，在徐霞客的时代，没有的仅仅是火车、飞机和汽车吗？作为一个探险家，当时他还没有什么？能不能用这样的句子说一说：在徐霞客的时代，没有……，没有……，没有……，连……也没有。

生：在徐霞客的时代没有现在那么好的探险工具，没有专业的防滑鞋，也没有GPS这样的导航系统，连完整的地图也没有。

生：在徐霞客的时代，没有防滑鞋，没有GPS定位，就连帐篷也没有。

生：在霞客的时代，没有指南针，没有手电筒，没有睡袋，连水壶也没有。

师：那在这样的情况下，徐霞客走了多少年？

生（齐）：三十年。

师：读读第一句话。

生（齐）：此后三十多年，他与长风为伍，云雾为伴，行程九万里，历尽千辛万苦，获得大量第一手考察资料。

师：有些词语太重了，能读出你的感受吗？

生（齐）：此后三十多年，他与长风为伍，云雾为伴，行程九万里，历尽千辛万苦，获得大量第一手考察资料。

师：接下来姚老师想给你们看徐霞客当时的旅游线路。（出示地图）在当时那么艰难的情况下，徐霞客的足迹遍布了大半个中国。凡是红色的部分都是他曾走过的地方，在当时社会治安差、自然条件差、各种工具也非常简陋的情况下，他还失去了朋友，失去同伴，他竟然走了那么远的路。当时徐霞客经历的险，是一般人难以想象、难以面对的。他经历的险，你觉得是什么样的？

生：奇险。

（师板书：奇险）

师：三十多年，九万多里，那么长的游历的过程，从这个"奇险"，你读出了哪些意思？

生：第一点体现在远。行程九万里。

师：什么远？

生：路程远。第二点是危险。与长风为伍，说明了他一路非常孤独。

生：历尽了千辛万苦说明了苦难多。他走了三十多年，还一直在走。

师：他走过的路横跨了——

生（齐）：十六个省份。

师：时间长，困难多，路途远，并且经过的地域非常广，在这种情况下，徐霞客从未放弃。面对这样的徐霞客，你们感受到他怎样的精神？能不能用一些四字词来概括？小组讨论一下。

（小组快速讨论）

师：为了让更多的组展示，我们每个组只说一个，后面的组不重复。

生：不畏艰险。

生：不屈不挠。

生：坚持不懈。

生：百折不挠。

生：不避艰辛。

生：誓不罢休。

生：不求功名。

师：这是面对困难吗？

生（齐）：不是。

生：坚韧不拔。

生：锲而不舍。

生：坚贞不屈。

师："坚贞不屈"是说他面对困难不害怕吗？所谓"坚贞"是指他不放弃自己的气节，用在面对困难不合适。

生：永不放弃。

生：不畏艰苦。

师："不畏艰苦"和"不畏艰险"哪个更好？

生：不畏艰险。

生：毫不惧怕。

生：威武不屈。

师：请问，这是说明不怕困难吗？"威武不屈"是指一个人在暴力的压力之下不惧怕。

生：百折不摧、百折不屈。

生：临危不惧。

师：大家的积累真丰富。刚才同学们围绕徐霞客经历的这些险，读出了徐霞客作为"奇人"的深刻内涵。徐霞客的"奇"，除了他"立奇志""历奇险"给你们留下了深刻的印象，其他的呢？

生（齐）：写奇书。

师：为什么写奇书也给你们留下了深刻的印象？

生：请大家看第七自然段，我们组认为，他的考察记录是经过现代的科学家、地理学家的实地勘察证明的。

师：因为他记录的每一个事实都来自第一手资料，是非常准确的。而这个正确的结论的得出是在三百年前。

生：姚老师，我们想补充一下，徐霞客也是求真求实开创野外考察的科学家。他把自己的考察结果求真求实地写下来了。

师：认真严谨的作风，太棒了！

生：请大家看第七自然段。这上面还写了"都融入了深刻的感情"，现在的地理书上，很多写地理的文章很少融入自己的感情，而徐霞客却在三百多年前，有感情地写下了实事求是的书。

生：我们组还有补充。大家可以看那幅图，徐霞客一共写了那么多书。最重要的是，我们还在课外资料中知道了徐霞客对现代科学的贡献。

师：你们提到的资料姚老师可以给大家看一看。很多人对徐霞客的游记进行了评价。（出示课件）你们说当时徐霞客写的内容非常丰富，其实我们现在看到的只是那本书的六分之一。当时他写的有两百多万字，现在留存下来只有四十多万字。他的研究比欧洲早了一百多年，他真不愧是世界上研究石灰岩地貌的伟大的先驱。再来看看别人对徐霞客的游记的评价，读一读红色的字。

生（齐）：古今游记之最，是世间真文字、大文字、奇文字。

师：再看看英国的李约瑟博士是怎么评价他的？

生（齐）：《徐霞客游记》读来并不像 17 世纪的学者所写的东西，倒像是 20 世纪野外勘测家所写的考察记录。

师：回到文章中来，徐霞客的书了不起，不光是因为他写得准确，也不光是因为他的书写得比别人早。大家再读读，他的书还好在哪里，奇在哪里？

生：我们组想联系课外资料说说。有些写地理书的人都是在房间里闭门造车的，但徐霞客去实地考察了，而且我们抓住了文中的一句话，这是一部很有价值的科学文献。

师：仅仅是因为真实吗？仅仅是因为它的科学价值吗？

生：还因为徐霞客为当今地理学做出的贡献。

师：这算是科学价值。除此之外，还有什么价值？

生：徐霞客的探险是用心去做的。他不是一味地去观察一个方面，他的探索是全方位的。

生：请大家看第七自然段。文中写"他写山写水，都能融入深刻的感情"，每一个文字都倾注了徐霞客的感情，这是难能可贵的。

师：所以，人们把这部著作称作什么？读读那句话。

生（齐）：是我国山水文学的不朽杰作。

师：这本书不光有科学价值，还有文学价值。所以他写的书，是不平凡的书，可以称作什么？

生齐：奇书。

师：所以，徐霞客立奇志、历奇险、写奇书，可以称作一个什么人？

生：奇人。

师：学到这儿，你对"奇人"的"奇"怎么理解？

生：与众不同的。

生：神奇的。

生：特别的。

生：我还想补充一下，这种与众不同是好的方面的与众不同，不是坏的方面的与众不同。

师：你的补充很重要。

生：是拥有特殊事迹的人。

生：我们组认为他之所以被称为"奇人"，还因为他毅力超凡。

生：我们组还认为他是有特别志向的人。

生：他的精神值得人们学习。

生：我们还有补充，我们联系第五自然段，他纠正了原来书本上的错误，并用自己的实际经历去证明。

师：那你觉得这个"奇"字是什么意思？

生：超于常人。

生：不可思议。

师：对，一般人难以想象的，这么一个人就叫作"奇人"。

师：说到这儿，我们来回顾一下刚才的学习，你们最初的提纲很长，后来改为立志、历险、写书，经过我们的学习，我们都把它增加了一个字，变成了立奇志、历奇险、写奇书。有没有发现，我们今天在提纲笔记中完善了很多。之前我们写提纲笔记抓住了内容，而今天我们在提纲笔记中还加入了一个跟什么有关系的字？

生：与中心有关系的。

师：跟中心有关的内容我们也可以在提纲笔记中引出来。今天这个方法，将来大家可以继续学习。

二、辨析题目，领悟"阅读大地"的含义

师：在预习中，有同学提到了一个问题，这篇文章的题目为什么叫《阅读大地的徐霞客》？怎么不叫《走遍天下的徐霞客》《徐霞客的故事》呢？你们认为呢？大家可以小组讨论一下。

生："阅读大地"讲的是徐霞客走过的每一寸土地。

生：我们组认为只有读懂了大地，才能写出这样的奇书。

师："走大地"和"阅读大地"，区别在哪儿？

生："走大地"只是单纯走过一些地方，没有记录；而"阅读大地"是把他经过的地方详细地记录下来。

师：那为什么不叫"记录大地"，要叫"阅读大地"呢？

生：如果用"阅读大地"来形容的话，这样完整一点，各个方面都提到了，而"走"和"记录"只能说到其中的某一方面，而且这样命题比较有诗意。

生："阅读大地"就是了解大地的意思。

师：他是把大地当成什么来读？

生：当成一本书来读。

师：既然是书，要怎么读？

生：我们组认为大地也是一本传奇的书，书是需要认真去读，用心品味的，而走的话就是单纯走完就行了，但是阅读是要去品味、去了解其中真正的含义的。

师：如果按你们的说法，我们也可以说《研究大地的徐霞客》，注意，我们以前说到命题，除了你们说的比较吸引人，还可以考虑什么？

生：比如说一篇文章，走一遍就是浏览一遍，不去细看，大概是看了下地形地貌的样子，如果是"阅读大地"的话，就是把地形地貌都读懂了。

师：回忆一下，文章的主要内容都在讲什么？

生：题目吸引人，还围绕了课文的主题来说。主要内容都在写徐霞客三十多年的历险。

师：对了，这是说他为什么阅读大地，这是他怎么阅读大地，这是他阅读大地的收获。这样的题目不光是吸引眼球，还概括了文章的主要内容。姚老师还要请大家思考一个问题：徐霞客在三十多年内，究竟用什么来阅读大地？我先请大家看一份资料——徐霞客的旅游生涯。看完以后，请你思考，究竟徐霞客用什么来阅读大地？

（出示课件）

师：21岁至57岁，研读我们国家的文化遗产，游览太湖、泰山等地。28岁至48岁，20年之内走了那么多地方，但是当时写的东西并不多。51岁至54岁，花了4年时间，写下了九卷游记。后来，他的足迹遍布了16个省份，三次遇到强盗，数十次绝粮，记下了240万字，一直到55岁，在云南时，他的脚已经走不动了，是别人用轿子把他送回家乡，回到家乡的第二年，徐霞客去世了。

师：读完这份资料，请你说说：徐霞客用什么来阅读大地？

生：徐霞客用他的心和双脚来阅读大地。

生：徐霞客用他的生命来阅读大地。

生：徐霞客用他的毅力阅读大地。

生：徐霞客用他的精神阅读大地。

生：徐霞客用他全部的感情阅读大地。

生：徐霞客用他坚定的意念阅读大地。

师："意念"还是"信念"？

生：信念。

生：徐霞客用他的青春来阅读大地。

师：只是他的青春吗？

生：徐霞客用他毕生的精力阅读大地。

生：用一个词来说是以身殉国。

师：可以这么理解，他把自己的生命都献给了祖国。

生：我们组认为徐霞客用发自肺腑的感情来阅读大地。

师：你的意思是用他内心最真的感情来阅读大地。

生：我们组还认为用了他毕生的心血来阅读大地。

三、为徐霞客写颁奖词

师：我觉得你们把徐霞客读懂了，真能干。说到这里，我想起了我在电视上看到的许多感动中国的人物，之前同学们也读到了一些感动中国人物的颁奖词。今天我们就来按照颁奖词的形式，给徐霞客写一份颁奖词。回忆一下，你觉得颁奖词有什么特点？

生：我们组认为颁奖词的特点是说话有诗意，字数比较少，语言简洁、简练。

生：可以概述这个人所做的一切事情。

生：用一定的修辞手法。

师：看来这个颁奖词的语言要求大家有所体会。现在，就动笔写吧！用最简练的语言给徐霞客写一份颁奖词，建议用一张获奖的名片，来概述他的主要经历和精神，注意语言简洁一些。

（生独立写颁奖词）

师：有写好的吗？

生：是他传承了历史地理，是他燃烧了生命之火。三十余载他不惜一切代价为人们书写了传奇。山水文学历史在他脚下展现。

生：他用生命书写传奇，用热血燃烧青春。他攀上了高山之顶，于是他比高山更高。他传世的一生印证了一句话：没有比人更高的山，没有比脚更长的路。他是谁？他就是阅读大地的徐霞客。

师：真不错，他的名片是"行者无疆"。

生：在他心里，国为重家为轻，科学最重名利最轻。九万里路三十四年旅程开创祖国科学，他是中国旅游写作的先驱，他把一生用来阅读大地。

生：生命只有一次，他把生命和国家绑在一起。他是一位奇人，他的毅力让所有人胆寒，他是孤独的，他是执拗的，是一棵在岩石上挺拔的小树。

师：有两个词我建议你改一改，"让所有人胆寒"换成"让所有人震撼"，"执拗"换成"执著"更好。

生：他是一个平民，用一双脚走遍大地，不信鬼神，不怕困难，走过十六个省，三万里路，仅仅这样？不，他留给我们两百四十万字的伟大著作，献出了自己的一生。

生：他卓尔不群，心怀雄心壮志；百折不挠，一生不畏凶险，与长风为伍，云雾为伴，行程九万里，走遍三江五岳，横跨半个中国，探索世界的奇妙，他揭开自然的秘密，三次遇盗，多次绝粮，陷入绝境，险些丧命。困难重重，他决不放弃，用生命阅读大地，用梦想成就传奇，用坚定谱写奇书。他是千古奇人，注定流芳百世。

师：经历的部分还可以概括一下。

生：一个人，一双脚，一包行李，三个仆人。立奇志，历奇险，写奇书，他把一生献给我们的祖国，他就是徐霞客。

师：建议你把三个仆人去掉，因为后来三个仆人都离开了他。孩子们，我知道你们还有很多精彩的评论，下次我们再相互欣赏。

四、认识人物传记的特点，推荐更多人物传记

师：回到课文，这篇文章其实是一篇人物传记，它和我们之前学到的小说、故事有很多的不同，这篇传记不到 1000 字，告诉了我们徐霞客一生的传奇。现在你们来研究一下，作为人物传记，你认为应该具备哪些特点？

生：要介绍人的精神和重要的经历。

师：重要的经历，可以理解为他的生平介绍。

生：这种人物传记把每个事例概述得比较简洁，不是每件事情都要长篇大论。

师：比如我们这篇文章写到的三个事例，都是用的概述的形式，没有展开详写。

生：人物传记都是写的真实的人，真实的事。

生：围绕一个人来写，人物走到哪儿，就写到哪儿。

生：人物传记还应该点明人物当时所处的背景，有些背景也可以联系到事件。

师：我想问问，这节课写到背景了没有？

生：写到了。不仅写了当时的自然背景，而且写了当时的社会背景。

师：姚老师想问问，人物传记要围绕人物展开，为什么还要说到当时的自然环境、交通环境、读书人等等？

生：只有写出了背景才能突出主人公的精神和毅力。

师：这些背景能更好地凸显主要人物。

生：人物传记还要说明这个人的精神和值得我们学习的地方。

师：我们把这称作一个人的个性，或是他的精神。

生：人物传记不是夸大其词的，一定是做了什么就写什么。

师：就是大家刚才说的，内容要真实。哪位同学能把人物传记应该具备的几个特点概括起来说一说？

生：人物传记的内容要真实，概括要全面。

师：所谓概括要全面，就是要把人物一生重要的经历、生平写出来。你说到了两点。

生：要写人物传记，首先要写出真实内容，点明作者生平，写出作者的事例，要求简洁，还可以写下社会的背景，写出人物的性格精神。

师：说得非常不错，阅读优秀的人物传记，往往可以使人振奋精神。今天姚老师给大家推荐两本人物传记。第一本是周恩来的生平传记——《周恩来传》，第二本是外国的音乐家贝多芬的传记——《贝多芬》。你们读过哪些人物传记？

生：我读了海伦凯勒的传记——《假如给我三天光明》。

师：那是散文，不是人物传记。

生：我读了冰心、老舍、巴金的人物传记。

师：三个人物的传记你都读过，太棒了！

生：我读的是《林肯传》。

师：你读的是外国人物的传记。

生：我读过《拿破仑传》。

（下课铃响）

师：时间很短暂，我们每一个人都觉得意犹未尽，今天就上到这里吧，下课！

国家督学成尚荣先生与姚嗣芳的学生进行课后交流（摄于 2011 年）

【名家点评】

关于姚嗣芳执教《阅读大地的徐霞客》点评（实录）

成尚荣

我把我对今天活动的一些感想做了梳理，有五个方面的想法和大家做个交流。

第一，我觉得今天的活动很有意义，很有价值。这活动办得非常好，好在什么地方呢？它把我们的聚焦点、兴奋点、改革着力点引导到课堂上去。所以，会议大标题是"课堂的变革"，是课堂教学的变革。的确，我曾经这样讲过，而且现在更加强调：那就是课改必须改课。施良方先生说得非常好：在课程改革的众多环节中，有一个最具有实质意义——课程实施，而课程实施就是我们平常所进行的课堂教学这个基本形式。如果课堂教学不改革，课改的目标是得不到最终落实的。

第二，我们是要课堂的变革而不是一般的改良，就像我们江苏吴江的小学语文教师提出的作文教学革命一样。课堂的确是要变革，那要变成一个什么样的课堂呢？这次会议的主题回答了，叫儿童课堂。儿童课堂是为儿童设置的课堂。课堂教学出发点在哪里？它的出发点和归宿可能是在一起的，那就是在儿童。同时，儿童课堂应该是儿童们在老师的指导下，共同建设、共同建构的课堂。

上午蔚校长的题目谈得非常好——课堂走向儿童。我的理解是它的走向，不仅是课程走向儿童，而且是走向了儿童创造课程。

第三，我们的儿童课堂，应该有不同的呈现方式。这不同的呈现方式又依托于教师不同的教学风格。因此这次活动的定位是教师的教学风格展示，是通过教学风格把儿童课堂的不同做法呈现在大家的面前，让我们看看什么样的课堂才是儿童课堂，什么样的课堂才能够表现出教师不同的教学风格。这一期的主题抓教师的教学风格，抓得非常好。

第四，姚老师呈现的主体学堂让我们看到了什么叫作主体学堂，什么叫作独立先学，什么叫小组互学，然后全班共学；什么叫以师促学，什么叫儿童的自主主体；什么叫活动的有效、有效的活动，什么多元的互动，什么叫状态的生动、成长的生动。在姚老师的这堂课上，这些我都看到了。因此，姚老师的主体学堂是有道理的，是有效果、有效率的，姚老师的主体学堂是具体、生动的，也是深刻的。我特别欣赏姚老师的最后几点感悟，尤其是第一条感悟，叫作"站在道德的高点上"。不管什么样的课堂，多元化的个性化的课堂，或是主体的课堂，深度语文，或是诗化语文，或是根本语文，首先是道德的语文，首先是道德的课堂。让学生站到主体位置去，就是对儿童的尊重，就是把学习权利还给学生，就是最大的道德。因此，主体学堂是可以触摸的，主体学堂是可以感受的，主体学堂是可以借鉴的，主体学堂是可以迁移、可以学习的。

第五，今天的活动有一个非常好的研究方式，那就是名师工作室里的几位老师和学生们一起上课，在小组之间进行课堂观察，后来观察的四位老师，分别从自主、活动、互动、成长的生动等不同方面进行了汇报和介绍，这说明我们的主体学堂已经不是一般的实践问题了，它已经具有了一定的研究价值，老师们已经开始形成自己的研究方式了。

我们的语文教学应该是个什么活动？应该是一种艺术创造活动。在艺术创造活动里，风格是在一个关系里成长起来的、树立起来的。这是什么关系？是什么样的联系？天津大学有位教授说得非常深刻，叫作创造主体与客体的本质联系。在我们的课堂里，在我们的语文课堂里，就是学生与教师的本质联系。难道你今天没看到这两堂课上姚老师和她的学生的关系吗？这种关系不是一般人做得到的。姚老师所建构起来的师生关系已经进入本质的层面，显得非常真实、非常自然，教师没有任何的矫情，学生没有任何的做作，那么自然、真实、融合、合作、和谐！那些话都是学生对姚老师的发自内心的深情赞叹！这种本质上的联系让姚老师的风格建立在非常坚实的基础之上！这也就告诉我们，一个人教学风格的形成，不是教师个人的事情，还有谁的事情？还有学生！没有学生的参与，就不可能形成教师的教学风格！大家想一想，如果今天姚老师的这堂课，没有她培养出来的学生，她能表现出今天的这种课堂教学状态吗？长期以来，尤其是最近一年来，姚老师和学生不断打磨，形成了密切的关系，建立了本质上的联系，所以，姚老师的课的成功就在于她让学生成功，学生的成功又让姚老师成功。而教学风格用什么表达？用你的艺术作品表达。姚老师的艺术作品是什么？就是姚老师的语文课。我还要强调，姚老师的语言是朴素的，她没有在课前对课堂的语言做一个整体的规划和背诵。

姚老师拥有一个什么样的人格？我觉得姚老师表现出了良好的人格，今天我们说要学习主体学堂，是学习她的教育风格，还是学习她的教育思想？与其这么说，还不如说首先要学习姚老师的精神，学习姚老师的人格。她为什么要走险道呢？在改革初期有这么多的议论，有这么多的质疑。这种不同的声音、批评的声音对姚老师是一个考验。然而，姚老师从"险道"上走过来，走到了新的道路。主体学堂就是姚老师所说的一种"常道"，就是一种尝试。如果姚老师在研究的过程中就此停止了，那么她的实践就会失败，那就没有今天的姚老师，就没有今天的主体学堂。

前面讲歌德说艺术的最高境界。歌德有部小说叫《浮士德》，浮士德的精神是不断探索、不断追求、不断发现、不断创造。姚老师是个优秀的教师，她有这样好的人格，这样好的道德，有这么坚持不懈追求的精神，我相信姚老师会有更大的发展空间。

姚老师的教学主张是什么呢？叫作主体学堂。

怎么理解主体学堂？我想，大概有三个层次的理解。

第一，主体语文学堂首先是儿童课堂、儿童语文课堂。儿童语文课堂是基于对儿童的一种认识，对儿童的一种发现。

第二，儿童课堂是一个可能的课堂，是可能生成的课堂，是可能创造的课堂。

非常高兴，姚老师的课堂真正变成了儿童的课堂，对这样班上的学生，谁不喜欢呢？这样的学生将来的发展，是无法估量的！

当然，我们有时候也在担忧，如果到了中学，中学老师不是这么做的呢？我们的想法是两条：第一条，姚老师已经在他们的心灵深处埋下了一颗种子，这颗种子是非常顽强的，它是要生长的，我们希望这些学生要去抵抗，要去争取；第二条，我们希望中学的课堂要像我们小学这样进行改革。

主体学堂的第二个含义，就是主体学堂是以学生的学习为核心的课堂。它不是一个教书的教堂，它是一个学生学习的学堂。姚老师的主体学堂是以学生的学习为核心的学堂。

第三，姚老师的主体语文学堂，是引导学生自己学习语文的学堂。

我们要教学生学好语文，却总是搀着学生的手，总是帮助学生甚至代替学生来学习语文，学生久而久之就不会学语文了，久而久之就厌恶语文了。但是在姚老师的班上，学生已经学会学语文了。比如说一开始对文章提纲的概括和归纳，这就是一种语文学习；比如说让学生写颁奖词，显然它也是一种语文的学习；比如说让学生概括人物传记的几个特点，老师不给提示，学生自己在阅读过程中提炼；比如说在课堂教学中不断地让学生练习说话，去交流，互相讨论。如今你看看姚老师的教学设计已经和过去的教案不同了，她说得非常好——"把教案变成规划书"，这是多么有意义的比喻啊！建议将"规划书"改成"策划书"。

因此，今天我们看到的主体语文学堂充满着语文味儿。这就是我对姚老师主体语文学堂的三个解释。

姚老师的主体语文学堂，哪些改革是成功的呢？

姚嗣芳在课堂上参与学生小组交流（摄于 2016 年）

第一，她找到了主体语文学堂的外在的表现，外在的特征。这外在的特征就是四个"动"：①学生的主动；②多元的活动；③有效的互动；④状态的生动。从不同的侧面描写了主体学堂的外在特征。

第二，她的主体语文学堂在结构上做了很大的变动。我们看到今天姚老师的语文课一开始就是预习内容的汇报，大家共同讨论，那么简单，直截了当。今天上午有老师说到了"大道至简"，我很赞同。大道是什么？这个大道是它的核心内容——直截了当地切入语文学习的过程中，显然和过去的开场白，和过去所谓的导入，是不同的。而且，她课堂教学结构的变革，就是成师附小提出来的三大板块——第一学生先学，第二合作互学，合作互学又分为两个层次，一是小组互动互学，二是全班共学。我特别欣赏他们今年把第三个层次改为以思促学，这样就形成了语文主体学堂的一个基本结构。事实告诉我们，课堂教学要有所变革，结构不变革是不行的，要把课堂教学根本性的变革通过结构的改变得到落实。

第三，姚老师的主体语文学堂改变了一种师生的关系，这是一种合作、民主、和谐的师生关系。我非常赞同上午蔚校长讲到的三句话，第一个叫作"尊重"，第二个叫作"共同体"，第三个叫作"把学习权还给学生"。这三条概括得非常好。我建

　　议将这三条次序做一个调整，首先是尊重，然后是把学习权还给学生，第三才是共同体。这个共同体的建构充满了尊重的意味。没有这种师生关系做基础、做前提、做保障，所谓的语文主体学堂是建构不起来的。

　　如果我们向姚老师学习她的人格，还应该有另外一个层次，就是她对学生无限的爱。（讲仁字的写法）姚老师对学生的尊重、热爱、信任，是发自内心的，这点更值得我们好好学习。

　　第四，姚老师的主体语文学堂，已经形成了基本的品质。这个品质主要表现在学生的身上。

　　学生品质表现在一种规则意识上。像这样的班级，这样的学生，如此活跃，是很容易乱的。但是你发现了吗？姚老师在课堂上几乎没有叫大家坐好，几乎没有说大家集中一下。当一个学生提问题发言的时候，其他学生都自觉地停止了自己的发言，来听听其他同学的发言。这是什么？这是一种规则。学生是要解放的，但是学生也是要规范的。课堂是要创新的，但是它应该以打好基础、学会倾听、向别人学习为基础。这种规则意识，这种守规则的品质，是值得我们学习的。

　　主体语文学堂的第二个品质是学生的思维能力，他们已经学会思考了。在所有的学习能力中，最核心的能力应该是思维的能力。为什么学生能对课文提出这么多意见？我今天课后向学生提问题，看到这班学生思维水平特别高。如果我们语文教师能大胆地引领学生对课文进行质疑，你说这样的学生以后有没有创造力？如果给学生一个机会，他们的思维水平、批判能力、质疑能力、创造能力、建构能力会更强，这种品质难能可贵。

　　第五，学生们有一种互相学习的品质。学生们发言的时候都能够表示赞同，也能够提出不同的意见。

　　这些都是姚老师在主体语文学堂经过这么长时间的研究实践，尤其是经过最近一年的研究实践所形成的。

　　所以我要说，姚老师的这个研究，有自己的教学主张、有自己的魂——那就是主体，那就是儿童，那就是以学生学习为核心，是要引导儿童学会学语文。

建议：

　　（1）我觉得姚老师对主体语文学堂还可以做更好的解释，我赞同提"主体语文学堂"的概念。提出概念是非常不容易的，但是只提出概念是不够的，还要对这个概念进行具体阐释，要进行解释。姚老师可以结合今天我的以上的一些想法和你自己的一些实践和想法，在学校老师的帮助之下，完整建构主体语文学堂的内涵、特征、原则、实施方式、注意点，我希望以后不仅介绍为什么要变，怎么变以及变的成效，而且要介绍主体语文学堂的完整框架。这个框架结构当中还应该有些理论的思考，有些理论的依据，这样你的概念、你的主体语文学堂就会站到一个更高的层次上去。

（2）我希望姚老师对儿童的研究要进一步深入。

（3）我希望姚老师对主体语文学堂中如何体现语文的特点再做进一步的研究。

（4）增强教学的敏感性。主体学堂还是需要一定的控制的，这叫科学控制。

2011 年 4 月 25 日

（评课者：成尚荣，国家督学，江苏省教科所原所长）

六、坚实的学生主体地位

——北师大版小学语文第十册《信任》课堂实录

执教：成都师范附属小学　姚嗣芳

班级：重庆市珊瑚小学四年级二班

【授课背景】

2012 年 4 月，应"千课万人"主委会之邀，在"千课万人·重庆现场"为来自中国西部 1000 余名教师展示本课。

自课程改革以来，我一直致力于学习方式的改革。此前，我参加了四川省"小学生主体性研究"和"合作学习教学模式研究"。从 2009 年之后，我又开始了"主体学堂"的研究，将课堂改革的根本着力点放在改变学生的学习方式上，坚实学生的主体性地位，力图真正将"学生是主体"这句高高在上的理念落实到每一节课当中。

新课程倡导"自主""合作""探究"。许多时候，我们在教学实践中，把三者区别分离开来。我的体会是：三者是互为依存、互为条件的。当然，"自主"作为三者之首，有基础性意义，那就是没有自主，就不可能有真正的合作和探究。

那么，在具体的教学语境中，怎样落实三种学习方式呢？

课堂语境中，让学生自读一篇课文，就是自主吗？让学生根据教师设计的问题情境做一下小组商议就是合作吗？教师提出一个具有相关联系和难度的问题，让学生通过查阅获得答案就是探究吗？

本课体现了我当时的一些思考。相信能够给成长中的教师关于怎样组织自主学习和如何把握探究学习契机一些启发。

姚嗣芳在"千课万人·重庆现场"执教《信任》（摄于 2012 年）

【课堂实录】

一、检查预习，整体感知

师：今天我们要上《信任》这一课，我想检查一下大家的预习情况，你们敢迎接挑战吗？

生（齐）：敢！

师：看着预习单，第一，课文究竟讲了一件什么事呢？请用一句话来说，谁干了什么？

生：作者去摘桃子，但是那个桃园没有主人，只有狗和猫，狗负责带路，猫负责收钱，他们彼此都很信任。

师：说得不错。好，这篇文章中有很多生词，是不是都过关了？

生（齐）：是！

师：那拿着你们的单子，把这些词语都一起念一遍。

（学生齐读）

师：大家注意"沉甸甸"这个词，如果单独念这个字"甸"，"缅甸"的"甸"，但是如果是 ABB 形式的词，我们应该把两个叠字念成一声。

生：沉甸甸。

师：再读一读，沉甸甸。（学生齐读）

师：好，我接着检查第二项，两个词语大家是不是都理解了。第一个"沁人心脾"，谁来解释？

生："沁人心脾"的意思就是空气清新，使人感到舒适。

师：说得真不错。"馋涎欲滴"呢？

生："馋涎欲滴"的意思就是感到口水都要流下来。

师：这里的"涎"是什么意思？

生："涎"是口水。

师："滴"呢？

生："滴"就是掉下来。

师：那合起来就是馋得口水就要滴下来了。好，词语解决得非常好。那天老师给大家出了一个高难度的预习题，就是要把这一课的写作思路理一理，我已经看过大家的预习作业了，小朋友们都有自己的思考。下面请小朋友们就这个问题做深入的交流。

师：请大家看文章的第一部分，首先写了作者"我"看到一个什么？

生：首先写"我"看到了告示牌。

师：所以作者才打算去哪儿呢？

生：打算去桃园。

师：我们可以把这一部分的内容归纳为四个字：告示引路。

（板书：告示引路）

师：下面请大家学着老师的样子，把后面几部分内容也这样进行简单概括。告示引路之后，往下又发生什么事情了呢？

生：后来是寻找桃子。

师：那就是寻找桃林。（板书）到了桃林之后，他遇见了什么？

生：他遇见了狗。

师：不止有狗，还有什么？

生：还有猫。

师：那么狗在带路，猫呢？

生：猫在睡觉。

师：能不能把狗和猫都概括进去？

生：动物接待。

师：再换个词，动物是指谁啊？

生："动物"指的是猫和狗。

师：猫和狗在干什么？

生：猫和狗在接待作者。

师：能不能再概括成四个字？

生：猫狗待客。

师：好聪明！就这样继续概括。作者随着这些狗、猫到桃园去采桃之前，他还发现猫那儿有什么东西啊？

生：他还发现猫那儿有纸条。

师：这个纸条是拿来干吗的呢？

生：主人在上面给客人写了一些话。

师：能不能也用四个字来概括？

生（齐）：纸条留言。

师：好，纸条留言。于是客人看了纸条就知道该怎么去采桃了。接下去作者又干了什么？

生：作者去摘桃子。

生：作者还主动付了钱。

师：既要采桃，又要付钱，能不能把这两句话合在一起？

生：摘桃付钱。

师：桃子不是主人摘了给他，钱也不是直接付给主人的。能不能再归纳得更准确一些?

生:自采自付。

师:太能干了! 你们的归纳能力真强。那作者最后要离开桃园回家了,怎么归纳呢?

生:采完回家。

生:告别回家。

生:告别桃园。

师:现在大家评价一下,哪个归纳得最好?

生(齐):告别桃园。

师:在前期预习的基础上,同学们通过智慧的碰撞、交流,把各部分的学习内容分别归纳成了四个字,大家的归纳能力非常强,你们的预习很有质量!

二、承接事尾设问,直插中心事件

师:接下来我们看一看课文的最后一段。听老师的问题,大家用朗读回答——告别果园时,汽车慢慢地朝来路驶去,"我"怎么做的?"我"为什么要回头久久注视那片果林?在那儿,我们得到了什么样的喜悦?

(师生合作朗读)

师:作者在回去的时候为什么要不停地回看桃园呢? 读一读这个句子。

(学生齐读)

师:这儿有个很重要的词,作者得到了人与人之间信任与被信任的喜悦。

(板书:喜悦)

三、回读课文,自主探究

(出示课件——自学导航)

师:接下来,同学们就需要深入研究:这人与人之间信任与被信任的喜悦究竟是怎样感受到的呢? 请小朋友们默读文中"告示引路、猫狗待客、纸条留言"这三部分的内容,用波浪线勾画出表现桃园主人信任客人的语句,并在重点词下面画上三角形。大家明白要求没有?

生(齐):明白了。

师:好,那小朋友们现在就按照老师的建议开始自学。

(教师巡视学生自学情况)

师：好，现在老师看到多数孩子已经做得差不多了。下面每个组按照老师的建议进行小组讨论，大家把你刚才学习的体会在组上进行交流，各组发言代表要把大家的意见归纳起来，准备在全班汇报。

（学生小组讨论，师巡视了解情况）

师：现在哪一组来给大家汇报：你们觉得哪些语句最能够表现出桃园主人对游客的信任？

生：我们觉得有第三自然段的"上面写着朋友"到"祝您愉快"。

师：请你们抓住重要的句子和词来说。

生：尽管自己采。

师：注意"尽"字应该读三声。你们怎么体会的？

生：我们认为主人很相信客人们。

师：你能不能先把这句话换一个说法？

生："尽管自己采"就是"随便你怎么采"。

师：还可以怎么说？

生：我们觉得可以换成"自己随便采"。

生：想怎么采就怎么采。

生：就是自己要采多少就采多少。

生：无论你怎么采我都不介意。

生：随便挑随便采。

生：怎么采都行。

师：看你们多厉害，就这句话小朋友们换了那么多个说法。那你怎么就体会到了桃园主人对客人的信任？

生：因为万一那个人是小偷的话他都不知道，所以他很信任来采的人。

师：那你的意思是桃园主人对任何一个来桃园的人都给予一份什么？

生（齐）：信任。

师：说得不错。接着我们来看看这张纸条当中还有哪句话让你感受到了主人对客人的信任呢？

生：我觉得这句话中还有一个重点词是"朋友"。

师：你是怎么思考的呢？说说你的想法。

生：他用"朋友"来称呼那些客人，说明他十分信任那些采桃的人，使人感到很亲切。

师：能不能把他的意思说得更深入一些？为什么从"朋友"这个词你体会到信任呢？

生："朋友，欢迎您"，意思就是对任何人他都很相信，不管他是谁，他都很相信。

生：不管是什么性别、什么年龄、什么身份，他都把他当作朋友来看待。

生：你们想想，一个陌生人，到那儿别人就称你是朋友，你会感到多么的舒服。

生：我觉得还有一个"您"字，也能看出他对别人的信任，能够感受到他对客人的尊重。

师：真好，大家就这样抓住关键字词继续交流。还有孩子有补充吗？

生：我从"祝您愉快"也能感受到桃园主人对客人的信任。

生：我不赞同他的意见。我觉得这里能体会到主人的热心好客，非常善良。

师：我赞同你的意见。建议大家扣住"信任"来讲。

生：我觉得主人把钱放在箱子里也表现了他对客人的信任。如果主人不信任采摘桃子的人的话，他就会亲自来收钱。

师：我发现你有一双火眼金睛，能非常敏锐地发现这个句子。那么小朋友想想，假如你就是这个桃园的主人，你会怎样说纸条上的这句话呢？谁来当这个主人？要让大家感受到你是一个多么信任人的人，一个多么热情好客的人。

生：每颗桃子五元钱，尽管自己采，然后把钱放在箱子里。

师：老师没有感受到你的好客热情，也没有感受到你对客人的信任。哪位主人更热情呢？

生：朋友，欢迎您！每颗桃子五元钱，尽管自己采，然后把钱放在箱子里。祝您愉快。

师：如果我是客人，我不愿到你那儿去。有没有小朋友更吸引我？

生：朋友，欢迎您！每颗桃子五元钱，尽管自己采，然后把钱放在箱子里。祝您愉快。

师：这位主人很热情，我一定到你那儿去。全体孩子来试着当一回桃园主人，好吗？

（学生齐读）

师：真不错，我已经感受到你们的热情好客和信任了。刚才小朋友抓住了篮子下面压住的纸条来体会主人对客人的信任，还有补充吗？

生：我们组认为小屋旁边有两条狗和两只猫，也说明了主人充分地信任客人。只有几只小动物，没有人站在那里守，只让狗来带路，猫来收钱。

师：你们组找得非常不错，再把你们的思考历程说出来就更厉害了。

生：我觉得这儿只有几条狗和几只猫，主人并不在场，说明他并不在意这些人会不会给钱，他很信任这些人。

生：他不光让客人自己采桃子，而且只有动物来守，说明他不担心客人把桃子拿走不给钱。

师：而且他不担心这些人摘很多很多桃子只给一点儿钱，他给予这些人充分的信任。

生：我觉得之所以主人这么信任客人，是因为那几条狗比较厉害，主人相信那些人很怕它们。

师：这位同学给我们抛出了一个新的观点，他觉得是因为主人家的狗太厉害了，所以他不担心那些人会跑。你们觉得呢？

生：我觉得那个主人是给客人充分的信任，如果用猫狗来管制他们的话，客人就会觉得主人不信任他们。

师：好像你没有把他说服，也没有把我说服。我觉得你的观点是对的，但是你的理由不充分。

生：如果客人来了，而那些狗还对客人不热情，不会给客人留下好的印象。

生：我觉得那么信任客人的一个主人，那么热情好客的主人，我想他家驯养的狗、猫也会是非常可爱的，绝对不会是凶恶的。

生：请大家看第四自然段，"狗在我们身边跳跃欢吠"，意思就是说狗并没有非常生气，没有不让我们进去的意思，它们非常欢迎我们。

师：非常欣赏你，你联系了文中的语句，体会到这是一只热情好客的狗，言之有理。刚才小朋友们体会到了，即使猫与狗在这儿，主人并不是要监督客人，而是给予这些客人充分的信任，你们爱给多少就给多少，他相信客人会做一个诚实的人。

师：除了猫狗待客之外，还有一个地方没有说到，大家接着汇报。

生：我们组觉得还有第一自然段的"桃子自采"。

师：好，你觉得这一部分哪些词最重要？

生："自采"。与第三自然段的"尽管自己采"的意思是一样的，就是充分信任客人不会去偷桃子。

师：自采，就是自己采，爱怎么采就怎么采，想采多少就采多少，给予客人充分的信任，没有人监督，给他们充分的自由，体会得真棒！

生：我们组找到的是后面"纸箱旁边躺着一只大花猫"猫不会数钱，说明主人充分信任客人，相信他们会把钱放入箱子。

师：就是刚才你说的，大花猫不会数钱，没有一个人站在那儿，更没有彪形大汉守在那儿要求客人必须给钱，都没有，就只有一只猫在那儿而已，所以你们体会到了信任。

师：孩子们，你们非常能干，刚才你们抓住了告示牌、篮子下面的字条以及这些可爱的猫狗，充分体会到了主人对客人的信任。"我"在告示牌和猫狗的带领之下，到了桃园。那同学们来看一下，来到桃园之后作者的感受是怎样的呢？大家一起来读这一段。

（学生齐读）

师：同学们，你们发现没有，在采桃子的过程中，"我"的感受是怎样的？能不能找到一个词？

生（齐）：欢愉。

师：那为什么我们在采摘果实的过程中会感到非常欢愉呢？找找原因。

生：因为我们都是自由采桃的，没有人来看我们怎么采。

生：还有第二句话，桃子的香味是沁人心脾的，所以他闻到这股香味自然心情就欢愉了。

生：因为桃树上结满了果子，而且又香又甜。

师：这样的果实当然使人感到欢愉了，还有补充吗？

生：他不仅是因为桃子而感到欢愉，而且他还感受到主人的信任。

师：我认为你的发言特别有质量，其他同学想到的是物质带来的欢愉，而你体会到的是因为主人的信任带来的精神上的欢愉，这种愉悦是拿钱也买不到的。

（出示课件——填空：把桃子小心翼翼地装进汽车，我＿＿＿＿＿地掏出钱包）

师：你们想一想，当告别果园的时候，"我"就掏出钱包准备付钱，"我"是怎样掏出钱包的呢？"我"掏钱包时的心情是怎样的呢？请补充一个恰当的词或者短语。我希望听到不同的意见。

生：我心甘情愿地掏出钱包。

师：心甘情愿地掏，能不能说说你的想法？你为什么填这个词？

生：因为桃子又香又大，而且主人还很信任客人，所以我觉得作者会心甘情愿地付钱。

生：我愉快地掏出钱包。

生：我满心欢喜地掏出钱包。

生：我满意地掏出钱包。

生：我满足地掏出钱包。

生：我愉悦地掏出钱包。

生：我爽快地掏出钱包。

师：那可不可以加上"犹豫""纠结"这些词？

生（齐）：不能。

师：为什么不能？

生：因为桃园的主人对"我"是那么信任，"我"也应该对他很信任。

师：我觉得这位同学的表达不够准确，有没有孩子把他的意思用另一种说法说出来？

生：因为这些桃子不仅给予了"我们"物质上的满足，而且给予了"我们"精神上的享受。"我们"一定觉得花这些钱很值，很乐意付钱，没什么好纠结的。

生：我觉得应该是主人都说了随便怎么采就怎么采，如果"我"不掏钱包的话，就对不起别人的信任。

师：说得真好。主人如此信任"我"，"我"首先应是值得别人信任的人。相信我们在座的所有小朋友在这么一个环境当中，在这么一个地方，大家都会和作者一样，都会心甘情愿、满心欢喜地去掏出钱包，去做一个让人信任的人。

四、整体回顾，升华认识

师：这次桃园出行让"我"深深感受到被信任的喜悦，所以，当汽车缓缓朝来路驶去的时候，"我"不禁回头，久久地注视着那片果园，那间小屋。我们想想，这个时候，作者一直想着那片桃林，想着那个未曾谋面的主人，回味着这种奇特的经历，我想，在座的所有小朋友肯定和作者一样，心里一定是都深深地爱上了这片美好的桃园。那么让我们带着感受一起来读一读文章的最后一段。

（学生齐读）

师：说到这儿，老师就想到了美国的一位哲人，他叫戴维·威斯格。让我们来一起读一读他的这句话。

（出示课件："信任是一种有生命的感觉，信任也是一种高尚的情感，信任更是一种连接人与人之间的纽带。"——戴维·威斯格）

（学生齐读）

师：同学们，如果我们在交往的时候，都能够以诚相待，那么我们生活的每一个地方，都可以变成这么一片桃林，变成一个朴实而真诚的地方，每一个人都可以感受到更多的喜悦和愉悦。

五、感悟文本写法，初识侧面描写

师：学到这儿，你们觉得这篇文章的主人公是谁？

生："我"。

生：桃园。

生：猫狗。

生：主人。

师：那大家找一找，在文中有没有直接描写桃园主人的语句？

生（齐）：没有。

师：没有描写桃园主人的语句，那你们怎么了解这是一个怎样的主人呢？这个桃园主人在文中是完全没有出现的，那你们是怎么了解到他的热情好客和对客人的信任呢？

生：主人在纸条上面写了对人信任的话。

生：还有告示牌。

生：还有从他养的那些猫、狗中也可以了解主人。

生：还有他这种自采自付的方式也能让我们了解这位主人。

师：你们说得都不错。虽然这位主人没有在文中出现，但是我们通过与这个桃园主人相关的各种事物，也能认识他、了解他。这种表达方法跟我们以前学到的不一样，以前我们写某个人，我们会直接去写他的外貌、动作、神态等，那种方法叫作直接描写，而今天我们学习的这篇课文仅仅是把与桃园主人相关的事物进行描写，这叫作侧面描写。侧面描写能增加文章的吸引力，让读者读起来饶有兴致，非常想继续读下去。以后小朋友们可以尝试采用这种方法，让我们文章的表达效果更好。

六、拓展阅读材料，再悟侧面描写

师：好了，下面老师给大家带来一篇文章，题目叫《恶魔约翰》。这是一篇很短的文章，老师请大家读一读，看看从哪些语句中能感受到约翰是一个恶魔，可以把相关的语句勾画出来。

师：从哪儿发现他是一个恶魔？有没有没发过言的孩子？没有发过言的现在想发言的可以站起来。

生：我从第一自然段的第三句话看到了"如果听到别人说恶魔约翰来了，你就赶紧跑，因为这个约翰是方圆几百英里内最危险的通缉犯，连警察都拿他没有办法"，连警察都拿他没有办法，而且他是一个通缉犯，就说明他是很危险的人物。

生：请大家看第五自然段，"你不知道恶魔约翰来了吗？其实他就是"，他已经知道自己是罪犯了。

师：你们认为这个大汉就是恶魔约翰吗？

生：这个人不是，他是这里喝酒的人。

师：你再仔细读一读文章。

生：我觉得由第二自然段第二句话"酒吧里客人早就跑得干干净净"，也能看出这是恶魔。听到恶魔约翰赶紧就跑了，人一下子就跑开了。

生：我觉得第五自然段的"他赶快喝完酒就想走"，也写出了恶魔的可怕。

师：你要看看这是一个怎样的大汉？

生：这个人本身就是凶神恶煞的大汉，但是他听到这个消息，都赶紧逃走了，说明他都很害怕约翰。

生：还有第一自然段，"特别提醒"也说明了约翰是恶魔。人们听到恶魔约翰来了就赶紧跑。

师：好，刚才小朋友们找了好几条理由。你们看看，这篇文章中，恶魔约翰出现过没有？

　　生（齐）： 没有。

　　师： 没有出现，那你们发现这篇文章的写法有什么特别？

　　生： 我发现这篇文章也是侧面描写。

　　师： 是的，恶魔没有直接出现，作者也没有对这个恶魔进行直接描写，都是通过与他相关的人、相关的事来描写的，这就是侧面描写。

　　师： 这节课通过两篇文章，大家不仅认识了侧面描写这种表达方法，而且感受到了人与人之间的信任，今天你们的收获真不小。今天的课就上到这里，下课。

【名家点评】

彰显生本话语的课堂典范

——评姚嗣芳老师《信任》

余小刚

　　因为一直了解姚嗣芳老师倾情于对"主体学堂"的研究，所以特别赏析了她的这节课。

　　从整个教学设计中，我们不难看出，以学定教、先学后教、多学少教等教学理念在其中体现，在教师的引导下，学生充分阅读感悟语文文本，宛如步入桃园的"客人"，在教师充分"信任"的基础上，自由采撷语文之"果"。

　　而教师也不是不在场，而是通过语言和资源做导引，"曲径通幽处，坐看云起时"，具体的课堂语境中，使语文手段渗透整个课堂，语文要素渗透整个教学流程，体现了良性的语文价值导向。

　　一、"自主"之关键在于学生能够"自"，探究之关键在于需要"探"

　　尊重主体地位已经成为当今课堂教学有效与否的一票式否决标准——只有真正落实主体地位的教学，才是有效教学。

　　姚嗣芳老师是"主体学堂"的倡导者和践行者。显然，她试图在本课中通过学生活动的体量最大化，来体现主体地位的落实。

在轻松朴素的整体感知文本的基础上，以文本的中心事件为杠杆，姚老师让学生进行自主探究。

这里，我们要问：自主和探究的契机是否恰当？

显然是恰当的。

为什么？

我们知道，《信任》是一篇比较长的课文，同时，语言通俗易懂，学生学习文本没有多大障碍，但是要读出文本中的价值内涵，对于小学生来讲有些困难。

我们说姚老师安排学生自主和探究的契机是恰当的，原因就是文本的语言浅显，学生能够自主理解。而对文本中蕴含的人文价值，则需要从感受文本内在，研究其隐藏于语言文字背后的东西，包括没有出场的"主人翁"等方面入手，所以，这些都需要学生在文字的启发下去探究，而一旦探究出文本意味，学生获得的人文性体验就会远远超过教师的说教，这就是说，需要"探"，也值得"探"。

二、循学而导，引导思维发展

据我所知，姚嗣芳老师属于导学型小语名师。

可能在她的课堂上，学生的情绪不会因教师对文本情感的充分挖掘而大起大落，但受教于姚嗣芳老师课堂的学生，却一定能够获得"指点江山，激扬文字"般的语文学习体验。

本课中，姚老师在学生自主探究的基础上，紧扣文本，引导学生联系文本，进行语言实践，在获得语言体验的基础上，再导入对文本精神价值的触摸，从而，让我们看到学生言语和精神的双重发展。

例如：

师：能不能把他的意思说得更深入一些？为什么从"朋友"这个词你体会到信任呢？

生："朋友，欢迎您"，意思就是对任何人他都很相信，不管他是谁，他都很相信。

生：不管是什么性别、什么年龄、什么身份，他都把他当作朋友来看待。

生：你们想想，一个陌生人，到那儿别人就称你是朋友，你会感到多么的舒服。

生：我觉得还有一个"您"字，也能看出他对别人的信任，能够感受到他对客人的尊重。

教师的"导"，是循着学生的思考展开的，看似不突出，实则指向了文本的语言和思考的方向，可谓意味深长。

三、拓展阅读材料，促进学习质量的提升

本课中，姚老师拓展了《恶魔约翰》这一阅读材料。这个拓展材料短，不会冲淡主体文本，更为重要的是，这个阅读材料，师生间没有做过多关于理解的交流，而是直接指向本课学习目标之"侧面描写"。由于这是技能性目标，只有通过学生认知、感受、迁移这样的过程，才能真正使之构成个体能力，因而，需要这样一个有趣的文本拓展，实现学习质量的提升。

语文教学，语文的思想、方法、思维始终是最主要的。

不得不说，姚老师的教学有效性体现得十分突出。

本课课堂现场，姚嗣芳老师精彩的引导，独特的教学切入点，娴熟的教学艺术，以及小学生的精彩发言，赢得全场阵阵掌声。我以为，姚老师的课，真正关注学生的发展，立足文本又不拘泥于文本，引导不着痕迹，整个课堂表现出浓浓的师生互动氛围，是彰显学生主体并注意教学有效性的典范。

（评课者：余小刚，《四川教育》杂志首席记者）

七、回归遵循认知规律的课堂

——北师大版小学语文第七册"规则"单元"整体阅读"课堂实录

执教：成都师范附属小学　姚嗣芳
班级：成都师范附属小学四年级五班

【授课背景】

大单元整体教学开始后，我的课堂教学容量大了，课外阅读的指导也进入了课内。因为北师大版的语文教材是按照人文主题来构建单元内容的，有时候因为我对教材解读的视角还不够广，在确定单元核心目标时就不够精准，要么贪多求全，要么盯住课文内容的分析理解不放，课堂上把大量的时间花费在文本内容的理解和思想感情的感悟上。之后，我读到了上海师大吴忠豪教授的论著，逐渐明确了语文课应该用课文来教语文，要以本体性教学内容为主要目标组织教学。

　　从此，在教材解读中，我努力把整个单元的文章读通、读熟、读透，找到文本最具阅读和习作价值的核心点，瞄准语言知识、语文方法的教学和语文能力的培养，抓住文章解读的"牛鼻子"，一以贯之，正所谓"弱水三千，我只取一瓢饮"。在此基础上，恰当舍弃，一课一得，紧扣目标，精准打击。

　　之后，我的语文教学从目标确定到教学设计，都有了很大的变化：首先，依据单元课文的共同特点，明确究竟用本组课文来教什么；其次，要围绕目标设计教学流程，按照"认识——实践——迁移"的认知规律来组织教学流程；最后，合理设计表达练习，提高语言积累的质量。

　　这样，语文教材真正成了学生学习语文的教材，语文课堂真正成了以学生为主的语文学习活动场所。

姚嗣芳与裴娣娜教授（右四）合影（左四系作者　摄于2012年）

　　2013年12月，在锦江区"大家讲坛·名师传道"系列活动之姚嗣芳工作室学术研讨活动中，我执教了这节课，展示了那段时间的思考与实践，对于老师们恰当整合教材内容、精准确定教学目标会有一定的启发。

【课堂实录】

一、各组展示背诵与"规则"有关的名言

师：这节课的课前三分钟我们集体来展示，结合第八单元《规则》的要求，每个组来一条和规则有关的名言。敢吗？

生：敢！（异口同声）

师：这样吧，今天是周三，我们请三号（座位号为三的）同学来。

（各组三号同学起立）

师：来，由你开始。

生：无规矩，不能成方圆。

生：宁为玉碎，不为瓦全。

师：我帮你纠正一个字音——宁（nìng）可。

生：你挣得了安适的睡眠，你就会睡得好；你挣得了很好的胃口，你吃饭就会吃得很香。这儿的情形和人间是一样的——你得规规矩矩，老老实实地挣一样东西，然后才能享受它。

（全班掌声响起）

师：好厉害！这么长的一句话都记得！

生：不以恶小而为之，不以善小而不为。

生：不学礼，无以立。

生：言无二贵，法不两适。

生：在这看似奢望的世界里，我们每个人都被安放在某个位置里，一旦脱离这个位置，我们将被世界遗弃。

师：太棒了，真像个小哲学家。

生：只有按照正常法规生活的人，才不同于动物。

生：天网恢恢，疏而不漏。

生：规则的美最终是要靠人来体现的。

师：刚才听了各组三号同学的发言，姚老师要表扬你们，你们都很能干！

二、阅读《做得好做得对——天知地知》和《谁说没有规则》，学习"设身处地"的阅读策略

师：在前面的学习中，大家学习了本组教材内容中的两篇文章，同时还学到了

一些课外的名言。回忆一下，在这个单元当中，第一篇课文的题目叫什么？

生：《钓鱼的启示》。

师：但是姚老师在网上查阅这篇文章，我发现它对原文进行了一些改动，为了深入地理解作者的感受，今天我们就用原文来学习。先来读读这篇文章的题目——

生：《做得对做得好——天知地知》。

师：这一组文章当中，有一篇诗歌，题目是——

生：《谁说没有规则》。

师：除此之外，我们在拓展单中还学了一篇文章，读一读它的题目。

生：《让校规看守哈佛》。

师：今天我们就要深入学习这三篇文章。第一篇《做得对做得好——天知地知》，我们在第一节课的学习当中已经了解了它的主要内容，谁还记得这篇文章主要讲了什么内容？

生：有一天，詹姆斯和他的父亲去湖中心钓鱼，结果他们钓起一条大鲈鱼，可是他父亲发现此时还没到钓鲈鱼的时间，于是他们放掉了这条大鲈鱼。后来詹姆斯成了一个成功的建筑师。

师：学得不错。

师：我们在第一节课的学习中知道了，对于这条钓起来的大鲈鱼，詹姆斯和他的父亲态度是不一样的。（出示课件）詹姆斯很不愿意放掉这条鱼，而他的父亲坚持把鱼放回湖里。今天我们就要设身处地地想一想，他们为什么会有不同的看法。

师：说到"设身处地"这个词，今天就用我们学过的解词方法来理解"设身处地"的意思。谁来说一说？

生："设身处地"就是把你想成那个人物。

师：对，"设身"就是把"你"想象成"他"。那么"处地"呢？

生：我认为"处地"就是自己正处在那个地方。

师：处在那个地方，处在那个环境，这就叫"设身处地"。

师：我们在将来的学习中会读到很多很多作品，如果你们把自己想象成作品中的人物，设身处地地去体会，那么就可以加深对课文的理解。这是我们今天学习的一把金钥匙。具体来讲，怎样设身处地呢？姚老师给大家几个建议，一起来读一读。

（出示课件）

生：用文中人物的耳朵去听，用文中人物的眼睛去看，用文中人物的思维去想。

师：今天我们就要用这把金钥匙，来理解詹姆斯为什么不放，而父亲要放。我们就按照这种方法，用文中人物的耳朵去听，用文中人物的眼睛去看，用文中人物的思维去想。那么现在你就是詹姆斯，你就是詹姆斯的父亲。但是姚老师有一个要求，你必须要去文中找根据。你要想想詹姆斯当时看到什么，听到什么，想到什么；而他的父亲又看到什么，听到什么，想到什么。结合本文的情况，我建议大家等会儿就重点从"看""想"两方面去思考。

师：（拿出小白板）白板分左右两边写，一边写詹姆斯，一边写他父亲。请一个小组上来写，等会儿我们再全班小组交流。

（学生小组讨论，写白板）

师：（师走到各组巡视，发现问题）我发现有的组没有明白要求，一定是看到了什么，才想到了什么。

（学生继续讨论，寻找线索，展开联想）

师：每位同学都听一听，现在我们讨论的是詹姆斯不愿意放，是因为他看到了什么，他想到了什么。所以要从詹姆斯那天晚上看到了什么、想到了什么来思考他不愿意放的原因。然后再去想父亲看到了什么、想到了什么。

（学生根据老师提示，继续进行小组合作学习）

师：现在我看很多组都讨论得差不多了，我们先暂停下来。我发现开始有的同学走了弯路，没有扣住老师说的要求，詹姆斯不愿意放掉那条鲈鱼是因为看到了什么、想到了什么。现在哪些组有想法？大家先看上台来写的组，对于写詹姆斯的内容他们找到了两条标准，哪些组写到了大鲈鱼和没有人这两条的？

（生举手）

师：现在谁来当詹姆斯？好，你就是詹姆斯，你看到了大鲈鱼，你想到了什么？

生：我看到没人，我想把那条大鲈鱼据为己有。

师：还有别的吗？

生：我看到了大鲈鱼，我想鲈鱼这么漂亮，肉质这么鲜美，我一定不可能再钓到了。

师：讲得好！我发现你已经设身处地，站在詹姆斯的角度去想了。

生：我想这条鱼还是这么大。

师：那么为什么"大"你就喜欢呢？能不能从文中找到根据？

生：我给她的回答补充一下，这鱼不仅大，而且肉质是非常鲜美的。

师：这和刚才的回答意思差不多，谁再来说一说？

生：我补充，文中有一句话是这样说的——"我和父亲得意地欣赏着这条大鲈鱼"。只有艺术品我们才会用"欣赏"这个词，这里还是"得意地欣赏"。

师：那么为什么"欣赏"？想一想。

生：我帮她补充一下，之所以欣赏是因为好不容易钓起来的，而且这条鱼特别的美丽。

师：你就是因为这条鲈鱼好看才不舍得放是吗？那他在想什么？

生：我会想，反正这里又没有人，干脆我把它带回去算了。

师：能干！你站在他的角度上去想了。

生：我给她补充一下，这里没人看管，也没人知道我在什么时候悄悄把它带回去。

师：（翻动大屏幕上的课文）看到这儿没有，我们一起来读一读。

生："我又抬头看了一下四周，到处都是静悄悄的，皎洁的月光下看不见其他任何人的影子"。

师：就像刚才这位"詹姆斯"想的"反正周围没人，我带回去好了"，你已经学会站在他的角度去思考了。

生：如果我是詹姆斯，我还会想，我的天呐，这条鱼可真大呀，它肯定有很高的价值，而且这条鱼是非常不容易捉到的，我必须把它带回家里做纪念。

师：姚老师要祝贺你，你站在他的角度上去想了，那么大的鱼怎么会不喜欢呢？

生：文中写了"我还从来没有碰到过这么大的鱼"。

师：如果你就是詹姆斯，你看到什么了？

生：我看到了一条我从来没有见过的大鱼。

师：那你就会怎么想呢？

生：既然没人，还不如拿回去算了。

师：你不是说大吗？怎么又想到没有人了呢？看上去那么大，你怎么想？

生：鱼那么大肯定也很鲜美。

师：大和鲜美有什么关系呢？

生：……

生：我给他纠正一下，我觉得应该是鱼很大说明它的肉很饱满，就说明它的肉很多很鲜美。

师：肉多就一定鲜美？好，你现在就是詹姆斯，看到鱼那么大，从来没有见过的大鱼，你会想什么？

生：鲈鱼的营养价值已经很高了，如果它那么大的话可能营养价值就更高了。

师：你看到的不仅仅是大鱼，你看到的是鲈鱼，你就想怎样？营养很丰富味道很鲜美，是吗？就要这样去想。还有吗？

生：如果我是詹姆斯，我会这样想：那么大一条鱼，好不容易钓起来的，我可以拿到别人家去炫耀炫耀。

师：哪个地方看出来不容易钓？

生："过了好长时间。"

师：对了，"过了好长时间"，那么不容易钓，当然不愿意放。还有什么想法？

生：我想到那么……

师：你看到什么？

生：我看到了那条鱼很漂亮、很肥，我想到那么漂亮、那么肥的鱼如果拿到市场卖，一定能卖好多钱。

师：很真实，你学会了站在詹姆斯的角度上去想。还有你看到了什么？现在你们看到的都是"大鲈鱼"，看到鱼美、鱼大，还看到了什么？

生：而且周围没有一个垂钓者，如果没有其他垂钓者的话……我就会想如果我把这条鱼据为己有的话没有人会知道，也没有人会知道我违反了规定。

师：说得好。现在看到了大鲈鱼，看到了没人。请问，他有没有看到别的东西？

生：我们组有补充。就是他还看到那"不容争辩的声音"……

师：我现在的问题是讨论什么？哪位同学来反驳她？

生：我们讨论的问题是他为什么喜欢这条大鲈鱼，他在想什么？不是他看到爸爸。

师：好，除了看到这两样，你们觉得他还有没有看到别的东西？他不想放，有没有别的原因？

生：因为他看见他爸爸划了根火柴，看了下手表，离捕捞鲈鱼的开放时间还差两个小时。

师：那么看到这些他会想什么？

生：看到这里詹姆斯会想……

师：你就是詹姆斯了，你会想……

生：我会想时间都还没有到为什么不愿意把鱼放下去……

师：好像有问题。有两个小时，只有两小时了，时间还没到，那我就该放回去吗？现在我们讨论的是明明他不想放，你看到只有两小时了，因为前面说到了，这段时间正是鲈鱼的产子期，看看第1段，这是什么时间？

生："鲈鱼捕捞日开放的前一个傍晚。"

师：那么现在只差多少时间？

生：两小时。

师：你看到只差两小时，你会怎么想？

生：我会想，时间反正也离得不久了，就这两小时也没什么大不了。

生：我还会想到这条鱼非常大、非常美，还有两小时也没有关系，反正周围没有人，带回去也没有人知道。

生：我会想这两小时如果能快快地过完的话，那么我就可以把鲈鱼带回家而不违反规定了。

师：那你想再等会儿是吗？现在不想放。

生：我为杜瑞娜补充。我觉得我的心里会很纠结，因为不放会违反规则，而放了呢，那么大一条鲈鱼可惜了。

师：你真会设身处地地思考。

生：如果我看到只有两小时，两小时比较短，磨蹭磨蹭就过了。

师：关键是爸爸说的，因为我们是在这个时间钓的，所以要放了。来，紧扣文题，现在你们不仅看到大鲈鱼，看到没人，实际上，现在詹姆斯也看到了时间。刚才你们想得非常好，设身处地站在詹姆斯的角度，用他的眼睛去看了，所以用他的思维去想了。那么接下来，用同样的方法，父亲看到了什么？这里说的是父亲看到了大鲈鱼，看到了时间，谁来说说，父亲看到这些想到了什么？

生：父亲应该……

师：现在你就是父亲了，你看到——

生：我看到时间有点紧了。

师：注意，先说看到大鲈鱼的情况。

生：我看到大鲈鱼，我非常的喜欢，但是时间还有两个小时……

师：你看到大鲈鱼，你也喜欢。你还看到了什么？

生：我对他有补充。父亲看到了大鲈鱼，而且是自己的儿子钓起来的。

师：那他还看到了什么？

生：看到了是自己的儿子钓起来的，非常想表扬自己的儿子，而且钓起来的又是这么大、这么肥美的，在月光下这么漂亮的鱼，也是非常不容易的。

师：我发现你已经站在詹姆斯父亲的角度想了，儿子钓了那么大的鱼，他表扬儿子好不容易啊，想得好。

生：我补充一下，他还看见儿子乞求的表情、目光，他就觉得一边是他儿子，一边是规则，其实父亲心里也很纠结。

师：说得好，当时他儿子怎么说的？爸爸怎么跟他讲的？父亲盯着鲈鱼——

生（齐）：父亲盯着鲈鱼看了好一会儿，然后把目光转向了我："孩子，你得把它放回湖里去。""爸爸，为什么？"我急切地问道。"你还会钓到别的鱼的。"父亲平静地说。"可是，不会钓到这么大的鱼了。"

师：刚才你们说到，父亲看了鱼，这里你们刚才发现一句话"父亲盯着鲈鱼看了好一会儿"。你们觉得这个时候他在想什么？

生：我觉得这个时候父亲有可能心里也很纠结。

师：现在你就是父亲，你会想什么？

生：我在想，一边是规定，一边又是儿子钓的大鲈鱼，放弃鲈鱼又不舍，违反规定又不好，到底怎么办呀？

师：说出了纠结。

生：而且我觉得那个是我儿子钓起来的鱼，我很骄傲，但是钓鱼的时间又没有到，必须把鱼放了，但又不想让儿子伤心。

师：父亲看到了鲈鱼，也看到了儿子的目光，刚才还写了一个词，看到了时间。其他组也是这么写的吗？

生：是。

师：好，父亲看到了时间之后在想什么？

生：我看到了时间以后我会想，虽然只剩两个小时了，两个小时也是规定的时间，我们是在这两个小时之前钓到的，所以我们还是要把它放回去。

生：我有补充，规则是对人人平等的，就算还有两小时，但是这也是规则，违反了规则就不对。

生：如果是我的话，我也会很犹豫，会想到底是放还是不放呢？放了觉得好可惜啊，但是不放呢又觉得自己违反了规定。

师：你们都很能干，已经会站在父亲和詹姆斯的角度，用他们的眼睛去看，用他们的思维去想了。那么姚老师想问问，詹姆斯看到的是这条鲈鱼不容易钓到，那么大，又那么好吃，而且还没人看到，理所当然该"我要"。但是詹姆斯的父亲看到的仅仅是鱼吗？

生：不是。

师：他还看到了什么？

生：他还看到了时间。

生：他还看到了规则。

师：你们说得很正确。实际上詹姆斯的父亲比他想得更远，父亲会想，假如没有规则，或者假如人们都不遵守规则会怎么样呢。在我们这个单元中有一首诗歌，我们来看一看。我们一起来读一读《谁说没有规则》这首诗，分分工吧，一小节、二小节、三小节、最后一小节全体来。（教师给学生分工）准备，我来读题目——谁说没有规则。

生（齐读）：

谁说没有规则？

明明白白写着：

"不准喂动物食品！"

可他还往狗熊嘴里扔饼干、糖果。

问他为什么？

他回头一笑："别人也这样做。"

谁说没有规则？

明明白白写着：

"请走天桥和地下通道！"
可他却要翻越界栏横穿过街。
问他为什么？
他满不在乎："这样方便快捷。"

谁说没有规则？
明明白白写着：
"不准乱扔垃圾！"
可他却把果皮往长椅上一搁。
问他为什么？
他不好意思："没人看见是我。"

谁说没有规则？
明明白白写着：
"请按顺序排队！"
可他却要插队抢座。
问他为什么？
他瞪起眼睛："用不着你管我！"

师：谁来归纳一下，这四个小节都写了什么内容？

生：就是有人在公共区域不守规则。

师：嗯，有人纠正吗？

生：这四个小段都写了在有规则的地方还是有人犯规。

师：诗歌不叫"小段"，应该叫"小节"。这四个小节都写的是人们有规则但不遵守规则的情况，相信同学们在生活中也看到了很多似曾相识的违反规则的情景。接下来，姚老师给大家看几组新闻图片。大家看一看（播放幻灯片）你看到了什么？

生：闯红灯。

师：这是南京的丁某某在埃及神庙刻字。

师：这是在孔子的塑像上攀爬。

生：排放污水。

师：大片的森林被砍伐。

生：猎杀海豹。

师：海豹的血就滴在积雪上。

师：这是什么？

生：鹿角。

师：对。鹿角被人残忍割去。

师：这是藏羚羊的皮被剥了之后，它们的骨架被丢弃在荒野之上。

师：同学们，我们想一想，假如人们都不遵守规则，你会看到怎样的场面？

生：我仿佛看到了许多动物都灭绝了。

生：我仿佛看到了人们生存的家园被破坏了。

生：我仿佛看到稍不留意，自己钱包里的钱就被偷走。

师：你不仅说到了图片上的内容，你还想到了社会治安问题。

生：我仿佛看到了天空中的滚滚浓烟！

师：我听出你很愤怒。

师：在那天晚上，詹姆斯的父亲不仅看到了鱼，看到了儿子的祈求，他更看到了规则的重要性。那么现在大家想想，假如那天晚上让詹姆斯带走这条大鲈鱼，詹姆斯的父亲仿佛会看到什么？

生：自己的儿子违反了渔场的规则。

师：假如你就是詹姆斯的父亲，你仿佛看到了什么？

生：我仿佛看到了以后每个人都不遵守这条规则，鱼类将会灭绝。

师：他会不会看到儿子将来的情况，想一想。

生：我仿佛看到了儿子不遵守规则，每一次都不按照规则去钓鱼。

师：仅仅是钓鱼吗？

生：我来补充一下，我仿佛看见他违法的情景。

生：我仿佛还看见儿子趁别人不注意，把别人的东西拿走。

师：想一想，他可能还会看到什么？

生：我仿佛看到了上帝在指责他和他的儿子。

师：很显然，正是因为这样，那晚詹姆斯的父亲坚决让儿子把鱼放回去。

师：想一想，由于父亲这样的选择，詹姆斯后来怎么样了呢？来看课文。读一读。

（生齐读文章的倒数第 2 自然段）

师： 这文中有个词打了引号，是什么字？

生： 鱼。

师： 你认为这个鱼是什么？

生： 我觉得"鱼"就代表那只大鲈鱼。

生： 我觉得"鱼"就代表着规则。

生： 我纠正一下，我觉得"鱼"就代表着违反规则带来的巨大利益。

生： 我觉得还是这个世界上诱惑人的一切东西。

师： 说得好，"鱼"就是各种各样的诱惑。正是因为当时父亲的选择，所以詹姆斯成了一个非常守规则的人，而且也成了非常成功的人。

三、学习《让校规看守哈佛》，迁移运用"设身处地"的阅读策略

师： 在世界著名的学府——哈佛大学，也曾经发生过一个与规则有关的故事，而且这个故事引起了人们的争议。（出示故事），谁来用简单的语言归纳一下，这个故事讲了什么。

生： 这个故事讲的是：哈佛大学图书馆有一次发生了火灾，哈佛牧师捐赠的 250 本书都被烧掉了，只有一本书幸存。因为一个一年级的学生把这本书偷偷地拿出了图书馆，但后来他觉得这样做是不对的，于是，他就把这本书还给了校长。还书以后，校长先表扬了他的勇敢，而后又开除了他。

生： 我给他补充一下，因为这个一年级的学生是在早些时间违反了图书馆的规定：这些书都不能被带出图书馆，他因此被开除了。

师： 说得好，我们来看看当时的情景。他后来经过一番激烈的思想斗争，我们来看看这段话。

（出示课件——他把书还到了校长那里，而且郑重地将书放到校长的桌上，低着头，忐忑地等待着。校长沉默之后，把手放在他的肩头，缓缓地说："孩子，你把这本书还回来，让哈佛牧师捐赠的唯一珍本在哈佛流传下来，真是做得太好了！我代表学校感谢你，同时，你勇于承认错误的诚实态度令人感动，是非常值得表扬的。"说完这番话后，校长顿了顿，继续说道"但是，孩子，我同时也要很严肃地向你宣布，由于你当初偷偷地将书带出图书馆，违反了哈佛的校规。按照校规，你被哈佛大学开除了。"）

师：现在我们设身处地地想一想，你就把自己当作埃佛拉姆，就是拿书的大学一年级学生——当你听到自己被哈佛大学开除的时候，你会有怎样的表现？注意，大家还是要用刚才学到的策略——回到文中去想，当时埃佛拉姆看到了什么？想到了什么？甚至听到了什么？现在你就是埃佛拉姆，你会有怎样的表现？说出你的理由，从文中找根据。

生：我仿佛看到了我回家后，父母会批评我。

师：注意设身处地地想象人物的表现。

生：如果我是埃佛拉姆，我会目瞪口呆，然后我会愤怒，因为文中前面说到，经过一番激烈的思想斗争以后，埃佛拉姆惴惴不安地敲响了校长办公室的大门。

师：哪位同学来说说，你的表现是否和他一样。

生：我先是低下头沉默，然后就很后悔。

师：好，你低下头，沉默而且后悔，为什么这样？

生：因为我把书还回来了，校长表扬我，而后却把我开除，我会很后悔。如果我看完了书，再偷偷地还回去，这样既不会被别人发现，也不会被开除。

师：那你的意思是我有点倒霉，运气不好，是这个意思吗？

生：我来给他补充一下，如果我是埃佛拉姆，我会很懊悔。

师：你当时听到这番话，你会想什么，有什么表现？

生：我也会很后悔，因为我将书还回去了，反而被开除，这不是不值得吗？如果当时我没有把书还回去，现在我就可以不被开除了。

师：你听到之后是后悔，这是心里的想法，你当时会怎么表现呢？

生：当时我就会向后退几步，因为我感觉校长好像变成了另外一个人，刚表扬了我，又批评了我。

师：为什么？你会怎么想呢？

生：我会很后悔。

师：你当时只是后悔吗？有没有不一样的想法？

生：我的想法不一样。我听到这句话后会舒一口气，轻松极了。因为在没有还书之前，我拿着唯一的幸存的书，这是对哈佛大学来说极其珍贵的书。如果我一直带着这本书的话，可能上学时都会不得安宁，所以只要还了这本书，我的内心就会十分安宁。

师：说得好，你的心会很轻松，因为你觉得不再受良心的折磨。

生：如果我是埃佛拉姆，听到要被开除，我就会伤心地哭了起来，并且觉得很遗憾，因为哈佛大学是一所非常有名的学校，考进去是非常不容易的。这样被开除，我觉得太遗憾了。

生：我会感谢校长。

师：为什么他把你开除了，你还感谢他？

生：因为校长很公正，所以我感谢校长。

生：我来补充，感谢校长是因为校长公平，文章前面说到，良心逼迫他做出选择。埃佛拉姆的心里很不安，先是沉默，他在想到底是还，还是不还？校长的处理让他得到了结果，于是他的心就平静了下来。

师：背负的心灵重担终于放下了。

生：我补充一下，如果我是埃佛拉姆的话，我也会哭。一方面是因为我被开除了，而我是很不容易考进来的；一方面是因为校长是特别值得信任的，他是一个守信用的人，不可能因为我把书还回去了，就可以不遵守规则不把我开除。

师：你是觉得规则面前人人平等，是吗？哪位同学的想法跟他不一样？

生：我会与校长争辩。

师：为什么争辩？争辩什么？

生：因为我把这本书还回来了，而且还让这唯一的书没有被损坏。校长居然还要开除我，我一定要与校长争辩。

师：你觉得心里很委屈。

生：我也会争辩，249本书都被烧毁了。这本书我还回来帮了哈佛一个大忙，为什么还要开除我？

师：你联系了前文，已经站在他的角度上去想、去看了。250本书只剩一本，我还了，应该将功抵过了，是吧？

生：我会跟校长说谢谢，因为如果我不还的话，我可能长大以后会不守规则。

师：你是感谢校长让你懂得了规则高于一切，真是一个懂事的孩子！

四、学生总结学习收获

师：同学们，我知道你们还意犹未尽，但就要下课了，用一句话总结一下你这节课的收获吧。

生：有些时候，有些规则我也不懂，但是今天学了这一课之后，我知道了什么事情都得按照规则去做。

生：我懂得了世界上的所有人都要遵守规则。

生：我懂得了在规则面前人人平等。

师：有没有学习方法的收获？

生：通过今天的学习，我知道了"设身处地"这种阅读方法，读书时要站在文中角色的立场去思考问题。

师：好极了，祝贺你们，孩子们！时间已经到了，下课！

生：谢谢老师！

【名家点评】

大 美

——评姚嗣芳老师"规则"一课

龚 萍

课堂美的意义是什么？简约而不简单。课堂不需要繁复的叠加，越是冗杂的文章，越是面面俱到就越是蜻蜓点水，浅尝辄止。为此执教者要勇敢举起奥卡姆剃刀，删繁就简，追求课堂简约高效之美。

"规则"一课其美有三。

一、教学目标至简至美

目标确定上简洁明确，恰如其分。核心目标"引导学生抓住重点词句，设身处地理解文本"——落点在学生阅读能力的培养。"设身处地"阅读策略是北师大四年级教材"规则"单元提出的重点阅读策略，也是教学的重难点。聚焦这一难点，既符合教材编排意图，又符合学生年龄段阅读需求，着眼点在引导学生"学会阅读"。吴忠豪老师倡导本体性语文教学，其关键就是看一堂课是否在教给学生语文方法，传授学生语文知识，培养学生语文能力。从这个角度看，姚老师的课，就是以教给学生阅读方法为目的，提升学生语文能力为目标，从而完成一堂有意义的语文课。

二、教学环节至善至美

学生语文能力属于智力技能，是一个缓慢而默会的过程。教师能够言说、传递的是陈述性或者程序性知识。"设身处地"大抵属于这一类。对于四年级学生而言，"设身处地解文本"这一概念过于笼统，在理解和操作层面都不具体。因此完善这一说法，具化这一说法，是把一个陈述性知识转化为程序性知识，以学生的视角来诠释它、内化它，这一点尤为重要。为此姚老师"用文中人物的耳朵去听，用文中人物的眼睛去看，用文中人物的思维去想"这一做法，大而化之，简而明之。

为此本课教学环节也就以"理解概念—具化方法—尝试运用—迁移实践"这一逻辑展开，既符合学生阅读能力的形成规律，也让课堂目标能以"一根筋"的方式落实下来，少了些旁枝末节的羁绊。

三、对话过程至纯至美

课堂的精彩源于学生的精彩。课堂应该说是一个"对话"过程，教师、学生、文本三者都应该有一个既独立而又交融的对话过程，缺一不可。教师虽为首席，但不可替代学生与文本对话，学生得根据自己的学科经验、生活经验和文本对话，读出自己的理解，阅读意义方能形成。姚老师这堂课的精彩就在于这个"过程"，师生间，师生与文本间，没有更多花哨的东西，就是思想的传递。学生在教师引领下"设身处地"从《钓鱼的启示》中"詹姆斯"与"父亲"角度产生"规则"的矛盾——从《谁说没有规则》明白"规则"的意义——从《让校规看守哈佛》深化规则意识，这应该是课堂"阅读策略"线索的另一条情感与价值观线索。在师生开放式的对话过程中，学生勇于发表自己的看法，他们在理解、在分析、在联想、在思索，他们的思想随着课堂教学的展开一步步在矛盾冲突中走向纯熟。

"规则"一课，虽然有多篇文本嵌入式整合，看似信息量大，但因目标、环节至简，因此多篇文本，相辅相成，彼此呼应，丝毫没有冗长繁杂之感。课堂对话平实精彩，情感思想纯美，无卖弄矫情，再添厚重。

课堂大美如此。

（评课者：龚萍，成都市锦江区教师进修校语文教研员）

八、教学：内容与方式都为学生的发展服务

——北师大版小学语文第十一册"战争"单元
"读写联动"《叙事作品中的环境描写》课堂实录

执教：成都师范附属小学　姚嗣芳
班级：成都师范附属小学六年级五班

姚嗣芳与吴忠豪教授合影（右二系作者　摄于 2016 年）

【授课背景】

随着大单元整体教学研究的推进，更多与单元主题相关的课外阅读材料进入了我的课堂，学生的课堂阅读总量有明显增加。但是，光有量的堆积就行了吗？应该怎样精选课外的阅读资源呢？对选入课内的阅读材料仅仅是走马观花地读一读就行了吗？怎样让学生通过大量读获得成长呢？

通过学习思考，我找到了解决以上问题的新思路：在确定单元核心目标之后，教师应该对整个单元中零散的教学资源进行分析和处理，将与该单元核心目标关联

度不高的教材内容进行简、删、调、换，必要时，还可以跨单元甚至跨册进行教学内容的重组。在此基础上，还可以从本单元的教材拓展开去，从多途径选择一些与单元核心目标相关的、示范性强的、为儿童所需要的、丰富多样的课外语文教学资源，并将精心整合后的资源灵活地嵌入恰当的教学环节，引导学生对重组优化的教学内容进行对比学习和类比学习，帮助他们在结构化的学习中开拓视野，学习语文知识，发现语言规律，领悟表达方法，提升语文能力。

2015 年 12 月 25 日，在"成师附小第 31 届名师研讨课暨锦金合作教育链活动"中，我执教了这节课，接待来自区内外的四百多位观课老师。

2016 年 11 月 26 日，该课例作为四川的代表课例在"小教硕士教材编写组"QQ 群展播，得到了华东师大的夏家发教授和成都市教育科学院语文教研员罗良建老师的好评。

【课堂实录】

师：这学期大家在第六单元学到了几篇关于战争的文章，还记得分别是哪几篇吗？

生：古诗《十五从军征》和《出塞》《小英雄雨来》《夜莺之歌》。

师：这几篇文章有一个共同的特点，就是都用到了环境描写。其实，大家早就接触到了一些环境描写。你们认为，环境描写应该包括哪些内容？

生：我觉得环境描写应该包括一些动物或者景物。

生：我觉得还应该包括植物。

生：我认为还应该包括天气的变化。

生：我认为还有地形。

生：我认为还有建筑物。

生：我认为还应该包括声音。

师：大家说得不错，环境描写包括时间、地点、季节、天气、周围的景物等。大家先来回顾一下，在第六单元就有一些环境描写的片段。这个单子昨天我已经作为预习作业发给大家了。这些片段都是环境描写，你们等会儿再浏览一下，看看这些片段在课文中起了什么作用。

（学生浏览预习单后交流）

师：第一个是《小英雄雨来》中的片段，红色的字都是环境描写。你发现这个片段的环境描写有什么作用呢？

生：我认为这个环境描写为后文做了铺垫，为推动情节发展埋下伏笔。

师：为什么这么讲呢？我想听听你的理解。

生：因为我觉得如果他没有写晋察冀边区，那么他就不会说到还乡河，如果不说到还乡河，就不会说到小山庄，如果没有说到小山庄就不会有雨来的出现。

师：你认为这是为后文情节做铺垫吗？

生：我想补充一下。大家知道《小英雄雨来》片段就讲的是雨来后来跳进了河里逃生。我认为如果这里没有写芦苇遮挡的话，雨来是逃脱不了的。

师：你认为这是为后文雨来逃生做铺垫，我认为有道理。

生：我还要补充一下，后面也提到了雨来游泳本领很高，这里也提到了还乡河，也相当于为后面讲雨来游泳本领很高做了铺垫。

师：其实这是交代了故事发生的背景。接下来，我们来看看《小英雄雨来》的第二个片段，这个片段起什么作用呢？

生：我觉得这个片段的作用就是渲染当时忧伤的气氛。

师：为什么？稍微说具体一点儿。

生：因为他写了鸡冠花和苇塘里的芦花被风吹了起来，这时雨来被拉去枪毙了。这样写就表达了忧伤的情绪，与后面老人含着泪说"好孩子，死得可惜"是相关联的。

师：这究竟有没有写到人们的心情？我们知道，后来雨来实际上是没有死的，但是当时他们是怎么想的？

生：他们以为雨来死了。

师：不错。下一个片段谁来说一说？

生：这个片段也是为下文做铺垫。河水打着旋涡哗哗地向下流，也许是鬼子把雨来扔在河里冲走了。

生：我觉得应该是推动情节的发展。文章说河水是往下流的，后来又说到雨来没有死，这里应该是推动了情节的发展。

师：你认为是因为这个旋涡雨来才没有死吗？

生：我觉得这个地方不是推动情节的发展。推动情节发展是说因为前面的某个原因，情节不断发生变化。后来的情节是雨来没有死，不可能是因为旋涡哗哗向下流而没有死。我觉得这是埋下伏笔的作用，河水打着旋涡哗哗向下流，后面才会写到有可能雨来被冲走了。

师：赞同你的意见。往下看看《夜莺之歌》的片段，你认为这里的环境描写起什么作用？

生：我认为这里的环境描写是为下文做铺垫，因为这里写夜莺的歌声打破了夏日的沉寂，假如夜莺不在那儿唱歌的话，就不会引起别人的注意。

生：那也可以说是因为唱歌才能推动后面情节的发展。

生：我要补充一下，前面他说到街道的两旁也是渲染出了战争荒凉的气氛。

师：赞同大家的意见。《十五从军征》是一首叙事诗，那这当中的环境描写起什么作用呢？

生：我觉得是渲染气氛，因为老爷爷在八十岁时回到家之后，家里一片荒凉。

师：说得非常不错！

生：我认为这个地方还有推动情节的作用，因为在写了"中庭生旅谷，井上生旅葵"之后就写到了那个老兵开始做饭。

师：接下来我们看看这一册教材当中的其他单元和其他册教材中的环境描写。这些内容昨天大家已经预习了，你发现哪些片段就具有我们刚才说的这些作用？

生：《生死攸关的烛光》写到了蜡烛，这也是环境描写，我认为这里渲染出了一种紧张、可怕的气氛，也推动了后面情节的发展。有了这一段，才有后面小女儿机智的举动。

师：好，接下来看看《"诺曼底号"遇难记》，文章多处写到了雾，那我们看看这三处雾分别起什么作用。

生：我觉得这里有为下文做铺垫的作用，因为雾，所以船才会遇难。

生：我觉得也推动了情节的发展。

师：那我们看第二处的雾仅仅是做铺垫吗？

生：我觉得这里的雾有推动情节、渲染气氛的作用，渲染了十分恐怖的气氛。

师：对，说得真好！那第三处的雾有什么作用呢？

生：我觉得这里写"阴惨惨的雾"，表达了人们悲伤的心情。

师：这一册的课文《黑孩子罗伯特》两处写到了玫瑰花。请大家先看第一处写玫瑰花有什么作用。

生：这一处表达了罗伯特高兴的心情，因为他为了买战斗机存了很久的钱，那天他马上就能买到战斗机了，走在路上看到玫瑰花开得非常好，心情特别喜悦。

师：说得非常好！文章的结尾又一次写到了玫瑰花，你认为是什么作用呢？

生：我觉得这段话表达了罗伯特受到了丽莎父亲的尊重后，心情变得美好。

生：我认为这段话还表达了作者渴望世界上黑人和白人手牵手做朋友的感觉。

师：对，这实际上是表达了文章的主题——人与人之间和平相处，没有歧视，相互尊重。《荷塘旧事》这篇文章是在这册教材出现的，这一段的环境描写具体有哪些作用？

生：为下文做铺垫，"荷叶在白水边形成一条弯曲的边缘线"为下文"我"进入了深水区做了铺垫，这里的"边缘线"是为后文小朋友的警告做铺垫。

师：那么前面把荷塘写得那么美，还起了什么作用？

生：写荷塘的美景交代了事情发生的背景。

师：《穷人》这篇文章也是这学期学到的，你认为这里的环境描写起了什么作用？

生：前面说到了"寒风呼啸"，而后面又说到了"屋内温暖而舒适"，就是把这两处景做了对比。

师：那属于什么作用呢？

生：我觉得是渲染了气氛，也揭示了文章的主题，在那么恶劣的环境下，渔夫依然要去冒着生命危险打鱼，说明了穷人生活的艰辛。

生：我觉得这里还表现了桑娜的勤劳。虽然他们家很穷，可是桑娜把家打扫得干干净净，充满温暖。所以我觉得这里的环境描写还表现了人物的品质。

师：刚才大家说得很不错。以上所说的都是环境描写的作用。大家除了在教材中见过不少的环境描写，我们班有那么多书迷，在大量的课外阅读中，你们见过环境描写没有？

生（齐）：见过。

师：相信大家在环境描写的时候也找到一点儿感觉了。下面这些片段，大家肯定不陌生。这篇文章是我们大家在拓展阅读时读过的林海音的另一篇文章《爸爸的花儿落了》，你认为这里的环境描写起什么作用？

生：我觉得这里也衬托了人物悲伤的心情。

师：为什么悲伤？

生：因为她爸爸得了重病，躺在医院。夹竹桃叶子都要掉了，衬托了人物悲伤的心情。

师：你学得真好。那往下看看，这篇文章很多孩子读过，曹文轩的作品《孤独之旅》这个片段，后面说到了他们家的鸭子被毁，他们去追鸭子、找鸭子，你觉得这一大段的环境描写起了什么作用？

生：我认为这个片段的环境描写有推动情节发展的作用。后面去找鸭子文中是与前面的这些环境描写有关的。

师：大家看一看，这是课外的一篇文章。这篇文章也写到了环境描写，你认为这里的环境描写起什么作用呢？

生：我觉得这里交待了主题。因为这样写就突出了母亲的耐心。而写的是路很宽，没有人，很寂寞，而母亲却在这儿等着，突出了文章的主题。

生：我也认为这段话是突出了人物的品质。请大家看那句"遥望那条很宽很宽的路"，因为时间比较晚了，就感觉这条路空荡荡的，而母亲依然等得很耐心，等着文中的"我"放学。我觉得这段话突出了母亲对孩子的疼爱与关怀的品质。

师：请大家关注一下第一句的"月色皎洁，一如闪亮的白绸，宁静而安详地弥漫"。

生：我认为这里把母亲比作月光皎洁，"宁静而安详"写到了母亲对孩子们的耐心，其实这是在表现人物的品质。

师：对，这里象征着母爱宁静而安详。好了，通过那么多个片段，大家读到了都是属于环境描写的作用，那在读到这些作用的时候，大家有没有发现有的环境描写多种作用兼而有之？

师：我想，光了解环境描写的作用远远不够，学语文的最终目的是学会表达。所以，接下来我们要研究的是怎样在叙事作品中增添一些环境描写，让叙事作品更加生辉、更加精彩。接下来，姚老师要给大家新的挑战。刚才我发了一张单子下来，都拿到了吗？

生：拿到了。

师：这张单子有三个片段，请大家读一读，想一想这三个片段当中的环境描写恰不恰当，为什么？现在小组讨论。

（学生小组自由讨论）

师：好，我们来看一看下面这些片段。第一个片段《雪中送炭》，刚才我听到有些组的意见是不一样的。现在我想问一问，认为这个片段的环境描写是恰当的小组举手。好，你们来说一说理由。

生：我们开始认为恰当，现在认为不恰当。

师：那有没有人认为是恰当的？

生：没有。

师：哪位代表来说一说为什么不恰当？

生：这篇文章的题目是《雪中送炭》，作者把景色描写得那么美，但是这样就不能突出送炭师傅很艰难。

师：哪位同学能说说从哪些地方感觉到景色很美？

生：我从"顽皮的小雪花纷纷扬扬地落下来就像跳舞一样"和"雪花各式各样的"这两句话能感觉到景色很美。但我觉得《雪中送炭》这篇文章是想突出送炭师傅在下雪天热心为大家服务的品质，作者花了很多的笔墨把雪花写得很漂亮，这与突出送炭师傅的品质基本没什么关系。

师：哪位同学说说，假如你要修改这里的环境描写，你会写什么？

生：可以写寒风呼啸。

生：可以写雪花落到地上给人们带来的不便。

生：我想写大街上空无一人，天气非常寒冷。

生：我觉得不一定写路上一个行人都没有，这不太符合现实。我觉得可以写路上的行人穿着厚厚的棉衣，戴着长长的围巾，感觉每走一步都很艰难。

生：还可以写坑坑洼洼的路面。

师：为什么要写坑坑洼洼的路面？

生：因为这样才能突出路面特别难走。

师：太能干了！赞同你们的意见，一要写出冷，二要写出路难行。那么这篇文章的作者错在哪里？

生：我认为错在环境描写与前后的照应不当。

师：什么照应？

生：我觉得这篇文章的作者错在把冬天的美好、漂亮写了很多，但完全没有写出下雪给人们带来的不便，这样不能突出送炭师傅的品质。

师：你归纳得很好，实际上就是作者的选景有问题。在选景的问题上大家一定要注意跟文章的情节照应。接下来，我们来看看下一个片段，这个片段是有一位同学读了《石壕吏》之后增加的环境描写，大家看看是否恰当。

生：我觉得不合适。本文应突出老奶奶被抓走后悲伤的气氛，而他写的环境感觉很美好，不合适。

生：我觉得要写荒草之类的，以及战争之后的荒凉。

生：应该写一些枯树，遍地的白骨，漫天的黄沙，还可以写村子里没有男人，只有一些哭泣的女人。

生：我补充一下，可以写战争之后的废墟。

师：想得好，你们选的景和文章的情相融，很恰当。再看第三个片段，这个片段写的是一个孩子的奶奶在老家生病了，她回去看奶奶，然后帮奶奶做了很多事，前面加了一大段环境描写，你认为怎么样？

生：我认为不合适，前面的景让我们感到很欢快，但后面写的是奶奶生病，奶奶生病不可能让人欢快。

师：如果"我"回到老家看奶奶很高兴呢？

生：我认为她这样写应该是可以的，因为在去奶奶家之前，她完全不知道奶奶生病了，心情应该是愉快的。

生：这篇文章写奶奶生病，我帮奶奶做了很多事，文章的主题是要表现"我"非常关心奶奶。而他那么一大段一直在描写环境，根本没有体现文章的主题。

师：我觉得你把讨论引上正路了。

生：这篇文章的题目是《那一天，我长大了》，它的主题应该是小作者帮奶奶做了很多事，觉得自己长大了，这个地方描写有点儿多余，几笔带过就可以了。

师：你们刚才的发言非常精准。这里可不可以写景？

生：可以！

师：但它的题目是《那一天，我长大了》，主要的内容应该写什么？

生（齐）：长大。应该写后来怎样帮助奶奶。

师：这点达成统一了，在写景时除了精心选景、情景交融，写景和叙事还要注意比例问题，具体怎么做？

生：环境描写不能把主题掩盖了，如果环境描写与主题不相符的话，那这篇文章就会写偏题。

师：换一种说法，就是该详的就详写，该略的就略写，这就是表达要详略得当。今天大家不光总结了写景的作用，还知道了写景的要领，叙事作品还要考虑详略得当的问题。

师：接下来，我们就来小试牛刀。我们每天都在写班级故事，有很多的作品，当然有些作品有点儿粗糙。今天姚老师挑了几篇来，这些作品多多少少都有些问题，每个组都要修改一篇文章。《"三新"的一天》原文中是有环境描写的，请你替换环境描写，同样表达和她一样的心情；《〈石壕吏〉改写》中的环境描写很不恰当，请你换一个恰当的环境描写；《小组的伤心事》，给了两个可以添加环境描写的地方，两处人物心情是不一样的，选择一处添加合适的景物描写；《篮球场上的铿锵玫瑰》这篇不做统一规定，在你认为合适的地方加上环境描写。

（小组分发拓展单，学生进行添加环境描写练习。师巡视）

师：请大家注意是进行环境描写，不是人物细节描写，不见得要长篇大论，几句就可以。

生：我拿到的是《篮球场上的铿锵玫瑰》。

师：请先告诉大家你加在第一处还是第二处。

生：我加在第一处了，我加的是：往日无精打采的大树也昂起了头，紧张地看着球场上的变故；小草焦急地摇着头，种子心也悬起来了；白云也不飘了，只是定在天上，低着头向下看。

师：很欣赏你添加的内容！

生：我写的是《〈石壕吏〉改写》。我加的环境描写是：天刚蒙蒙亮，远处传来阵阵狼嚎，"嗷呜——"，仿佛是壮丁们的悲歌，几棵枯树无精打采地耷拉着脑袋。"哇——"孩子的啼哭声响了起来，让人肝肠寸断。

生：我也选的是《〈石壕吏〉改写》添加环境描写：天刚蒙蒙亮，天边飞来一只渡鸦，伴随着一阵叫声，仿佛在诉说着战争的凄苦。天边余晖洒下，洒在一片残破的废墟之上，像一位母亲在安抚自己受伤的孩子。黑夜中大片大片的麦苗被无情的火焰吞噬，只留下一片灰白的余烬。村边的大树垂头丧气地弯着腰，默默地注视着天际。

师：《"三新"的一天》是哪组写的？

生：在去学校的路上，空气格外清新，带着一丝淡淡的芳草味。树叶是翠绿的，风一吹，哗啦啦地响，好像在唱："今天的天气真正好，我们就要上学校。"车一辆辆地开过，都是亮亮的，像是刚出炉的蛋糕。各种声音汇合在一起，就像是一支美妙的清晨协奏曲。

师：选景很不错！还有《小组的伤心事》，谁来？

生：我在"每个人都一动不动"那里进行了补充：窗外刮起一阵风，落叶纷纷，好似在为我们组的状况而担忧，闷热的空气令人无法呼吸，虽然阳光灿烂，却好似有一个个大雪球砸中了我们组每个人的心。

师：好极了！有没有人补充在这篇文章最后的？

生：今天正好是晴天，鸟儿还是如平日一般叽叽喳喳地叫着，但我却觉得这声音格外动听。门外一群同学在激烈地打着乒乓球，一颗颗小白球轻快地来回飞舞着，我的心也喜悦起来。一旁的大树轻轻地摇着枝叶，发出"沙沙沙"的响声。我突然发现，今天的天空格外蓝。耶，雾气终于散去啦！

师：这样写衬托了自己喜悦的心情。

师：请大家小结一下，通过今天这节课，你有什么收获？

生：我对环境描写更加清晰一些，以前好像没有这么深入的讨论，以后写作文会更加经常地用到。

生：其实原来就觉得环境描写非常好，作文里也经常用，但原来是专门要去用。

师：那就是为写而写。

生：对，就是为写而写，但今天我才知道环境描写要精心选景，要情景相融，还要表现作文的主题，做到详略恰当。

生：以前写作文，我有时候也会进行环境描写，但一般只是用来交代背景或者衬托人物的心情，今天我才知道环境描写还有那么多种作用。

生：我今天才发现可以通过描写环境很好地表现人物的心情。

生：我以前以为环境描写多多益善，今天我知道了如果一味地进行环境描写，不考虑文章的主题，不注意情景交融和详略得当，也达不到理想的效果。

师：祝贺大家收获满满！这四篇文章，每个组只完成了一篇，剩余的三篇，下来后大家继续进行修改。今天的课就上到这里，下课！

姚嗣芳与贾志敏老师合影（左一系作者　摄于 2011 年）

【名家点评】

指向写作而不是写法

——评姚嗣芳老师《叙事作品中的环境描写》

罗良建

在这节课上，姚老师先让学生进行课前三分钟小主播展示——训练学生的表达能力，这样的训练姚老师天天坚持，让孩子受益良多。

姚老师的语文哲学——统整，在这节课中已经初现。第一阶段结束了，通过统整，学生明白了环境描写的作用。课堂上，学生学得主动、积极，多向互动，精彩极了！接着，姚老师又带着学生开启第二个阶段——从课内走向课外，这体现了学写的"先学后用"。姚老师的课，有料有节，有动有静，师生在课堂上的姿态，值得再赞！

因此，我认为这样的课是指向写作，而不是写法的，指向写法不等于指向写作或不是真正意义上的指向写作。

姚老师的这节课，非常精彩。

第一，课前的精彩。课前三分钟，日积月累。学生在课堂上的自信、大方和积极，是和平时的累积分不开的，就是"课堂在课堂之外"，课例中的班级故事非常精彩。

第二，课堂结构的精彩。课堂结构简单。这堂课中，有三个阶段，一是从单元课文中去发现和归纳环境描写的作用；二是让学生去看一些环境描写片段是否得当，对环境描写的认识进一步提升；三是运用，即让学生去写，去评。

第三，学生的精彩。学生的学习能力和学习习惯等得到了很好的展现。如果教师在课堂中没有给予他们机会，没有有效地调控，学生的用功就不可能有效发挥。

如果说，这节课还有什么需要思考的，那我认为，第一个环节节奏快、容量大了一些。尤其对不熟悉教材的老师，更是有这样的感受。

其次，整合的内容其实还可以放得更宽，难度可以降低，比如，三年级的《丑小鸭》，环境描写简单而又经典。大家思考一下，写丑小鸭，没有写它去青城山，为何写湖泊？几次写湖泊，这里的环境描写的作用特别典型。对于环境描写，重要的是得当，不在多和难，不用刻意，需要自然，这点要告诉学生。陈伯吹先生讲到儿童文学时，曾经提请大家注意，要少写景，多写那些有趣的故事，指导孩子作文，环境描写应该是一个有难度的点，但我要说，它不是关键的点。

好在姚老师是进行系列化设计，降低了难度，也让一些优秀的学生（这个班整体优秀）有了更高的目标，挑战自我而更加优秀。

今天的这节课，我也是第一次看，让我很震撼，有料、有节，有动、有静；让我很敬佩，从课中看到了姚老师的语文哲学——统整；让我思考，好的课，就是实现可能性、挑战可能性。

（评课者：罗良建，成都市教育科学研究院语文教研员）

着眼于习得之后的表达

——评姚嗣芳老师《叙事作品中的环境描写》

夏家发

叙事文本中的环境描写，其语用意图很不一样，即是说，在不同的叙事文本中，环境描写的作用很不一样。姚老师特别善于把学得的读写领悟用于当堂的练习，以期学生能够对学得性成果有所掌握。

姚嗣芳参加首届西部国际教育论坛（右三系作者　摄于 2018 年）

姚老师也特别强调当堂的学得，这非常重要。但当堂的学得，需要课内外大量的习得性经验为支撑。姚老师可谓做足了课内外的阅读功夫，在课堂上，学生对文本的理解就自然灵动、水到渠成了。

从学习的跨度看，姚老师大胆整合了学生课内外的阅读经验，聚焦性的学得点染，可谓大道若简、动能饱满。姚老师的整合性阅读活动也触动、触碰、触发了学生的表达冲动。

在写作上，应该有这三个点位。

第一，无活动，无作文。活动有阅读活动、游戏活动、体验活动等，活动之后，引导学生有结构地表达。

第二，表达情感。首先要确定主题，确定描写细节、表达观点，需要有相应的理由和论据，高年级作文，可以整合更多内容，形成完整表达。

第三，内在的丰富。通过活动区触发，学生会有更强的表达欲望。比如说，写"核桃"的作文，通过观察核桃，砸核桃，聚焦虫子，写虫子，再写看见虫之后的恐惧，写得入木三分。

　　写作需要做到三触：触动、触碰、触发。写作，就是发现自己，对于缺乏信心的学生来说，敢写最重要，然后才是能写、会写，逐步抓住训练点。

　　对于叙事文本来说，环境描写是必要的、必不可少的结构部分。对于小学生来说，环境就是他们看到、听到、感受到的外在物事。小学生要写一篇记叙文，环境描写也是难点，他们要学会发挥环境描写在叙事文本中的独特作用，这意味着，小学生需要学会驾驭"环境描写"这个技巧。

　　比如说写人物，人物一定是在特定的环境之中；又如写事情，事情也一定是在特定的环境之中发生的；即便是写心理活动，心理活动也一定是在特定的环境之中进行的。环境描写不仅限于写景，可以是人物背景、事件背景中的一切物事，人物、事件都是凸显在环境之中的。好的环境描写，能够充分地表达主题思想。比如，我们要表达一个平常人的一个平常事件的意义，可以把环境写得很艰苦。这个时候，环境描写就成了整个文本的核心之一了。或者，我们要表达一个平常人的一件特别事件的意义，可以把环境写得很平常。这个时候，环境描写，也就成了整个文本的核心之一。环境描写的语用意图是可以很复杂的。我们教小学生可以从写作的实际需要和可能性出发。一篇记叙文，如果有了环境描写的尝试，就说明作者的写作上了一个很大的台阶，对于小学生来说，这种要求可以适当降低。

　　古代章回小说里，为了渲染人物和事件，环境描写可谓具有不可替代的语用奇效。这个大家都有阅读体会，但是要我们平常人像那样去写，要求就很高了，有些小说的绝大部分内容，几乎都是在描写环境，人物一直不出现，这种娴熟的技法，别说小学生，就是研究生都难以驾驭。

　　我们每天一睁开眼，就看到很多物事环境。这些环境因素要进入写作的世界，是很难得的，环境描写的语用巅峰，就是唐诗。唐诗，几乎都是景语，这些景语，我们称之为诗歌的"意象"，这个语用巅峰，难以攀爬。

　　王国维在《人间词话》里有个"隔与不隔"的说法。"不隔"意味着作者能够把读者的眼睛当成是自己的眼睛，这就是通达，这个要求很高。

　　《红楼梦》的第三回《林黛玉进贾府》，最为精彩的就是环境描写。曹雪芹就是把黛玉的眼睛看成是读者的眼睛，借助文本，读者与黛玉一起一路看过来，读者就入境了，也进贾府了。读者就是林黛玉，读者所看到的一切，就是黛玉所看到的一切，这就是高超的"无隔"叙事。这该有多难呀！在《红楼梦》里，读者可以扮演其中任何一个角色，用文中人物的眼睛去看见这个世界，去感知、体察人物的世界，这就是入境。

移情，就是入境的一种办法，入境，包括外在环境和内在心境。能够进入故事中心人物的外在环境，是初步的入境；能够经由其外在环境，进而体察内在心境，是深度入境。所以，读叙事性文本，入境一点都不难，关键看作者的牵引水平。这两种入境的办法，都需要读者暂时放下自己，接纳文本。

（评课者：夏家发，华中师范大学教授）

九、立足读　着眼写　开掘情

——《临别语　人间情》课堂实录

执教：成都师范附属小学　姚嗣芳

班级：成都师范附属小学六年级五班

【授课背景】

为鼓励一线教师聚焦教育改革中的现实问题，专注于主题鲜明的专题研究，做教育改革的先锋，扩大我的教育思想和教育经验的辐射影响作用，让更多的老师拥有"赤诚教育，追求卓越"的教育情怀，推动区域教育更好、更快地发展，2016 年 5 月 18 日，锦江区教育局在成师附小隆重召开了"赤诚教育，静美芬芳"成都师范附属小学从教 30 年特级教师姚嗣芳同志教育思想研讨会。这次研讨会为期一天，除了我的展示课以外，内容还包含四川电视台的专题纪录片《做教师是幸福的》、我的学术报告、沙龙分享以及由我的工作室成员、教育同行和省内专家学者共同参加的学术研讨。

在这次活动中，我针对六年级的学生即将毕业的现状，立足于教材，呈现了一节《临别语　人间情》的读写联动课，帮助学生从多篇临别语的阅读探究中，进一步了解临别语的内容和表达要领，并在读写联动中学写临别语。

这节课中，我以广视角、大预设去构建生成——生动——生长的课堂。我选

姚嗣芳在"姚嗣芳从教三十年教育思想研讨会"上执教《临别语　人间情》（摄于 2016 年）

择、重组了课内外的一些教学材料和学生习作，并借用自己发给蒙古族朋友的微信等与临别相关的语言材料，有层次地、有目的地整合与推进，从读到写、读写联动，唤醒、激活学生已有的情感积淀。老师的教让位于学生的学，把老师大量讲授的时间挤走，留足时间给孩子充分感悟和表达。全班学生组成了一个强大的学习共同体，合作共学，与文本对话，与教师对话，与同学对话，与自己的心灵对话。无论是补充、纠正或反驳，都可以看到孩子们的认知水平呈现梯度增长，对方法的感悟更加饱满和深刻。在这个过程中，孩子们也懂得了要珍惜生活中的美好与感动。

　　观课的专家们认为：这节课中，老师为学生创造了有意义的语文学习经历，在多层多向的对话活动中，帮助学生构筑应用语言知识的情境，引导学生追寻语言知识及其应用的意义，在有意义的语文知识和语文能力的学习经历中丰富自己的情感，形成自己的意义世界，实现从语文知识、语文能力到语文人生的超越。学生在真实的情感体验中升华了自己的情感，把自己变为情感丰盈且积极向上的追求者与成长者。这样的语文学习，将对学生一生的发展产生重要影响。

【课堂实录】

一、课前小主播展示

师：首先是我们每节语文课前的小主播环节。今天的小主播是何思雅同学，我们把热烈的掌声送给她。有请！

何思雅：大家好！今天我是课前主播。我的一句话新闻是：5 月 20 日，30000 本爱心图书及价值 1000 万元的应急药品将从北京启程，经近 20000 公里的行程，奔赴中国 10 个省份，给 60 所学校带去爱心物资。

接下来我为大家介绍一位被中国美术史遗忘的艺术家，她就是李青萍，原名赵毓贞。40 年代李青萍横空出世，先后在国内外各大城市巡回办展，红极一时。徐悲鸿不但为她画肖像，还为她的《青萍画集》写序，连齐白石也邀她办展。当时她被认为是西画天才，她的画引入西方技法，接触到表现主义、抽象主义、印象派等现代美术领域。她的画作奇想联翩，浪漫多彩，处处显露出独创的艺术魅力。到 20 世纪 50 年代，因为艺术家的骄傲和耿直，她被当成特务抓捕。从此开始了漫长的劳教生涯，好几次差点死在煤堆里。好不容易等来平反，又遇到了三年困难时期。她曾说，捡垃圾是为了活着，活着就是为了画画。她是一位忠贞不渝的艺术信徒。她的作品是对黑暗与死亡的领悟，以及对孤立无援真实处境的理解，这些使她最终成为一位存在主义意义上的反抗与自我解放的画家。我从她的作品中感悟到了很多很多：有她作为一个顽强的珍爱艺术如生命的艺术家的渴望；有作为纯粹的艺术家生命的闪光；有对艺术执着如宗教徒般虔诚的难能可贵。我对她的人生和艺术充满敬佩。谢谢雅赏！

师：我将邀请三位同学对今天的小主播做出评价。

生：何思雅，我觉得你今天的小主播做得非常不错，你的选材很独特。

何思雅：谢谢！

生：何思雅，我觉得你的主题选得非常好，介绍了一位画家。听你介绍之后我知道了她是一位非常伟大的画家，在艺术作品和做人方面都是一位很伟大的艺术家。但我希望你对 PPT 的使用能再熟悉一点儿。

何思雅：谢谢你的建议！

生：何思雅，你今天介绍了一位叫李青萍的画家，我觉得你对她的了解非常深入，我也能感受到你对她的崇敬。今天你的表现也非常大方，希望你以后继续努力。

师：我特别想问大家一个问题，有谁知道为什么何思雅在今天选择这么一个话题来做？

生：我知道何思雅从一年级起就开始学习国画，她对画画了解很深入，对画家也非常了解。

师：对，何思雅是一个非常喜欢画画的女孩。姚老师期待未来我们班也能出现一位像李青萍一样伟大的画家！我们把掌声送给何思雅！

（生齐鼓掌）

师：对了，你们给何思雅评多少分？

生：100（齐）。

师：赞同 100 的举手。

（过半数人举手）

师：过半数人赞成，祝贺你！何思雅 100 分。掌声送给她！下面我们开始上课，起立！

二、品读探究：临别语的内容及形式

师：我们在七八单元学习了"珍惜童年"和"告别"两个主题，前两天大家读到了一些与离别有关的语句，下面我们来回顾一下。相信大家应该印象颇深，受益匪浅。

生（齐读）：渭城朝雨浥轻尘，客舍青青柳色新。劝君更尽一杯酒，西出阳关无故人。

师：接下来我们读读《在学校的最后一天》中老师对学生的叮嘱。

生（齐读）：中学的老师要严格得多，你们要继续努力学习，做个好学生。我一定不会忘记你们的！我对你们说的都是心里话，记住我的话吧！

师：我们再来读一读，高适给他的朋友董大的离别赠言是什么呢？

生（齐读）：千里黄云白日曛，北风吹雁雪纷纷。莫愁前路无知己，天下谁人不识君。

师：读完这三组语句，大家发现它们有什么共同的地方？

生：这三段文字都是描写离别情景的语言。

师：是的，这都是描述离别情景的语言，那么我们把这种离别时候说的话就叫什么？

师：临别语（师板书）。

生（齐读）：临别语。

师：在这三组临别语中，你们都读出了说话者对将要离开的朋友的不舍。说到这个话题，其实每个人在生活中都会不断地面对离别。面对离别的时候我们总会有很多话要说，总会有很多的情感要表达。昨天姚老师发了七篇小文章给大家进行预习，现在请大家把这七篇文章拿出来，今天我们要对这七篇文章做深入的研究。姚老师有一个要求，等一会儿我们每一个小组围绕这一个问题进行进一步探讨。

（PPT 出示学习导航——读读想想比比：下面这些文字的内容和表达形式各有什么异同点）

请大家把昨天自学的思考在小组上做交流。然后我们再读读、想想、比比，一方面要比较内容，另一方面要比较形式。（板书：内容、形式）下面各小组请开始。

（生小组讨论，师巡视各小组，了解讨论情况）

师：如果大家觉得研究得差不多了，可以表达的小组请举手。

（各组学生举手）

师：我们首先把机会给边上的一个小组，你们先来交流。

生：我们组认为这七篇文章的不同之处就是表达的人不同。

师："表达的人不同"是什么意思？

生：就是不同的人就有不同的感情。

师：你说的是表达的人不同，哪位同学帮他把这句话纠正一下？

生：我给我们组发言人补充，我们的意思是他写给不同的人，表达了不同情感。

师：我听出来你们的意思了，是说这里离别的什么不一样？

生（齐）：对象。

师：对象不一样（板书：对象），而且他们表达的情感不一样。那你们说一说，表达了什么不同的情感？

生：我们组觉得第一篇文章是教师对学生的一种祝福与希望。

师：我们来看一看，第一篇是胡适写给他学生毕业的话。你觉得这里表达的是什么呢？

生：我们觉得这里表达的是胡适对学生的祝福与希望。

师：好，那姚老师写一下，这里表达的是：祝福。那同学们能不能找一找祝福的话，我们来读一读。

生：易卜生说过，"你的最大责任是把你这块材料铸造成器"。学问便是铸造的工具，抛弃了学问便是毁了你自己。

师：好，还有没有其他组的孩子发现作者在表达不同感情？这里表达的是祝福与希望。老师把祝福与希望写在这里，既有祝福又有希望。（板书）

生：我们组还有补充。我们组觉得2～6段都是表达感谢之情的。

师：我们能不能回到文章中具体说一说，究竟是怎么表达的？

生：我们发现2～6段都是书信的形式……

师：刚刚我们说的是表达的情感，能不能把这个问题说清楚了，再来研究表达形式？好吗？

生：我们补充，第二篇是对朋友的不舍，对朋友的告别。

师：谢卓成说的是对朋友的不舍和告别，我们来读读看是不是这么一回事。你们赞同吗？

生：我不是很赞同他的意见。我觉得是在赞扬他的朋友，与这么好的一个朋友告别，很不舍。

师：我更赞同陈爱希的话，这里更多的是赞美，我们来读读他赞美的话。

生：你才思敏捷，却从不炫耀自己。在你朴素的外表里面，是白玉一般洁白无瑕的心；你爱唱歌，歌声发自内心，动人心弦，总能让身边的人不由得想起："此曲只应天上有，人间能得几回闻？"梦琪，我欣赏你，你是一块美丽的彩石，有海的波纹，有珊瑚的美好，阳光下，正闪耀着生命的光泽。

师：谢卓成，你现在赞同陈爱希的意见吗？赞同了好，接着来。

生：我有不同意见。我认为第四篇里表达的是小刚对门卫叔叔的歉意。

师：你觉得不是感谢。那我们来看一看第四篇究竟是表达感谢，还是歉意？先一起读一读。

生：我突然意识到，我欠您一句对不起，更欠您一句谢谢您。叔叔，请您原谅我，直到今天，我才有勇气把藏在我心底多年的歉意表达出来。希望您不要介意，这句道歉来得这么迟！

师：刚才他认为是表达感谢，你的意思是表达歉意。究竟该怎么看？

生：我认为有感谢也有歉意。文中写的是"我更欠您一句谢谢您"，他虽然弄坏了电脑，但叔叔没有责骂他，他非常感谢。

师：那这里是表达歉意为主还是表达感谢为主？

生：我觉得是表达感谢为主，因为文中说的是"我欠你一句对不起，更欠你一句谢谢您"，"更"字说明了表达的感谢更多。

生：我觉得是歉意更多，因为他弄坏电脑在先。

师：其实这里离别的话，更多的是表达他的歉意，也是对叔叔的宽容表达感谢。

生：我们组认为第三篇文章中表达最多的是感谢，感谢邻居对他身体不佳的父亲的照顾，从来不求任何回报。

师：好，那我们来读一读他对邻居表达感谢的语言。

生：在父亲生命的最后时光，你们送给他的，不仅仅是关门时的轻声，更是人世间虽微小却无私的关爱和温暖！你们送给我的，也不仅仅是关心邻里的行为，还有一颗善意地接受别人需求给予帮助的无私的心！

师：那这里读出的是感激，再看，还有没有别的呢？

生：我觉得第五篇文章主要表达的是感谢和赞美，因为他赞美周医生的治疗和关心。

师：我非常赞同，我们一起来读一读对周医生赞美的话。

生（齐读）：周医生，您对我胜如亲人，您的关怀，让我感激不尽。生命，因为有了你的微笑而变得更加坚强；生命，在你的微笑中不断创造奇迹。对我来说，您的容貌，您的声音，已经铭刻入我的灵魂。

师：好，还有别的吗？

生：我觉得这里还有患者对周医生的敬佩之情。周医生在别人都放弃这个患者的时候，不离不弃，想尽各种办法，帮他减轻痛苦。

师：你还读出了别人没有体会到的敬佩之情。回到其他文章，还有没有不同的看法？

生：我觉得在第三篇文章中还有对邻居的歉意。因为邻居这样帮助他，他却一直没有时间和机会感谢邻居。

师：我知道你是说他对邻居有歉意，但是这段告别的话是说给谁的？

生：王大哥。

师：所以说这里，实际上更多的是一种感激。还有文章没有说到是吗？

生：我觉得还有表达安慰的。请大家看《共青团员之歌》，这是在安慰自己的母亲。

师：这是一部电影的插曲，我们来听一听。

（播放歌曲）

师：刚才李玩说他还听出了一种对妈妈的安慰，说得不错，还有没有别的呢？

生：我觉得还有对事情的回忆。

师：那这是表达的感情吗？

生：我觉得最后一篇文章不同之处是他有对母亲的安慰，也有对自己的祝福和对国家的祝福。

师：有安慰也有祝福，说得不错。还有一篇文章没有被我们说到，李浩宇你来说说。

生：在《发给蒙古族朋友的微信》中，我觉得表达的是对蒙古族兄弟的感激。

师：对，这个故事是发生在我身上的，这件事是真实的。那再读一读姚老师当时写下的这段话。

生（齐读）：此时我们就要离开多松乡的地界了，眼前还浮现着你们朴实的笑容，耳旁还回荡着你们真诚的话语，在异地他乡，我们仿佛回到了自己家里，温暖、踏实。亲爱的朋友，请接受我们衷心的感谢，深深的祝福！

师：这里表达了姚老师的感激和感动，这是在我们去年自驾游过程中发生的事情，我给孩子们讲过。那综合起来，表达的对象是不同的，表达的情感也可能是不同的。但是有没有发现，也有相同的地方。不管是祝福也好，赞美也好，还是别的什么，其实都表达的是什么？谁来归纳？

生：我觉得都表达了一种珍惜与感激的感情。

师：你说的是珍惜与感激，其实我们的文中不止有珍惜与感激。你们读出的其实都是一种什么？

生：作者都表达了一种不舍的感觉。

师：只有不舍吗？其实不管哪种感情，有的是歉意，有的是祝福，有的是希望，有的是别的什么……

生：他们都是在抒情，真实的感情。

师：对了，这里表达的都是真情。那么继续研究，刚才你们说到了内容上的不同与相同，那在表达形式上有没有发现呢？

生：形式上有的是赠言，有的是书信，有的是诗歌。

生：我们小组有补充，我们发现他们在写法上有不同。有的运用了大量篇幅来描写回忆，有的是引用名人的话语来激励学生。

师：你的看法非常深刻，但我觉得莫峻一刚才的发言非常有价值。有诗歌，有书信，也有记叙文，也有歌词。那大家有没有发现，形式是可以多样的、不同的。那还有没有发现？

生：我们组发现几篇文章都用到了第二人称，有一种亲切感。

师：对，相当于是直接呼告，直接表达感情。另外你们有没有发现，有些话长一些，有些话短一些。所以不但形式上有变化，我们的篇幅也很自由，可以长点儿也可以短点儿。会不会说，我的文字短一点儿，情感就不够真呢？那不一定。篇幅可长可短。我发现你们的研究非常有价值，大家对内容和形式有了初步的研究。

师：接下来，姚老师要请大家看另一组文章，给你们一个新的挑战。给大家三组临别语，大家读一读，想一想，这些临别语对我们写好临别语有什么启发？第一组，一篇比较短，一篇比较长。长的一篇是我们班白宇菲小朋友写的，将要放入我们的毕业册中作为卷首语。短的一篇意思相同，但是请大家研究一下它的表达，这是一组。第二组文章也是两篇，请大家研究一下它们的表达。第三组有四篇文章。下面我请各组组长上来分发一下阅读资料。拿到后请立即研究一下这三组文章，会给我们写临别语有哪些启发（生默读）。

师：读的过程中思考，这些内容对我们写临别语有什么启发。我看到有孩子在边读边勾，不错。读完之后，从写作的角度，你受到了什么启发？姚老师有一个建议，多去想想他们的语言。学语文，一定要在语言上去多琢磨。有孩子问姚老师，"傲娇"是不是打错了，姚老师专门请教了白宇菲，"傲娇"是一个网络词汇。请白宇菲给大家解释一下，"傲娇"是什么意思。

生："傲娇"是指一个人平时很高傲的样子，但有时候又有点粘人，有点可爱。

师：这个词有它独特的意义。如果你们组读完了，可以马上议一议。看看你们从这三组文章中，在表达上得到了什么启示？有些小组已经开始讨论了。你觉得写临别语应该注意些什么？今天有哪一组还没有表达过？

生：我们组觉得第三组的所有文章以一种幽默的方式，化解了离别的悲伤。

师：那你喜欢这种方式吗？和我们平时所见的临别语有什么不同？

生：喜欢，这种很有创意。

师：如你所说，用一种幽默的方式，这种富有创意的方式化解了离别的悲伤。这一组真是特别有意思，你们最喜欢哪一篇？谁来表达一下？

生：我觉得第三组文章非常有趣，用幽默的方式表现出与朋友的友谊。

生：我觉得第三组没有过多的回忆，直接就在表达情感。

生：我有补充。这组文章当你读了很多遍之后，你会有一种淡淡的忧伤。

师：看来你是一个容易伤感的女孩，从幽默的文章中读出了作者的不舍。那么第三组用的什么方式来表达它的创意？

生：第三组用了引用，引用了很多商标。百事可乐、芬达、娃哈哈……各种各样，目不暇接，而且还能表达自己的祝福心情，可谓是一举两得。

师：我发现你的研究比较有深度。它引用了很多商标名字，有一语双关的作用。第二组的文章有什么特点？你有什么发现？

生：文章把伤心的事情巧妙地化解，用反话表达情感。

师：你们读出它的语言是有创意的，其他组还有什么要表达的？

生：第一组第二个给奶奶的话说"奶奶多动脑筋，免得老年痴呆了"，第二个还说"你不知道你以前形象太难看了，以后千万不要贪吃"，打人不打脸，骂人不揭短。我们以后如果写临别语的话，可以多赞美一下对方。

师：我太喜欢你的善解人意了，还有要补充的吗？

生：最后一句"祝你生意兴隆，爱情美满"，这句祝福语不太合适，有点生搬硬套，对于六年级的同学我们应该祝对方学习进步。

师：对了，这就是语言表达得不恰当，或者换一种说法叫不得体，所以我们的语言还得注意得体。还有呢？

生：第一组文章给我的启发是，临别语中选择的事例一定要典型。白宇菲的文章中选取的事例非常典型，让我们回忆了小学生活，也表达了离别的悲伤。

师：对，选择事例要典型。在两篇的对比中你们还有什么发现呢？

生：我们组认为第一组主要是概括，没有具体的事例。第二组有具体的事例，读来更给人一种真情实感的感觉。

师：所以如果你们想把真情实感表达得更充分一些，就可以多一些具体事例。让人觉得真实可感，好像回到了当初在一块儿的日子。刚才大家说上一组表达不恰当，那这一组表达就都恰当了吗？

生：我觉得对长辈说"磨蹭"不太恰当，应当委婉一点。

生：这篇说的都是奶奶的缺点，表达的感情也不对，比如"我想提醒你以后少来成都，否则会给爸爸妈妈添麻烦"，这是一种嫌弃。

师：我发现你特别懂事。其实大家的发现已经很有深度了，我们在表达的过程中，确实要注意语言表达。那要注意语言表达的什么呢？谁来做小结？

生：我觉得给长辈写的时候要注意尊重长辈。

生：祝福语要符合对方的年龄和身份，注意礼貌。

二、练笔试写：给××的临别语

师：说到这里，大家都跃跃欲试了。其实我们每个人的一生总在不停遇见与离别之间反复，我们总会很幸运地遇见一些人，彼此相识、熟悉、牵挂、思念。随着时光的推移，有一些人来了，又去了；有一些人留下，又走了。不管怎样，我们要懂得珍惜每一次的遇见，珍惜所有出现在我们生命里的每一个美好的时刻。

师：思想家荀子曾说过一句话，"赠人以言，重于金石珠玉"。他的意思是说，我们在离别的时候送一些话给对方，其实比金银珠宝更加贵重。我相信此时，大家也一定想起了某些人，某些事。请想一想，第一，说到临别，今天你特别想对谁表达你的临别真情？第二，说到临别，你曾经历与哪些人离别？假如时光倒流，你最想对谁表达你的临别真情？现在请大家思考，你想用什么形式，对谁表达怎么样的临别感情？

生：以前我去机场送姐姐，年龄太小不懂事，和姐姐吵架闹得很不愉快。如果时光倒流，我想和姐姐道歉，希望和她开开心心的。

生：上一次和爷爷奶奶分别的时候很敷衍地说了一句"祝爷爷奶奶身体健康"，没有好好相处。现在学业一天天繁重，以后见到爷爷奶奶的机会更少了，心里很想对爷爷奶奶说对不起。（生眼含泪花）

师：有一句话叫"子欲养而亲不待"。听到你这样说，我被深深地打动了。爷爷还健在，你还有机会表达。你能这样想说明你长大了，老师非常喜欢你。（哽咽）这节课剩下的时间不多了，请大家用简短的话，写一写你想对谁表达离别之情。

（生写临别语）

师：写完的同学可以交流一下，内容上你是对谁表达临别之情，是祝福呢，还是歉意呢？是关心呢，还是鼓励呢？另外在文体及语言上可以选用你最喜欢的方式来写。今天因为时间原因，来不及把你们的美好在课堂上都表达出来。我想请你们都写出来，课后进行完善。

（师巡视学生书写情况）

三、交流分享：我们的临别语

师：我刚刚看到袁润和莫峻一边写一边流泪，他们俩都非常激动。下面我们先让袁润来分享。

生：还记得那个令我后悔一生的下午。姨奶奶得了癌症，年幼无知的我不为所动，还在磨蹭。就十几分钟，我再也见不到我姨奶奶了。如果时光倒流，我就想对我的姨奶奶说一声再见。（生哭）

生：2013年我和爸爸妈妈送姥姥去青城山，三天后青城山发生泥石流，掩埋了我姥姥。姥姥对我很好，教我识字，但我却没有机会对她再说一声谢谢。

师：刚才美汐分享的事例，如果作为临别语，在人称上可以做一些怎样的调整？

生：可以改为"您"，因为姥姥是长辈，第二人称也显得更加亲切。

师：对，我相信天堂的姥姥如果知道美汐如此牵挂她，她一定会觉得非常幸福的。

生：姚老师，我想对您说，您付出真挚的爱，给我们最好的教育。您的脸上因为劳累而有了皱纹，您的眼睛因为劳累而充血，但您总是以最好的状态面对我们。我知道您经常为了做出一份好的教学方案而熬夜，您对每一位学生都很关心。姚老师，我们作为您的学生觉得十分幸运。姚老师，从开学那一天起，您温柔地走进了我们的心里，您的付出和关爱，让我们深深地感谢您。以前我在文字上还很笨拙，不知道怎样来表达我的感情。但是，您教会了我怎样用文字表达感谢，怎样用文字抒发真情。今天，我想对您说一声："谢谢您，姚老师，我爱您！"时光匆匆，六年马上就要过去了，好不容易鼓起勇气对您说"我爱您"，但是我们却又要离开了。可是我想说，不管我们走得多远，飞得多高，您永远都在我心里，我永远为您在我心里留一个非常重要的位置。

师：谢谢你，亲爱的孩子。

（师生拥抱，热泪盈眶）

四、回顾总结：我们的收获

师：今天有一些遗憾，我看到很多孩子写下了自己的真情实感，深深地感动了我。今天这节课，你们有什么收获，能告诉大家吗？

生：这节课之后我了解到，写文章不一定非要用很华丽的词语，最重要的是有真实的感情。

师：对，真情最打动人心。对于我们今天学习的临别语，你们还有什么收获？

生：我知道了临别语要注意对象，还要考虑到语言的得体性。

生：我们小学六年的同窗时光即将结束，我们应该更加珍惜剩下的时光。

师：这是姚老师听到的最好的答案。其实今天你们学到的不止是语文的知识，更多的是感受到了语言的魅力。语言是有温度的，是用来表达真情的，我们一定要去珍惜。不要错过时光，把你的爱及时地表达出来。好，孩子们，今天的课就上到这儿。

（生起立敬礼致谢）

【名家点评】

创造有意义的语文学习经历

——《临别语　人间情》的学习感悟

张　伟

一节好的语文课，就是一段有意义的语文学习经历；一位好的语文老师，就是有意义的语文学习经历的创造者，这是我在现场听课和重温《临别语　人间情》课堂实录时的最大感受。

姚老师面对即将离开母校的六年级学生，针对他们正在或将要书写临别语的现实，和孩子们共同创造了书写临别语、抒发人间情的有意义的语文学习经历。这一经历虽然浓缩在了一节课，但学生经历的真实体验却会持续很长时间：首先是学生在课前对临别语的自主探究；其次是课中对临别语学习成果的分享与交流；然后是在真实的临别情境中给老师和同学书写临别语。最后一个环节可能贯串学生的整个毕业季，甚至对人生中无数次的临别情感产生较大影响。一节课带动了一个时段，一节课开启了一段难忘的经历，一节课对未来的人生发挥了积极作用，这样的语文课就成了一段有意义的语文学习经历。

姚老师为了创造有意义的语文学习经历，先抓住了语文学科的核心知识，创造了有意义的语文知识学习经历。姚老师在课堂上建议学生在阅读七则临别语时，要"多去想想它们的语言，学语文，一定要在语言上去多琢磨"。语言是语文学科的核心要素，语言及使用语言的方法，构成了语文学科的核心知识，学习语文知识，就是学习语言和语言应用知识。姚老师在本节课引导学生体味"临别语"，既涵盖了词语、修辞等语言知识，也包括了人称、用词得体等语言应用知识。但是，语言是一个大概念，"学语言"只是点明了学习的方向和范畴，如何才能走进"语言"的殿堂，在"琢磨"中品味语言的妙处，这才是学习语言的难点。为了突破这一难点，姚老师利用比较阅读这一形式创造了有意义的语文知识学习经历。她首先选择了七则场景不同、关系不同、表达形式和水平不同的临别语，要求学生"读读、想想、比比"，探究不同临别语在内容和表达形式上的异同点。在学生讨论的过程中，姚老师相机引导，在关键处精要指点，这些穿插式的点拨，把语言及其应用的知识融汇到学生的讨论与思考中，自然而然地丰富了学生书写临别语的知识储备，避免了生硬讲解和机械传授等弊端，改变了把知识讲解和读写过程剥离开来的现状，把知识学习融入有意义的读写过程中。

其次姚老师抓住语文学科的核心能力，创造了有意义的语文能力发展经历。语文能力的核心是语言应用能力，在语言应用的过程中，学生才能调动理解、分析综合、鉴赏评价等多种思维，在不同思维活动中提高语文能力。所以，语言应用能力是撬动其他能力的支点，而语文教学的基本切入点，是在语言应用能力的培养中提高听说读写能力，发展学生的语文素养。姚老师这节课抓住了"语言应用"这一核心，在语言应用能力的培养上下足了功夫。一是联系社会生活或学生的兴趣应用语文知识。课前的小主播环节，学生轮流上台，相互评论，是对语言知识的综合运用。这节课的小主播何思雅同学，介绍和评析了公众知晓度不高，但在绘画史上却具有重要意义的画家李青萍，同时联系实际进行了解说，这就把课堂上的语文学习、课外的广泛阅读与社会生活联系了起来，学生寻找播报素材、组织播报素材、表达播报内容的过程，就是综合应用语言知识的过程。姚老师在这一环节既拓展了语言应用的时空，也关注了社会生活与学生的兴趣领域，有利于培养学生综合应用语言知识的能力。二是在"读""品""研""辨""调"的过程中提升应用语言的能力。姚老师精选了阅读素材，让学生独立阅读和品味不同类型的临别语，在学生个体有所感悟的基础上，再进行小组和全班分享阅读成果，师生共同研究七则临别语在内容与形式上的异同点，姚老师在这一过程中特别强调"研究""深度"等词语，体现了"研"的分量。在"读""品""研"的基础上，姚老师充分激发学生相互辨析阅读成果的优点与不足，既辨析现成的答案，也辨析答案背后的思路与依据。在辨析的过程中，姚老师有意识地引导学生调整、丰富和提升已有的结论，用提示性语言引导学生不断进行自我挑战，不断提高阅读与表达质量。在语言应用能力的培养中，读是基础，品是涵泳，研是深入，辨是判断，调是提升，姚老师抓住这五个关键，为学生创造了有意义的语言应用经历。三是在课堂"创生"中应用语言知识，提高书写临别语的能力。最后一个环节"书写临别语"，掀起了本节课的高潮，同学们表达了心里话，书写了人间真情，运用了在本节课上积累的语言知识。四是课后的持续应用。姚老师的这节课，只是学生书写临别语的开始，学生将带着这节课的收获，走进毕业季，书写真实的临别语，这就把学习与生活联系了起来，发挥了语言知识在学生生活中的作用。从总体上看，姚老师立足一个"用"字，设计和实施了本节课，从不同角度和层面为学生创造了有意义的语文能力发展经历。

最后是创造了有意义的情感体验经历。语文学习既是智慧的探险，又是情感的历练，只有在丰富的情感体验中阅读、思考和表达，才能走进文字深处，提高语文学习质量。好的语文课，是学生情感体验非常丰富的课；好的语文老师，是善于调动一切手段，帮助学生创造有意义的情感体验经历的老师。姚老师在本节课中，主要运用了三种手段帮助学生创造有意义的情感体验经历。一是创设有意义的体验情境。姚老师选择的七则阅读材料，虽然都是临别语，但这些临别语的类型、长短、形式、对象、水平等不尽相同，这就构成了丰富多样的临别语品读情境，学生能够从不同角度形成情感体验，为创造有意义的情感体验经历奠定了基础。二是为学生创造了个性化的情感体验空间。姚老师不单是在课前小主播环节为学生提供了广阔的选择空间，在品读临别语的角度、深度，表达学习成果的方式，书写临别语的要求等方面也打破了统一规定，为学生创造了个性化的品读与表达空间。三是激活学生的真实情感。在七则临别语的阅读材料中，有一则是姚老师自己写的临别语，通过自己的真实经历与表达，告诉学生如何写好临别语，如何抒发真感情，这就有利于引导学生在品读和书写临别语的过程中联系自我、唤醒真情。在品读临别语和书写临别语的过程中，姚老师特别注重激发学生的真实情感，不少学生在书写临别语的过程中走进了自己的情感世界，动情地写出了临别语，其情真，其言切，打动了所有学习者和观课者。真实是情感体验的首要原则，创造有意义的情感体验经历，就是帮助学生在真实的情感体验中升华自己的情感，把自己变为情感丰盈且积极向上的追求者与成长者，姚老师在本节课中很好地做到了这一点。

姚嗣芳为参加国培的中西部乡村教师执教《大自然的秘密》（摄于 2007 年）

创造有意义的语文学习经历，就是在多层多向的对话活动中，帮助学生构筑应用语言知识的情境，引导学生追寻语言知识及其应用的意义，在有意义的语文知识和语文能力的学习经历中丰富自己的情感，形成自己的情感世界，实现从语文知识、语文能力到语文人生的超越。也只有这样的语文学习，才能对学生一生的发展产生重要影响。

（评课者：张伟，四川师范大学文学院教授）

十、着眼关键能力，嵌入有效资源

——北师大版小学语文第七册"规则"单元
"读写联动"之《共享单车的自述》课堂实录

执教：成都师范附属小学 姚嗣芳

班级：成都师范附属小学四年级五班

【授课背景】

自从开始大单元整体教学后，考虑到课内资源的有限性，我们有意识地把课外的资源恰当地嵌入到教学之中，我们称之为"嵌入式大单元教学"。

随着改革的推进和学生年级的升高，我越来越清醒地认识到：光是让学生多读是不够的，语文教学的本质是言语能力建构，将阅读能力转化为语用能力，才是语文教学之本，而两种能力之间隔着一个心理学名词——迁移。为此，我进一步调整课时结构，均衡"读写"，"理解"和"表达"并重，给足"运用"的空间。于是，我又围绕大单元教学中的"读写联动"开始了新一轮的课题研究。

在大单元教学的设计中，我更加注重学生语用能力的培养，较多地关注单元教学中的读写联动。在解读单元教材时，我特别重视从单元内各篇教材中寻找语言表达的规律与方法，在兼顾单元内其他相关目标的同时，侧重于培养学生的语用能力，尤其重视引领学生感知、揣摩段落的表达方式和文章谋篇布局的特点，并把学到的相关表达规律方法迁移到习作实践中，真正实现"用教材教"而不是"教教材"。在读写联动的内容选择上，我特别重视发掘现实生活中具有时代气息的素材，引导学生在广阔的、真实的生活实践中，增强自身与他人、与生活的实质性关联，彰显学生学习的主动性，真切地体会到学语文、用语文的快乐，提升学生的学科素养。

2017 年 12 月 8 日，我和课题组的老师们面向来自区内的骨干教师代表、西昌市和甘孜州的教师代表三百多人做"大单元读写联动的实践"专题研究成果推广，我执教了这节读写联动课——《共享单车的自述》。《教育导报》对该活动进行了面向全国的现场直播。

这节课展示了"真实的生活体验—真实的阅读吸收—真实的语言表达"全过程，既观照了语文教学中读与写的联系，又观照了作文教学中源与流的联系，还观照了教学活动中师与生的联系，较好地体现了"以生为本，顺学而导"的课程理念。

如何寻找从读到写的联动点？如何着眼学生语用能力的培养，嵌入有效资源？相信该课能够带给老师们一些启示。

【课堂实录】
一、回顾调查报告，激发表达愿望

师：今天我们要连续作战，孩子们累吗？

生（齐）：不累！

师：不累就好！那请孩子们用行动告诉姚老师。刚才下课时有小朋友问我黑板擦不擦，我说不擦。因为这节课的内容与上节课的调查是有关联的。上节课廖老师带领大家围绕共享单车使用中的违规现象进行了交流、归纳，也写了调查报告，在调查报告中大家说到共享单车使用中的四类违规现象，我相信大家在调查中都有真实的感受。面对人们使用共享单车的这些违规现象，你有什么感受？你想做什么呢？

生：我觉得这样既破坏了单车，也给行人带来不便。

师：老师建议你先说感受，再说想怎么做，好吗？

生：我看到这些违规现象很难过。我认为应该在每一辆单车上挂一个牌子写上：不要违规使用单车。

师：我知道了，你想当一名志愿者。

生：对于这种现象，我很愤怒。有些现象我们可以去阻止，还有些现象我们阻止不了，但可以举报，让修车师傅来修。

师：你是想从行动上、语言上去做些什么。

生：我看到这些违规现象感到很惋惜。别人本是好心为大家提供服务，车却遭到破坏。

师：我相信有这种想法的孩子不止你一个。上节课廖老师组织大家交流时，我就听到你们说很想把这些现象告诉大家。作为一名小学生，虽然我们不能改变很多，也阻止不了这些现象的发生，但我们可以拿起自己的笔来揭露这些现象，引起人们对这些现象的关注，呼吁大家都做文明市民。

二、引导阅读群文，感悟自述写法

师：接下来，姚老师就要请大家把这些违规使用共享单车的情况揭露出来，那怎么写呢？今天我们就来学习一种新的作文方法。

师：昨天姚老师给大家发了三篇文章，谁来说说这三篇文章的题目分别是什么？

生：第一篇文章的题目是《胃的自述》，第二篇文章的题目是《我是一本伤心的书》，第三篇文章的题目是《地球母亲的话》。

师：记得真清楚。接下来请大家想想这三篇文章分别讲了什么内容？哪个孩子愿意来说第一篇写了什么内容？

生：第一篇文章是胃自己写自己，就是胃是怎么工作的。

师：不错，谁来补充文章具体讲了什么内容呢？

生：我觉得就是讲关于胃和主人的一件事，写得很生动。

师：是写胃和主人的什么事呢？谁能在她的基础上再补充？

生：写胃的主人一直都是每天该吃的时候不吃，不该吃的时候吃得很多，而且吃东西时喜欢狼吞虎咽。

师：好，归纳起来说说。

生：就是写胃的主人不爱惜胃，乱吃食物的情况。

师：第二篇讲的什么内容呢？

生：第二篇写的是原本一本特别好的书慢慢变成一本特别破的书。

师：原因何在呢？谁来补充一下。

生：就是讲书的主人在书开始有点儿破时就不爱惜它了，后来书就变得越来越破。

师：说得好极了！那第三篇《地球母亲的话》又讲了什么内容呢？

生：这篇文章写的是以前地球母亲的身体非常好，后来人们有了更多知识，不停地在地球母亲身上开采资源，导致地球母亲的身体不好了。地球母亲希望我们爱护环境，不要开采太多的地球资源。

师：刚才这位同学说到了人们开采太多地球资源，大家认为文章仅仅是说开采地球资源吗？

生：还有乱砍伐树木、破坏环境现象。

生：还有乱猎杀动物现象。

师：是的，地球母亲给我们提出了希望，希望我们爱惜地球。

师：昨天同学们把这三篇文章都读了，现在把内容也弄清楚了。下面姚老师有个建议，我们继续进行小组合作。

（出示学习导航：浏览三篇短文，想一想：它们在写法上有什么共同特点？读完后小组交流）

师：请大家快速浏览。想一想这三篇文章在写法上有什么共同的特点，然后在小组上交流自己的发现。

（小组交流，老师巡视，学生讨论很热烈）

师：可以交流了吗？

生（齐）：可以！

生：这三篇都是把文章中的物当成自己来写。

生：我认为都是以拟人的手法来写的。

师：那同学们赞不赞同这种说法？

生（齐）：赞同！（师板书：拟人）

师：用拟人手法写，给人什么感觉？

生：作者把原本没有思想、没有情感的这些东西都写成了像人一样，就能让我们更好地理解文章的内容，也更加吸引人。

师：除此之外，这三篇文章在写法上还有什么共性？

生：他们写的所有内容都是生活中真实发生的。

（老师用课件展示文章中的相关内容，让学生浏览）

师：大家看《地球母亲的话》写到的情况，书自述的情况和胃自述的情况都是真实的情况，合乎它们的身份。

（师板书：真实）

师：除此之外，在写作上它们还有什么共性？哪个组没发过言？

生：我们发现这三篇文章都是自述，而且都是用的第一人称。（师板书：自述、第一人称）

师：我发现孩子们的探索能力真强。

师：这三篇作文都用自述的写法，那和其他一般的文章在表达效果上有什么不一样？请还没有发言的组的同学来发言。

生：我们觉得自述作文比用其他人称写要好一点儿，感觉就像是真的一样。

生：我认为把事物当成人，用第一人称来写，很贴近我们，这样就写得很生动。

师：是的，就像我们以前写过的《本子的伤心事》。

生：我们用设身处地的方法写，就感觉很独特，很真实，就感觉胃是活的一样，仿佛在你面前。

师：我非常赞同孩子们的想法，用自述的方式来写，可以把文章写得更加生动，更有真实感，更吸引人。

三、设身处地想象，练习具体表达

师：既然如此，那我们今天就借用这样一种表达方式，把自己当成共享单车，只能当成一部共享单车。这部共享单车，有可能是摩拜车，有可能是小黄车，也有可能是小蓝车。我们今天的角色就变了，当共享单车，就要来写你的自述。

师：假如你就是一部共享单车，在这篇作文中你打算写点儿什么呢？

生：我想写人们是怎么破坏我们的。

生：我想写有些人是怎么糟蹋我们的。

师：你们都想写人们怎么使用单车。（板书：怎么使用）

生：我还要写我被破坏后身体怎么难受。（板书：感受）

生：我觉得还要写出我的心情。（板书：心情）

生：我觉得还可以写出我所说的话。

生：还应写出人们为什么要破坏我。

师：你是想把人破坏你的前前后后的情况写出来吗？

生：是的，那些人破坏单车肯定还是有原因的。我认为还可以写出单车为什么会被破坏。

师：不错。想想作为一篇自述作文，还可以写点儿什么呢？

生：我觉得还要对自己的基本情况做简要的介绍。

师：这个想法不错，可以在文章开头对自己的情况做简要的介绍。

师：这节课由于时间有限，不可能把所有的东西都写完。老师建议每个同学要把自己当作一部共享单车，设身处地地展开想象，用第一人称和拟人手法，重点把违规者使用你的一次经历写下来。

（出示学习导航二：把自己当作一部共享单车，设身处地地展开想象，用第一人称和拟人手法写自述作文，重点把违规者使用你的一次经历写清楚）

师：等会儿我们把作文完善，课堂上只写一次经历。重点写违规者怎么使用你的。还可以把时间、地点、违规者怎么做的写清楚，包括违规者怎么使用你、糟蹋你、怎么说的、脸上有怎样的表情都可以写出来。还可以写写违规者这么做带来怎样的后果，你有什么感受，你想对违规者说些什么等，大家就写一次经历。下面请孩子们拿出本子，把题目写上，不打书名号，前面的自我介绍先空着不写。

（学生独立作文，教师巡视，并相机指导）

师：写一种现象，哪一天、什么地方怎么做的，怎么说的，一次经历哦！

师：老师发现有的孩子好能干。不仅写了他看到的那个人怎么做的，还写了听到的违规者怎么说的，并写了自己的感受，很不错。

师：因为时间关系，还没写完的孩子暂时不写了，等会儿继续写。老师请几个孩子上来交流。（老师点了几名学生）

师：请到的孩子上台来，把你们写的片段内容念给大家听，没写完的内容可以说给大家听听。其他同学仔细听，等会儿要对照前面的作文要求评一评这些同学完成得怎样。

生：今天是星期四，我在路边停放得好好的，但是有一个人以风一样的速度"嗖"地一下把我骑走了。我完全不知道发生了什么事，吓得赶紧闭上眼睛，我心想："完了完了，这下惨了。"只听"啪"的一声，他重重地把我扔到草丛中，我浑身好痛。过了一会儿，我睁开眼睛瞄了瞄身旁，都快哭了。我正好被扔在一堆枝丫中，额角被枝丫扎了几个小孔，血流到了草丛中，扔我的人还说："该背时（活该）！你的速度还很快呀，我要把你当作私家车，放在我家门口。"我想：惨了惨了，这怎么行呢？这样既影响了大自然的环境，又破坏了我们的身体呐。

师：谁来对这位同学的片段作评价？

生：我觉得这位同学写到单车倒在草丛中流很多血，太夸张，不太合乎单车的身份。

师：对，刚才我们说到要合乎身份。单车倒下去不可能流很多血，确实不符合实情。这里可以改一改。

生：我觉得他写的有句话中的"该背时"这个词语是口语，应该改成"活该"。

师：老师建议你们围绕前面说的方法、要求来评价。

生：我觉得他没有把这件事的时间、地点以及那个人怎么做的、怎么说的写清楚，应该再写细致一些。

师：我非常喜欢你的评价。你的评价扣住了这次作文的标准和要求。写一件事要把时间、地点、什么事、怎么做的都写清楚。他虽然也写了怎么做的，但还可以把人的动作、语言再写具体点儿，同时也写出"你"的感受。谢谢你！

生：一天，我正在晒太阳，走来了一个人，他用手机扫了扫我腰部的二维码，嘴里嘀咕着说："好了，可以骑车了。"说着就骑上了我。过了一会儿，他在一所小学门前停了下来。忽然，学校门口跑出来一个小女孩，高兴地对那个人说："爸爸，你来接我啦！"那个人张开双臂把小女孩抱起放在我的手里。骑了一会儿后，我的手快撑不住了，但为了小孩，我只好忍着。一忍再忍，终于到了他们小区门口，我感觉我快散架了。

师：你说的"手里"应该是车筐吧？这个违规骑载的现象选得好。哪位同学给这位同学建议一下，她还可以写点儿什么呢？

生：我觉得她可以多些动作描写，可以写小女孩坐在他的手上的动作，坐上去后让他怎么难受也应该写具体点儿。

生：一个漆黑的夜晚，有一个大人来骑小黄车，他扫了一辆不能用，又扫一辆也不能用。他眼睛都气红了，来到我面前气势汹汹地说："不扫这些破车了！我砸扁你们！"他抡起拳头，狠狠地朝我来了一拳。我在心里大叫一声："啊！你为什么要这样对我呀？"但是他根本不听，又抬起左腿，抡起右拳，手脚并用，狠狠地打了我几下，我就晕了过去。我醒来后，所有小黄车说："你们千万要小心啊！对这种可恶的人，你们可要防着点啊！"

师：太可怜了！你们发现没有，这位同学什么地方写得最好？

生：他把使用者的动作写得最好。

师：是的，这位同学把使用者的动作写得最好，给大家做了好榜样。当然有些句子还得改一改。谢谢这位同学！

生：有一次，有一个人把我骑到他们家小区附近，下车后他居然不锁车，还说我一点儿也不好骑。接着他怒气冲冲地把我一脚踢倒，只听"砰"的一声，我倒在地上，浑身好痛！接着，他把我的座位拆了下来扔在地上，我浑身发麻，失去了知觉。醒来后我就想去找这个人算账。但是，那个人已经跑了。我想：啊！我的命真苦呀！本想为人家服务，却被人破坏。

师：谁来评评这位同学的作文呢？

生：他把违规者的行为写得最好。另外写到自己的感受，像"浑身发麻"等拟人句用得好。

生：他有的地方有点儿不符合单车的身份，比如"醒来后我就想去找那个人算账"，这不太可能，想象不合理。

师：前面两位同学的评价与建议都很不错。因为时间关系，剩下的两位同学就把自己写了什么违规现象给大家讲讲吧！

生：我用采访形式写的，没写完。

师：老师期待你等会儿展示佳作。

生：我是写一个男士把我的前轮和后轮卸下来的事情。

师：老师也非常期待你的文章。

四、教师总结谈话，拓展表达思路

师：其实，这次的自述作文不仅可以写违规者使用你的经历，还可以写守规则的人使用你的经历，或者二者兼而有之。

师：接下来请孩子们到录播室继续把你的片段写完。假如你的速度比较快，可以写第二件事。记得把前面的基本情况介绍也加进去。希望你的文章等会儿能够和大家分享。谢谢孩子们！

【名家点评】

着眼整体观照　着力主体参与
——评《共享单车的自述》的课堂教学
廖惠渝

成师附小姚嗣芳老师执教的这节课，是北师大版小学语文第七册"规则"这一

姚嗣芳在"成都教育名家20人谈"会上发言（第一排右二系作者　摄于 2016 年）

单元教学整体设计的第四板块。

第一板块：整体预习（感知单元内容，理清课文层次，落实字词基础，梳理学生疑问，初步体会规则的重要性）。

第二板块：整体阅读（以一篇带多篇的方式，完成教材三篇课文的阅读，学习"设身处地"的阅读策略）。

第三板块：综合实践（围绕使用共享单车中不守规则的现象，开展调查活动，完成调查报告，进一步感受规则的意义）。

第四板块：读写联动（回顾对使用共享单车中不守规则现象的调查活动，学习设身处地地想象人物的所见、所思、所做，学习自述作文，练习把事情的经过写具体）。

在这节课上，教师基于学生前面三个板块的实践认知，主要从如下三个方面引导学生参与学习活动，以实现本课时的三项教学目标。

一、真实的生活体验

生活是写作的源泉。写作首先要有生活的积累，从真实的生活体验中去寻找、选择合适的材料，解决好"写什么"的问题。

学生在本课前参与的关于共享单车使用的调查活动，就密切关注了社会生活现实，有了各自的了解、认识和初步的感受及体验。

姚老师开课即出示上节课的调查报告，谈话道："面对人们使用共享单车的这些违规现象，你有什么感受？你想做什么呢？"

学生在回顾调查报告中谈了自己的想法，这就加强了对生活中那些违规现象的体验，提升了正确的认识能力。

此时，姚老师顺势提出："我们可以拿起自己的笔来揭露这些现象，引起人们对这些现象的关注，呼吁大家都做文明市民。"

如是，姚老师紧紧抓住真实的生活体验，解决了"写什么"的材料问题，激发了学生的写作热情。

二、真实的阅读吸收

阅读是写作的基础。写作，还要有语言的积累，从真实的阅读实践中去吸收语言，积累语言，习得语言表达的方法和规律，解决好"怎么写"的问题。

在激发了学生的写作兴趣之后，姚老师说："那怎么写呢？"她没有去讲写作方法的术语概念，而是精心选择了一组（三篇）自述作文，让学生自己去阅读，从中寻找答案。

这里，她出示了阅读导航单——"浏览三篇短文，想一想：它们在写法上有什么共同特点？"让学生先个体自读，后小组讨论，再全班交流，最后总结出了自述作文的有关方法（第一人称，切合身份，拟人手法）。

如是，姚老师通过对生动实例材料的比较阅读和师生互动、生生互动，让学生经历了切实的阅读过程，解决了"怎么写"的方法问题，使学生不仅感到这次写作有话可说，而且感到有法可用，从而增强了学生的写作信心。

三、真实的语言表达

儿童写作，应是他们个体的真实的语言表达，正如叶圣陶先生指出的："我们作文，要写出诚实的、自己的话。"同时，由于儿童个体的差异，他们语言表达的水平是不一样的，在教学中要尊重他们各自的真实的语言表达，正视差异，酌情引导。

在学生大体明白了这次作文"写什么"和"怎么写"之后，姚老师出示了写作导航单——"把自己当作一部共享单车，设身处地地展开想象，用第一人称和拟人手法写自述作文，重点把违规者使用你的一次经历写清楚"，让学生在课堂上先个体开始试写，教师进行巡视。

其间，姚老师对个别学生进行了鼓励点评："老师发现有的孩子好能干。不仅写了他看到的那个人怎么做的，还写了听到的违规者怎么说的，并写了自己的感受，很不错。"

接着，姚老师先后请了四位学生上台交流自己的作文片段，让其他学生进行点评、提出建议，教师也不时相机指导。

如是，姚老师紧紧抓住真实的语言表达，对学生的习作进行评价，鼓励他们说真话、实话、心里话，不说假、大、空、套的话，引导学生真情实感的顺畅表达，从小树立起为自己所写语言文字负责的责任感。

综上所述，这节读写联动的训练课以"真实的生活体验——真实的阅读吸收——真实的语言表达"的方式，既观照了语文教学中读与写的联系，又观照了作文教学中源与流的联系，还观照了教学活动中师与生的联系，很好地体现了"以生为本，顺学而导"的课程理念，是一堂真实的语文学习课和一堂实在的作文课。

（评课者：廖惠渝，成都市小学语文教育学会会长）

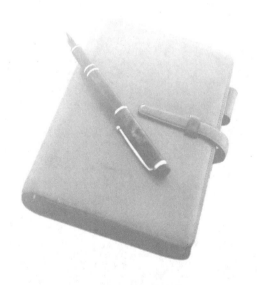

聆听回声
——我的社会影响

每一次发现都是新感觉

《四川教育》首席记者　余小刚

一个人只有站在思想的高峰，才能将理论与实践平行；一个人只有拥有平和的心态，才可享受尘嚣之外的精神富足。

幸运的是，带着初心出发，便有强力的动力；可贵的是，不断超越，就能接近职业的本真。从承续情知教育的衣钵，到课程改革的生本实践，从语文的大单元整合，到课内外阅读的沟通，姚嗣芒老师经历五次大的课堂教学自我改进，每一次发现，都是新感觉，每一次超越，都令人赞赏……让学是其核心思想，精神发育与语言实践同构是其课堂的常态，所以著名教育专家成尚荣盛赞：用"指点江山，激扬文字"来形容学生的学习状态一点儿都不为过。

大道至简，人生如此，教育如此，语文如此！

没有人不爱鲜花
但有一种美　朴实无华
岁月的静水流淌
荡涤出的质地
才是高雅

平静地听小女生絮叨
笑对着小男生口吃的表达
课堂上你是三军统帅

文字就是千军万马
菁菁少年　口若悬河
语文的每一课都是
为精神的种子培土　发芽

学识积攒　与品行相协
才能厚积成灿烂的
生命之花

——摘自四川省教育学会小学语文
教学专业委员会编写的《师路》一书

一、荧屏同期声

教书是幸福的

——记全国模范教师姚嗣芳
（四川教育电视台专题片）

【**主持人**】莎士比亚说过："上天生下我们，是要我们当作火炬，不是照亮自己，而是普照世界。"火炬精神，当是教师人生价值的最好体现。成师附小的姚嗣芳老师醉心于三尺讲台 30 多年，她像火炬一样，用生命之光，哺育着一朵朵渴求知识的花蕾，引领着一颗颗初涉世事的心灵。她说，教书是幸福的，她喜欢这三尺讲台。

【**配音**】1985 年至今，姚嗣芳一直在成师附小担任语文教师。她曾参与多项省级和国家级课题研究，撰写 200 多篇教育教学论文；先后获得了"四川省特级教师""成都市教育专家""全国模范教师"等荣誉称号，并获全国"五一"劳动奖章。

【**采访**】教育专家概述对姚嗣芳教育或教学的整体印象。

中国陶行知研究会副会长　姚文忠：姚嗣芳老师做到了三个关注：一是关注学生的成长；二是关注语文课堂的本质；三是关注课堂教学中的管理。

成都市教科院基础教育研究所原副所长　杨霖：她眼睛里有孩子，她在语文教学当中，更关注孩子们是怎么学习的，关注在日常生活当中，孩子们的喜怒哀乐是怎么样的。

成都市教育学会小学语文教学专业委员会原会长　廖惠渝：她热爱学生，热爱教学，热爱语文。

四川省特级教师　傅先蓉：我看到了一个有追求、有坚守，为着实现教育梦努力实践，富有生命力的年轻老师。

【**配音**】1985 年，姚嗣芳从成都师范学校毕业，步入了久负盛名的成师附小，自此开始了教师生涯。凭着一身扎实的教学基本功和对教育的赤诚与激情，很快就成长为一名优秀的青年骨干教师。

【采访】姚嗣芳老师

到了成师附小后，在这里待了 31 年了，因为一直处在名校的氛围之中，耳濡目染很多教育前辈赤诚教育的作风，在傅先蓉等优秀教师的感染下，自己就有了一种非常强烈的愿望，希望像他们一样成为一名优秀的老师，不仅教书，而且育人；不仅要拥有高超的教育智慧和精湛的教育艺术，更要拥有让学生幸福的能力。

【配音】"小学生课外阅读指导""小学生主体性研究""小学语文实践活动的研究"等多项课题研究，青年姚嗣芳从普通参与者到主研人员、课题组长，科研不断更新着她的教育理念，也使她很快摸索出属于自己的教书育人之路。

【采访】姚嗣芳老师的学生

魏梓萌：姚老师上课的方法是很丰富的。我们每天都有一些固定的内容，比如，小主播、写班级故事。班级故事记录了我们每天的见闻，不仅是属于自己的，也是属于班级的，是我们童年的记忆。

【配音】班级管理中，实行小队评分制、班干部轮换制，每一个学生都有锻炼的机会；开展实践活动，带领孩子们到自然和社会中去学习；着眼于学生行为、习惯、品格、能力的养成，寓教于乐，寓教于每一个细节，让学生学会关心、学会合作、学会生存、学会创造；建立家校合作机制，与家长共商育人办法。她带的班集体，班风正，学风好，连年被评为优秀集体。

【采访】学生家长

学生家长　杜彧华：姚老师给予了孩子表达的勇气和能力……

学生家长　魏文艺：孩子的习惯非常好，每天回来阅读课外书……

学生家长　张午平：她是园丁，她很辛勤，但是她用的不是剪刀。她给他们施肥，给他们阳光，让他们自由地抽枝展叶，尽快成长……

【配音】教学活动中，姚嗣芳善于发挥组织、引导、辅导的作用，灵活地选择和组织教学，逐渐形成了"扎实而充满活力，开放而富有创意"的教学风格。她努力变"教科书是学生的世界"为"世界是学生的教科书"，引导学生跳出教材学语文，跳出课堂学语文，跳出学科学语文，让语文课堂真正成为一个没有围墙的大课堂。她的课堂，书声朗朗，议论纷纷，情意浓浓……

【主持人】春华秋实，众多的荣誉纷至沓来，无数的光环围绕着姚嗣芳，但这并没有改变她立足三尺讲台的初心。2003 年，为了自己挚爱的三尺讲台，她主动放弃了担任锦江区教育局副局长的机会，毫不犹豫地选择了继续留在学校当一名普通教师。

【采访】姚嗣芳老师

我喜欢当老师，也适合当老师。我觉得一个人去做自己喜欢做而且能做的事情，会有非常多的快乐。

【配音】拳拳赤子之心，推动着姚嗣芳在教育之路上永不停歇地前进。"教，然后知不足；学，然后知困。"2009 年，姚嗣芳打破了自己惯有的教育教学模式，重新开始了"主体学堂"的探路。

【采访】姚嗣芳老师

当我用尽了所有努力，依然看到课堂上有那种呆呆的目光，有那种陪着别人学习的学生，心里特别不好受。作为一个老师，我希望在所有学生的脸上都能看到光彩，看到他们投入地进行学习。

姚嗣芳在上研究课（摄于 2013 年）

【配音】于是，寻找幸福的教育研究再一次开始了。真正意义地把课堂交给孩子，以人为本，尊重个性，激励思维，激扬生命。首先是学习形式的改革，"个体先学、小组互学、全班共学、教师导学"，让学生自主进行研究与体验学习，与小组合作进行对话与互助学习，以班级为团队进行表现与分享，教师则对学生的学习进行深化与拓展。国家教育部课程中心刘坚主任在观看了姚嗣芳的课堂教学后说："主体学堂的研究，聚焦了目前课堂教学面临的拐点——从以教师为主的'教堂'转向以学生为主的'学堂'，还学生主体自主的学习时间和空间；呈现了'如何让每一个未成年人过上有尊严的学习生活'的思考历程，而这，正是近10年的课程改革要求的主旨所在。"

【采访】姚嗣芳老师

我是一个比较喜欢折腾的人，总爱走一段又回过头去看看。在反思中，我会发现很多的不足，于是，又开始新的改变。

【配音】2011年4月25日，由成都市教科院主办的"成都市儿童学堂研讨系列活动——成师附小'主体学堂'姚嗣芳教学风格研讨会"在成都市七中育才学术厅隆重举行。现场会上，姚嗣芳老师首先用两个课时的《阅读大地的徐霞客》为大家呈现了她以"主体学堂"理念为指导的课堂教学改革成果。国家督学成尚荣先生对姚老师学生的发展感到震惊，他说："用'指点江山，激扬文字'来形容学生的学习状态一点儿都不为过。"他还称赞主体学堂的研究为小学语文研究提供了新的视角，指明了方向，为小学研究以学为主做出了好榜样。

【主持人】"教育意味着一棵树摇动另一棵树，一朵云推动另一朵云，一个灵魂唤醒另一个灵魂。"2009年，锦江区成立了"姚嗣芳工作室"，工作室以姚嗣芳为核心，以区内部分小学优秀中青年语文教师为骨干力量，通过名师工作室的研修活动进一步提炼教育教学思想，并丰富研修成员的教育教学经验，提升研修人员的实践能力、研究能力，促进骨干教师迅速成长。

【配音】"姚嗣芳工作室"的教师都是各校的优秀教师，在语文教学方面专业能力较强，都在学校或区域内有一定的学术影响力，这样一群优秀教师资源的汇聚，不仅使工作室具有较强的研究能力，还能用这样的影响集合力让工作室在学校内、区域内发挥引领辐射作用。

【采访】"姚嗣芳工作室"研修教师

"姚嗣芳工作室"研修教师　张庆：如果你走进姚老师的课堂，你会忍不住为课堂而喝彩，因为这样的课堂不仅仅在于老师的精彩，更在于学生的精彩。

"姚嗣芳工作室"研修教师　余玲：她让每一个孩子都有一片天地，让每一个生命都有自己独特的精彩。

"姚嗣芳工作室"研修教师 尹跃刚：当一个老师不断地更新自己，不断地突破自己的时候，职业会带给她很多的幸福感，而这种幸福感又感染着学生。这对我来说，印象是特别深刻的。

姚嗣芳与蒋军晶老师在一起交流（中间系作者 摄于 2018 年）

【配音】姚嗣芳心里总是珍藏着学生对她的真情与真心，并心怀感激。有一年教师节，她接到一个 20 年前教过的学生打来的电话说："我在加拿大读书，不能陪您过教师节了。我托朋友带了一份礼物，希望您喜欢！"打开盒子，一个精致的 MP3，接着一段温情的旋律回响在耳边："有没有人告诉你，我很想你……"听着这音乐，想起和学生在一起的日子，姚老师不禁眼眶润湿，幸福和欣慰紧紧将她包围……

【同期声】播放姚老师学生的感谢、祝福视频

"姚老师，我是 1990 级的学生万劫。我现在在北京工作，非常感谢您的教导！祝您身体健康，天天开心！"

"姚老师，我是 1999 级的学生田里德，目前我在加拿大多伦多。我希望您身体健康，享受生活！"

"姚老师，我是 1999 级的学生王瑞晨，去年从北京大学毕业，现在在美国纽约大学念研究生。您用您生命中最美好的时光呵护我们六（1）班每一位同学。祝老师

身体健康，工作顺利，给更多人带去教育的芬芳!"

……

【结束语】姚嗣芳说自己是幸福的，她喜欢这三尺讲台。教无止境，生命从未静止，不断改变自己，吐故纳新，她喜欢这样的自己。做一个船夫，载着学生航行于童年时光，将学生渡向幸福的彼岸，她喜欢这样的自己。与青年教师共同成长，一起行走在攀登路上，心怀诗意，脚步铿锵，她喜欢这样的自己。

幸福，就是如此简单。

姚嗣芳与学生在一起（中间系作者　摄于 2012 年）

二、媒体变奏曲

纯和明净

——姚嗣芳老师课堂教学艺术美学解析

余小刚

这是一个不崇尚淡泊的时代，张扬与拓展似乎是主流——对于名和利，人们有权理直气壮地追求。然而，仍然有一部分人，面对物欲，一直保持自己朴素的操守，与其说他们能够在淡泊宁静中享受，从而获得利于致远的境界，不如说他们自然而然地选择了与之相和谐的个性人生。名声躲避追求它的人，却去追求躲避它的人，特别是在职场中，淡泊宁静往往会使从业脱离粗糙，走向精致。于是，不名而名，把阳光拨成一阕轻弦，洒脱与超然间，却使职业达到辉煌的顶点，姚嗣芳就是这样的名教师。

在四川名师群中，姚嗣芳是独具个性的一个。她可以脱离一线的辛苦，譬如到教育科研部门工作，也有机会沿着"教而优则仕"的轨迹进入教育行政部门，然而，她不为所动，继续留在教学的第一线，默默地做一名普通教师，并自得其趣。著名特级教师李镇西说她"只是忠实于自己的心灵，实践着、体验着自己的幸福观"是恰当的。她的课质地明净真淳，语文味纯正浓郁，课堂境界清丽柔和，课感精致，浓情淡抒，文与情、智与思高度和谐，向着学生心灵世界由弱到强、由模糊到清晰地掘进，忠实地践行时代教育哲学和自己对教育的灵敏感应，甚至把个人的人生态度与个性人格融入课堂，达到一种"素处以默，妙机其微"般朴素清绝的艺术境界，像一池碧水，层层涟漪荡漾，却没有浮华与做作。

一、"爱而后育"的教育审美倾向

也许有人会说，热爱学生是教师最基本的职业道德。的确，热爱学生不是一个新鲜的话题。然而，正是在一些最基本的问题上，我们往往浅尝辄止。我们有必要通过示范性的解析，获得正确的认识和方法。

我以为，教师热爱学生有三层境界：从职业道德出发，尊重学生的生命、个性与人格，不体罚，不歧视，这是第一层次的，在这样的爱的氛围里，学生体会到的是师长之爱、关怀之情；俯下身去，与学生共同探讨，与学生取得日常行为与情感的认同，这是第二层次的，在这样的爱的氛围里，学生体会到的是朋友之爱、融洽之情；能够打破心灵的障碍，将心与学生紧紧相贴，与学生心灵相通，从而获得爱的能力，在这样的爱的氛围里，学生心灵是一面折射爱的镜子，爱是生命成长的阳光雨露，滋养生命与社会，这是第三层次的。达到第三层次，师爱就具备教育力量。姚嗣芳是把爱作为了一种教育力量、一种教学艺术。她说："爱是教师最美的语言。"

　　有一年她新接了一个班，元旦前夕，她决定给每个学生送一张卡片，并有针对性地写上一段激励的话。接连三个晚上，她都坐在灯下认真地写着，写完最后一张时，已是凌晨三点钟了，双脚早已冻得麻木。第二天，在孩子们的欢呼雀跃中，师生的心贴近了。

　　有一次她去天津考察，坐在火车里看着窗外纷纷扬扬的大雪时，脑海里浮现的竟是与学生在雪地中尽情地打雪仗、堆雪人，在寂静的原野上留下欢声笑语的情景。于是她马上提笔给学生写信，描述北方迷人的雪景，让在少雪的成都的孩子与自己一起享受雪花的快乐。

　　2001 年，她在北师大学习的三个月里，多次给孩子们写信，寄托那来自千里之外的惦念与牵挂。

　　我们都能够悉诵《学记》里的"亲其师而信其道"，我想说，当灵魂被爱浇灌后，飘逸出来的是人性的芬芳，这就是师爱的教育力量。姚嗣芳发自内心对学生的爱，就像安徒生为孩子们讲述童话，自然聚纳一份纯正明净的教育魅力。

　　语文课堂上，姚嗣芳也充分地把自己对学生真诚的爱，化成一种教育力量。她说："一位好的语文教师，应是学习活动的组织者、倾听者、合作者，能够依据不同的学习内容，不同的学生特点，以不同的形式发挥自己的'主导'作用，一方面为学生提供必要的知识背景，指出文本之中值得注意的地方；另一方面以自己的理解与学生进行心与心的坦诚交流，在心灵的投入、多向的交流中，把教材、文本当作师生、生生对话的媒介，与学生一起走进文本，与作者的心灵和情感发生共鸣，得到心灵的滋养，使教学过程成为师生同构共建的过程。"

　　课堂上的姚嗣芳，对学生的爱溢于言表。《鸟的天堂》一课上，学生唱出了许多歌曲或化用的顺口溜来表达对"鸟的天堂"的赞赏时，姚嗣芳不时爽朗地大笑，大有惺惺相惜的感觉，课堂上表现出浓浓的爱，学生的创造也得到最大限度的发挥，真正是"爱而后教"。无怪乎成都师范附属小学吴洁平、何琳老师听了她的课后感叹她是"以爱为灯"。

　　二、文化气息是课堂追求的最高境界

　　在中国，我们习惯把受到过教育的人称为"文化人"，却往往忽略了教育教学与文化的对应关系，把教学认定为知识传递，其实，文化与知识是不能对等的。姚嗣芳认为，语文教育是最具文化气息的，文化气息是课堂追求的最高境界。

姚嗣芳认为，语文课堂是最有责任担负演绎文化的厚重与缤纷的。语文教学不应该只是符号和结论的简单演化，更要用信息的多向传递与情感的共振，让学生感受人类文化的博大与精深、丰富与广远，让文化润入学生的心田，并通过个体的独特颖悟与运用，从而内化为生命成长的良性气质。

这就让我们不得不从纵横交错的时空关系上，去审视语文教育文化了。

语文教育首先是传承民族文化的桥梁。魏晋的多元思想，盛唐的诗歌，宋元的词山曲海，明清含蓄的审美语境，以及那些遗留在历史长河中的若隐若现的圣贤思绪、气象万千的金戈铁马、婉转绵长的书道传承、潇洒风流的诗情画意，甚至湮灭消失在历史长河中的峨冠博带、丝绸之路上的马嘶驼铃——无不是中华文化的传统积攒和丰厚土壤。有人说，没有阅读过民族经典文化的心灵是粗鄙的。我想，这是颇有道理的。

那么，我们的语文教育该怎样负载传承民族文化的责任呢？姚嗣芳认为，除了将语文课内外沟通，倡导阅读古典诗词、阅读文学名著之外，课堂上，教师还应有效整合文化资源，使教师语言民族化、诗意化。例如，引民族乐曲进入语文课堂，补充传统文化中的相关资料，展示名家书法作品，以及让学生摹仿创造等等。在教《我爱故乡的杨梅》一课时，姚嗣芳就加入了宋朝词人贺铸的词作为背景补充材料，让学生倘徉在优美的意境中，感受江南轻柔的气象。

当下文化以适应资信时代背景审美需要和数字文本为特质的快餐文化为主流，其反传统性十分明显。对于生活在其中的人，更能受到其直接的影响。譬如流行歌曲、武侠文本、媒体选秀、网络小说等等，传播迅猛的数字时代的文化泥沙俱下、良莠不齐。姚嗣芳认为，以堵塞的方式缓解这些文化对学生的负面影响是不科学的，只有正确引导，并让学生在生活中自己去做审美判断，才是可靠的方法。在她的班上，学生可以公开"逍遥书生""追风小子"等网名；课堂上，也不乏学生用"超级女生"的台词、流行的《菊花台》歌词等来回答问题。每当这样，姚嗣芳会在鼓励之后留给学生空间去判断。

姚嗣芳认为，语文课堂求得文化气息的保证还必须注重课堂的"语文味"。

在小学数学界，曾经有过关于"数学味"与"生活味"的讨论，讨论得出的较为一致的观点是："生活味"与"数学味"应该有效地融合。语文比之其他学科的确更接近学生的生活，那么语文教学是不是就没有必要注意"语文味"和"生活味"的融合了呢？答案当然是否定的。

姚嗣芳认为，学习是学生心智的内部活动，教师应该遵循学生的认知规律，创设一定的有意义的生活情景——或社会生活片段，或重大事件特写，或审美欣赏，或动手实践，让学生在情境中自己去发现、表达、验证、创造。同时，语文教学必须以语文的思维和方法，解决生活问题。姚嗣芳说："不少教师以为语文味就是落实字词、解析句段，其实，语文味是很丰富的。"

在教《武松打虎》一课时，姚嗣芳设计了一个颇有时代意义的生活情境：她和全班学生组成评委，贴出"某某电视台某某角色海选"的启示，让几个扮演武松的学生相互PK，要求必须陈述理由。陈述者精心组织语言，评论者也充分理解和领会表演者的语言，有的还指出表演者语调不到位。在具体的生活场景中，全班学生都经历了语言、思维、精神的多重建构。

姚嗣芳说："语文教育应该负载更丰富些，要让'世界成为学生的教科书'。"

三、以学生获得体验、经历过程为目的的探究性教学模式建构

在《小学语文教学建模》一书中，姚嗣芳重点阐释了小学语文探究性教学理解，指出："小学语文探究性课堂教学以鼓励和帮助学生自己积极探究问题、探索解决问题的方法，寻找答案，并摸索出适合自己的获取新知和能力的途径，让孩子们在探究、实践的过程中自己获取知识，增长能力。因此，教师不能以知识传授者的身份出现，而是以一个组织者、引导者和学生的学习伙伴的身份来面对学生的探究活动，绝不能简单地把现成的结论告诉学生，而要引导学生自己经历探究学习的全过程，获得亲身的体验，从而有所感受，有所发现，同时，实现语文知识的综合运用和听说读写能力的整体发展，并掌握终身有用的学习方法，提高探究意识和创造能力。"并且提出了小学语文探究性课堂教学模式的基本过程——"问题—研讨—结论—发展环节"。

关于"问题"，姚嗣芳指出："这是探究性教学的任务所在。也就是学生在教师的引导下，从语文学习的目标出发，确定符合学生年龄特点和学习水平的、有探究价值的问题。"

关于"研讨"，姚嗣芳指出："研讨指学生在教师指导下，围绕探究问题所进行的全部探究活动。这种探究活动可在个体或合作的基础上进行，其探究形式和探究方法是多种多样的，既可以是语文学科的听说读写，也可以是多学科学习方法的交叉整合。学生在这个过程中自主摸索解决问题的途径，思考解决问题的方法，寻求问题的答案。"

关于"结论"，姚嗣芳指出："这是学生探究学习的结果所在。指学生通过探索研究，自己解决问题，围绕问题获得一定的感受，得到一定的认识，形成一定的结论。根据不同的课型和探究问题，这种学习的结果可有多种表现形式。"

关于"发展"，姚嗣芳指出："这是研究学习的拓展，是在学生通过探究解决了问题，得到了结论之后的进一步深化，其目的是促使学生更好地发展。在这个环节中，教师既可以引导学生对探究方法和过程进行评价反思，也可以引导学生在现有基础上确定新的探究目标，使探究活动向更深层次发展。"

在书中，姚嗣芳还从教学实施的角度，论述了小学语文研究性教学的"基础型模式""拓展型模式""研究型模式"，既有创新视点，又有案例分析，对一线教师有借鉴意义。

课堂上，她引导学生把关注社会的热点问题与学语文结合起来，鼓励学生关心生活，积极发现学习和生活中的问题，引导学生以个人或小组为单位，选定主题，自主或合作策划简单的校园活动或社会活动，进行研究性学习，组织讨论或专题发言，收集、运用相关资料，有理有据地各抒己见，提高认识能力。如调查成都的名小吃，调查街头的不规范用字现象，成都街名趣谈，调查五一长假人们在做什么等。以"小小脚丫走社会""春熙路的研究""防护栏该不该拆""对刘某行为的探究"等为主题进行综合性学习。

我以为，姚嗣芳的"小学语文探究性课堂教学模式"是她多年来从事小学语文教学的独特理解，是她长期坚持课堂民主化和突出教学主体性的实践经验的积淀，是以"学"定"教"的具体体现，其意义在于，使学生在课堂上经历知识、能力、情感、态度、价值观的习得过程，获得这一过程的多元体验。在她的课堂上，师生探究氛围十分浓郁。

四、隽永明朗的课堂节奏与温情熙和的课堂氛围

姚嗣芳课堂教学艺术具有纯和明净的艺术特色，形象地体现在温情熙和的课堂

姚嗣芳参与学生的小组交流（摄于 2010 年）

氛围和隽永明朗的课堂节奏等方面。

　　课堂节奏是指教学活动有规律、有一定周期的重复变化。譬如教学环节的有机组合，教学内容有规律变化，对话与实践相协调，教师语言交错变化，学生生理心理交互调适等，名师们大多会注意课堂节奏的和谐。就像音乐的节奏一样，课堂节奏往往反映出教师教学的独特风格。

　　姚嗣芳的课堂节奏是隽永明朗的。她的课，教学环节环环相扣，流畅自然，没有太大的落差，教师的活动与学生的活动有机搭配，教学语言平和生动、舒缓柔和，配合教者温情的笑容，像一段优美的平稳式旋律，缓缓地流动，课堂强度、快慢、松紧等节奏因素都显得悠缓深邃。学生的学习活动也张弛有度，轻松而不失活泼，思维与情感经历变化祥和宁静，没有大喜大悲，如微风拂柳，没有哗哗的喧响，却有无穷的生机。

　　课堂氛围是教学中由教师、学生、文本、环境相互作用所体现出来的形象、行为、心理等的状态。课堂氛围不仅是教师风格的体现，还是观察课堂教学效果的凭证之一。

　　从教学风格上看，姚嗣芳的课堂氛围营构是温情熙和的。课堂上，姚嗣芳精神饱满、文静平和，发自内心地对学生表现出热爱、欣赏与肯定，创造了一种民主、宽松、愉悦、向上的课堂气氛，课堂活动基本趋向渐次推进，课堂情节平稳有如一根根洁白的羽毛，轻柔地拂动颗颗心灵深处的琴弦，让学生感受活水润心田的畅快。

以上课堂表现，正是姚嗣芳把自己的个人气质与课堂教学有机融合的结果，无论学生还是听课者，都看见了课堂教学组织者形象的靓丽与风采。

正是在语文课堂上表现出执教者的"温情和煦"，教学的"浸润"魅力，姚嗣芳的课堂呈现出"纯和明净"的艺术特色。

三、专家圆桌会

姚嗣芳从教三十年教育思想研讨会专家点评

成都市教育科学研究院小学所所长	杨　霖
《四川教育》杂志首席记者	余小刚
四川省特级教师	傅先蓉
成都市小学语文教育学会会长	廖惠渝
成都市教育科学研究院理论所所长	胡　燕
四川师范大学文学院教授	张　伟
成都市教育科学研究院教育专家	张乃文
成都大学原校长	周小山
中国陶行知研究会副会长	姚文忠

杨霖：

感谢有这样一个机会再一次聆听姚老师的课堂教学，看到课堂上姚老师和学生的真情交流，几度哽咽，心中充满感动和温暖。

1. 姚老师是我分管的这一教育片区的老师中我最喜爱的一位。她总是对教育工作充满激情，对学生充满热爱，愿意为了孩子们的成长不断改变、不断追求，她就是这样，对这份工作充满热情。

2. 从她身上，我看到了教师的幸福和快乐。看到她的学生都这么爱她，对她有着这么高的评价——"她就是语文课堂里的天使"。这就是最高的评价。

3. 姚老师代表着这么一群老师，他们有着一种教育的情怀，孜孜不倦地追求卓越的教育，想把最好的东西带给我们的孩子，这种情怀打动了我们的学生。

4. 姚老师说不满足自己的现状，渴望改变。今天我们就看到一路不断反思、不断改变的姚老师。她是一位善于反思的老师，喜欢"折腾"，在质疑中不断改革，不断改变，从主体学堂、小组合作到大单元整合教学，一路走来，不断带给我们惊喜，非常令人感动。我们还会看到姚老师不断改变，这是姚老师对自己的要求。

余小刚：

今天学习了姚老师的课，再次领略了姚老师的风采，我认为姚老师的教育思想可用三个关键词来概括：儿童、核心素养、学习文化建设。我认为，这些恰恰体现了课堂教学的本质。

1. 儿童的根本状态就是成长，需要的营养就是核心素养。学生在成长过程中的生命状态就是学习中的状态，教学应以学生为主体。姚老师说"学生是智者"，这是非常亮丽的字眼，学生就是学习成长中的智者。所以，我们要从教师文化转向学生学习的文化，突出学科教学文化意识。

2. 在学习文化建设上，姚老师实践的"大单元整体教学"等都是依据学习主体而进行的学习文化建设，这离不开教师的作用。杜威说："教育就是经验的改造和重组。"姚老师把学科方法抓住了，充分起到教师的作用，充分体现了"寻找失落的教师主导作用"。

3. 爱是教育的基础。因为爱，教师努力促使学生学习方式的改变，这也是学习文化建设的充分体现。在姚老师的课堂上，我们看到了她对学生的爱，对教育的爱。

傅先蓉：

姚嗣芳老师 16 年前就说出了"教师的行动研究"一词，这给我留下深刻的印象，她就是在不断地行动着，充满干劲。她在附小青年教师群体中留下了许许多多的第一：

1. 20 世纪 90 年代，她是撰写教育教学论文第一人。

2. 她是小组合作学习研究实践的第一人，结构探索的第一人。她把秧田式座位

姚嗣芳从教三十年教育思想研讨会现场（发言者系作者　摄于 2016 年）

转为合作小组，看似是座位的改变，实际是对学生的尊重，对学生学习结构的探索与实践，是教学理念的变化。她也是第一个实践课前三分钟小主播的老师。她通过一句话新闻播报活动拓展学生视野，引导学生去发现、探究丰富多样的话题，学习选择与重组，她要求学生对世界要有独特的看法，有自己的想法，要善于发现和探究。话题是自主选择的，有的是对课文内容的补充，有的是美食做法，有的是介绍自己的旅游见闻……她总是能引导学生在学习生活中汲取语文的营养，展现的形式也很多样，有相声、朗诵……在这样的活动中去锻炼展示学生的发现、思考、表达、倾听、评议等能力，使得独角戏变成了更多人去思考、去发现，培养了学生的思辨能力，让学生思想的生命力得到了成长和发展。目前学生缺少合作和思辨，她的课是对孩子生命成长的滋养。

3. 她率先在学校实行更加全面的语文过程性评价，在评价主体、方式、内容上都有涉及。

4. 她是第一个引导学生写班级故事、实行队委轮流制的人。不要小看队委，人与人之间的交往都融合于其中。

5. 她是第一个改变家长会形式的人。这样的变革大胆、形式多样。她指导学生成为家长会的主要汇报者，还组织学生在家长会上进行才艺展示，某些话题也让家长在会上以谈话的形式进行相互辩论。

6. 她是与家委会协作办班级专刊第一人，也是年轻教师中勤于笔耕的代表，教育教学论文达百万字的第一人。

7. 她是宋庆龄爱心基金会在我区第一个小学特邀讲师，她的辐射范围不仅在锦江区，其脚印遍布全省 34 个地区，为山区、少数民族地区和贫困地区的儿童传道授课，甚至已经走出国门，将先进的教育理念带到大洋洲去了。

综上所述，透过这么多的"第一"可见：她是锦江之水滋养的、附小培养出的优秀教育者代表。姚嗣芳是一个有梦的人，不仅有梦，而且敢天下先。她敢于折腾，敢于改变，敢于开拓，敢于创新，所以才有这么多的"第一"。马克思说，只有创造性的工作才会有尊严。她就是一个热爱学习、善于琢磨、善于切磋的年轻人，有钻劲的教育人，是一个有着高度教育敏感，有目标，有梦想，有热情，不忘初心的、富有生命自觉的老师，拥有高度的自我职业认同。她有着这样清晰的教育思考和教育取向，与同伴有良好的沟通合作意识，做真事做真人。但她觉得这些都还不够，她坚持不懈地搞科研，不断改变。因为教育的本质是发展，人的发展是第一要领。

廖惠渝：

从姚嗣芳老师的身上，我看到了坚守和坚持。

1. 坚守。她一直坚守在百年附小教育第一线，坚守在教育教学的这片乐土上。成都市小学教育专家都不同程度地转行，而姚嗣芳和另一位老师还在坚守，这表现了她的三个热爱：热爱学生、热爱教学、热爱语文。我很认同她讲座里讲到的四点：爱要远视、爱要和谐、爱要理智、爱要艺术。

2. 坚持。她始终坚持教育科研，先后参加了成师附小的重大教育思想研讨活动、科研试验，其中包括：课外阅读指导，情知教学，校本课程开发，语文综合性学习研究等。以前她是排头兵，现在她是领军人。她不断学习、探索、反思、总结、提升，恰好体现了成师附小百年老校的精神——赤诚教育。

3. 坚守与坚持。她坚守与传承情知教学的教育理念。曾撰写《让学生爱上阅读》《语文实践活动的综合性学习》《小小脚丫走社会》《走进春熙路》《小小贺卡寄我心》等论文和课例，表达风格多样，从中看出她有很强的学科整合意识，她还引导学生从语言的角度提高审美水平。

在坚守的过程中，她坚持发展与创新。如，她在主体学堂的研究中，积极引导，激励生生互动、全员灵动，关注和加强学生的自我表达、自我感受与自我评价。再如，她大胆实践整合教学——大单元整体阅读教学，群文阅读和读写联动的研究。我们看到她的这几步棋：她关注到教与学的关系、语言发展与思维发展的关系、工具性和人文性的关系。现在，她更多地指向新的目标：独立自主、能够终生持续地自我学习。如何培养这种能力呢？着力于语言文字的运用能力。在教育科研力量的推动下进行教学，这个过程中她始终在"折腾"自己，始终勇往直前。

胡燕：

1. 推崇名师的意义。

在十几年前傅先蓉老师的"情知结合"研讨会后，以个人的名义、由教育局主办的活动很少，但其本身的教育高度值得我们这样做。我们推崇教师个人的研讨会，行政部门和学校也推崇名师，这样做有以下三个方面的意义：

（1）对教育本质的尊重。

（2）对教育人的尊重。

（3）对名师的尊重。

2. 名师的成长和名师的价值掘进的关键要素：

（1）先天优势：气质、表达、人际管理、家庭背景、成长环境。

（2）自身的努力。

（3）"贵人"的扶携。

（4）机遇：机遇是给有准备的人的。

3. 姚老师身上的特质：

（1）热爱：对学生、对事业的赤诚。

（2）执著：浮躁的社会需要我们静悄悄地教书育人，姚老师从来没有动摇，这需要多大的定力才能一直坚守在一线。

（3）追求：有高远的目标，不断地创新，不断地超越；教育科研扎实，有深度，勤奋勤勉。

4. 名师价值的体现维度：个人成长经历；自我教育体系；名师团队的引领；比

一般老师更大的成就；通过共同体进行引领传承。做教育是做公益事业，名师团队对社会的贡献更大，我由衷表达对姚老师的敬佩。

张伟：

这么多年来，我对姚老师的事业心一直非常敬佩。我就从好的语文教育和好的语文教学来谈谈自己的感悟：

1. 为学生创造有意义的语文学习经历。

（1）把每节课变成与学生对话的生活经历。

（2）让语文变得更有意义，大单元整合，积聚能量，不断拓展视野。

（3）让课堂上的每一个环节成为学生的成长点。

2. 为学习主体与学科本体的深度整合创造条件，思考在什么点上能让学生充分地动起来。立足于语文的某个点上，让学生充分地动起来，动起来以后发展什么？应该追求什么？这是姚老师在思考的。有选择性地启发学生，留出空间去寻找学生的启发点。

3. 在学科教学改革上，抓什么改革的关键点？语文学科功能的关键点——语用能力。姚老师抓了语用，交际是语用的核心。围绕交际能力探讨语文教学，可能会持续很长时间，在交际和语用中表现出来。

4. 语文教学方法的关键点在哪里？主要有六组关系：

（1）厚与薄：姚老师厚积薄发地处理。

（2）听与说。

（3）读与写：吸收和输出的关系如何处理？以输出盘活输入。

（4）读写联动。

（5）古与今（文言文和现代文的处理）：七篇文章涵盖了文言的东西，不同历史年代的东西。

（6）情与理。

5. 教学过程优化的关键点。

唤醒—发现—创生—分享（输入与输出的整合）—超越（和学生一直往前走的过程）。姚老师在"唤醒"上做了很多功夫。学生的精神状态不是一两天就能唤醒的，语文的学习过程就是引领学生不断发现的过程。包括他们班的小主播展示，也是把发现的有价值的东西播报给大家。老师直接给学生，不如学生自己去发现一两个点。

6. 怎么让别人觉得一堂语文课必不可少？语文课堂原地踏步的很多，今天姚老师的课堂是一直带着学生往前走。

张乃文：

怎样认识姚嗣芳老师？人们从来都是把典型当成"神"来看，但姚嗣芳是"人"。

1. 教师有三个自我：教师的自我、社会的自我、家庭的自我。作为教师的自我，姚嗣芳有六种角色：

（1）师德规范的践行者：家长和学生对姚嗣芳师德的高度称赞。

（2）优质教育教学的提供者：学生几十年都还记得她，对人的发展的深远影响。

（3）教育未知世界的探讨者和研究者：学生为什么学……这些未知世界，姚嗣芳在孜孜不倦地研讨，或者因为姚嗣芳对语文未知世界的研究成就了她。

（4）浓厚教学氛围的激发者：引领和激发成都市科研学术氛围。

（5）学校教师专业发展的引领者：不仅带领了语文组的教师，还跨学科引领老师。

（6）青年教师的指导者。

2. 姚嗣芳做得非常突出的几个方面。

（1）对学生的需求有着深刻的理解。

（2）不断激发学生潜在的需求；

（3）善于引领学生的需要。

学生有很多需要：学业、情感……大单元整合和读写联动都是学生的需求。有一位学生说：我在课堂不回答问题，都憋得难受了！这表明姚老师在一步步激发学生的潜能。在了解和激发了学生后，她能将其变为自己的教学形式，满足学生的需要，能够很好地把握和激活学生的需要。她为什么能做到？因为她执着、坚守、热爱、追求……把不可能解决的问题变得可能，这就是成功者。

周小山：

在一个非常重要的时代，她改变了师带徒的传统，不是师徒关系而是共进、共享的关系。作为一个教学出身的人，参加过无数教育思想研讨会，语文给我最大的冲击力是人文的情怀。

1. 姚老师的思想呈现。

（1）注重师生关系：姚老师首先谈到师生关系本质是教师和学生的共同成长，优质学校的重要特点就是注重师生关系，这折射出一种哲学背景。真正的教育就是一个过程，教师伴随学生成长的过程，也是教育的本体。她的思想呈现出过程的本体。

（2）注重学生的差异发展：这体现了姚老师对学生的尊重与信任，让学生自我展现，每个孩子都有成长。

（3）对建构主义学习原则把握得非常精准：她精心主导，又注意教师适时地退出课堂，只是协助学生去展现，去发展，这是一种积极中庸的做法。学生在她的课堂上自主合作探究，绝不是放马，是老师精心组织设计下的探究，这是中国教学的一个特点，积极体现了这样一种中庸的态度，有继承有创新，不偏不倚。她充分放手，学生一旦被放开，创造性的可能就会产生。姚老师敢于放手，她尊重创造本性，自己也有创造的本性。姚老师的教育思想有她的哲学思考。在名师中，有一类是有学科教学概念和主张，另一类是具备教育思想，姚老师就属于第二种。

2. 建议。

（1）认真读怀德海的哲学，以提升自己的教育哲学思想。

（2）把自主合作探究和传统教学有机结合。

姚文忠：

姚嗣芳是成都市教育现象的一个典型代表。她的特质是什么？语文的本质是什么？教育的本质是什么？需要我们去思考探究。

我们要提倡温故而知新，编新不如叙旧。当今的教育之所以浮躁是因为反思不够。教育就是要知之为知之，不知为不知，是知也。

姚嗣芳的思想是什么？她是这个群体现象的典型代表，在解决问题和不断思辨创造中总结出经验，提炼出思想，而后固化下来，传承发展，不断前进。

姚嗣芳被聘为成都大学教育硕士专业学位研究生实践导师（左二系作者 摄于 2018 年）

四、纷纭大众说

我们眼中的姚嗣芳老师

——姚嗣芳同志从教 30 年教育思想研讨会沙龙分享活动实录

程科（主持人）：有请几位因姚老师而结缘，因姚老师而走到一起的人，在这里讲述一下我们心目中的姚老师。请允许我们坐下，一起聊一聊我们心中的共识。

程科：我是成师附小的一名语文老师，已经在这儿工作十几年了，我一来就跟着姚老师学习，既是姚老师的同事，也是姚老师的徒弟，更是她的朋友。

黄体强：我来自成师附小华润分校，是姚老师工作室的第一批成员之一。在我们的成员中，因为我年纪最大，白发最多，大家都称我为大师兄。今天很荣幸能参与这样的活动。

张倩：大家好，我是成师附小的英语老师张倩，我自称是姚老师跨学科的徒弟。

廖星霖爸爸：大家好，我是姚老师2006级学生廖星霖的家长。

王树杰妈妈：大家好，非常荣幸能参加此次活动。我是姚老师现在教的六年级五班学生王树杰的妈妈。

王雯芊：大家好，我是姚老师95级的学生王雯芊。非常高兴今天能到这里来，谢谢大家！

牟岚：大家好，我是姚老师90级的学生牟岚。非常高兴今天能到这里来。

程科：王雯芊和牟岚是姚老师二十多年前的学生。今天大家聚在一起聊一聊，我和我身边的黄师兄是在2009年进入姚老师工作室的，我们也是工作室的首批成员，我们觉得特别光荣。黄师兄，当时我们这些徒弟们在一起听姚老师的课，一起聊天，一起研讨，你还记得当时你的一些真实感受吗？

黄体强：记得，头脑中还有很多画面。姚老师给我印象最深的是她能不断地否定自我，追求变化。我记得在实施主体学堂的起步阶段，姚老师执教《飞夺泸定桥》，课堂上学生的情绪是激动的，表达也是精彩的，老师的内心也是兴奋的。可是说实话，当时的组织还是有些乱，把控还有一些问题，课后有一些不同的意见。面对这一切，姚老师没有丝毫质疑，或者怀疑新的理念，而是不断地去追问：为什么要让学生讨论？为什么要让学生探索？用姚老师的话说，"如果我们用一种惯常的方法，课堂上讲得精彩，学生读得感人，课堂的节奏把控得也好，但这种行云流水的课是需要改变的。"科研说起来容易，但做起来很难，需要大量的实践活动。姚老师在我们工作室说过这样一句话："我要唤醒每个孩子，让每个孩子的思维活跃，让每个孩子的个性张扬，让每个孩子的本真发挥。"

程科：你记不记得我们工作室成员看姚老师的研究课之前，姚老师最爱说什么？

黄体强：这个给我的印象太深刻了。姚老师常常说："看课，带着'板砖'来吧，我随时接着。"这样风趣的话语透露着姚老师教学风格的雍容大气。一种坚守，一种智慧，一种勇气。

程科：我记得你当时有一堂很重要的课，你说姚老师对你的指点让你至今难忘，能分享一下吗?

黄体强:对,是上《太阳的话》一课,地点就是这间学术厅。当时我代表华润分校,我们学校的课题是《基于学科核心问题下的学生活动设计》。当时我执教《太阳的话》,说实话,围绕这个课题如何设计精准的问题,学生的活动如何围绕核心问题展开,课堂上如何呈现学生的主体性,当时的我非常困惑,姚老师对我进行了耐心的指导,但我仍然难以把握。后来姚老师说:"你是要表现你的精彩,还是在课堂上呈现孩子们的精彩?"这句话如醍醐灌顶,如当头棒喝,让我不再纠结。后来这堂课也得到了一些好评,非常感谢姚老师对我的指导。

程科:像我和黄师兄这样的学员,已经有三批了。现在锦江区有几十个像我们一样的徒弟从姚老师那里汲取了营养。今天下午就由我们学校的尹跃刚和盐道街小学的谢祯老师将他们长时间跟随姚老师学习的一些思考、突破向大家做一个展示。

黄体强:一路走来,姚老师作为名师工作室的导师,她的科研之路从未停歇,这么多年,姚老师从主体学堂到大单元整合,从丰富和完善语文的课型到读写联动,我觉得姚老师始终把握着语文教学的本质。课堂教学日益精进,如今姚老师的课堂话语不多,但她那精准的话语巧妙地点燃了学生的思维火花,把时间和空间让给了孩子们,而姚老师总是静静地站在一旁聆听。

程科:我相信黄师兄对姚老师想说的话还有很多很多。是的,赤诚教育是什么?就是精进,就是姚老师身上那种孜孜不倦、不断进取的精神。姚老师告诉我们,她在静待满园芬芳,到时她会在丛中静静地微笑,这就是我们心目中的姚老师。张倩老师,你现在已经成为我们成师附小的英语教研组骨干老师,也是课题研讨的领衔人。张倩老师和姚老师搭班教学好几年,我想你也有很多话要说吧。

张倩:我和姚老师是很有缘分的,我从实习开始就遇到了姚老师。我是幸运的,很多老师羡慕我一参加工作就可以在名师的身边成长。可以说姚老师不仅成就了学生,也成就了我们这些青年教师。2007年,我和姚老师一起接手了一个新班,一个当时让所有老师都很头疼的班,因为这个班的孩子个性异常灵动。当时的我刚刚走出大学,满怀对教育的美好憧憬,但是真的进入了学校后我才发现,面对一些特殊的孩子,我简直手足无措。廖爸爸应该还记得,他的孩子就在这个班上。我对这个班从最开始的恐惧到最后的热爱,期间感受颇多。我印象最深的是我们班有一个性格孤僻的孩子,从入校到一年级结束,整整一年时间内,他每天就站在操场上,从不做操。刚开始我还挺有信心，把在师范院校学到的东西全都用在了他身上，但是全然没有作用，我都想放弃了。可是这时候，我看到姚老师不厌其烦地鼓励着他，刚开始姚老师精心挑选了一些小教练，课间帮助他，可是他还是不动。而后姚老师又让他自己去挑选喜欢的小教练。这个时候，孩子说了一声"嗯"。就在这声"嗯"中，姚老师抓住契机，又帮他寻找了一位好朋友。对他影响很大的是我们班最活泼的一个女孩子，小女孩每天带着他笑，带着他玩，带着他做操。就这样，三个月后，奇迹出现了，这个男生不仅学会了做操，而且开始笑了。如何从容地对待每一个孩子？如何去爱每一个孩子、接纳每一个孩子？姚老师潜移默化地影响着我们，这是我在书本上根本学不到的教育方法。2010年，因为姚老师和学校的信任，我当了这个班的班主任。姚老师对我的信任，并不是因为我天资有多聪慧，而是看重了我非常爱这个班的孩子。刚刚开始时，作为新手的我，没有当过妈妈的我，每天会面对班上突如其来的事件，我感到非常头疼。因为我对自己的英语教学也有很多困扰，经常显得焦虑、急躁。这个时候姚老师经常安慰我，她说："张倩，你不要着急，上帝都会犯错，何况你是才毕业的年轻人。慢慢来，有困难我们一起想办法。"这句话给了我莫大的鼓励。刚当班主任的时候，有的孩子可能有些不接纳我，在心里把我这个新老师和名师姚老师相比，他们觉得落差太大，我也觉得很难过。但是在班上姚老师不停地肯定我，为我树威信。她还告诉学生，在成长过程中我是怎样做的，是怎样爱着他们的。之后，孩子们慢慢开始接纳我。到后来我和孩子们一起笑一起哭，这个过程中我也成长了。后来在姚老师的带领下，我们几科老师统一目标，相互学习，相互肯定，经常沟通，开始进行主体学堂的研究。这个研究过程也成就了我，使我后来在英语教学方面突飞猛进。大家看，这是我做班主任的时候，由姚老师精心设计的四人小组合作评价表。姚老师不仅关注孩子们语文学科的素养，更重要的是关注如何全面地育人。整个过程，孩子们干得非常带劲，乐在其中。我也渐渐学会了如何放手让孩子们做班级真正的主人。后来我们班经常组织活动，孩子都表现得自信满满，他们的综合能力受到了所有老师的好评。后来，班级毕业典礼的活动策划，以及节目排练，全都是由孩子们自己精心设计的。家长对老师表现的爱也是真诚的，孩子都毕业了，还有家长在《成都商报》的"我的好老师"活动里推荐了附小的几位老师。作为一张白纸的我，在姚老师的思想影响下，很自然地将"赤诚教育，认真做人，踏实做事"这些附小特质融入到我的血脉里。从姚老师的身上，我懂得了，爱就是最好的教育。

程科：张倩老师跟我们分享了非常真实的故事。就是这样的，我们附小所有的新老师一进来就能从姚老师这样的老师身上去触摸附小的标准、附小的精神、附小的情怀，并一代一代地传下去。姚老师经常跟我们聊起她心里最尊重、最敬佩的傅先蓉老师、雷泗贤老师等可亲可敬的前辈。让我们一起把掌声送给以傅老师、雷老师为代表的老前辈们！今天他们也来到了现场。姚老师经常跟我们分享她年轻的时候，这些老前辈是怎样一点一点带她教她的，现在姚老师又把这个接力棒传下去了。让我们把掌声送给像姚老师一样继承和传递着百年附小精神的每一位附小人！廖星霖同学已经毕业四年了，现在在新加坡读书。在他出国读书前，廖爸爸专门带他来与姚老师告别。廖星霖在放假时都会回到学校看望老师。廖爸爸不仅是一位家长，更是一位专家，他在教育行业工作已经二十余年。他曾经在市教育局工作过很长时间，接下来我们把时间交给廖爸爸。

廖星霖爸爸：我感觉今天来又听了一次姚老师讲课，又开了一次家长会。二十多年，因为孩子的关系，我和姚老师交流比较多，姚老师经常给我们家长讲，孩子像花朵，盛开的时间有先后，让我们学会了耐心地等待孩子成长。我最深的感悟就是姚老师通过她的言传身教让孩子包括家长受到影响。比如，学会学习，课内课外的书都要看，要练字；比如，姚老师开展的小组活动，让学生团结一致去做，要对自己严格要求；比如，学会共处，对班上的孩子，不放弃任何一个。小廖在上初中时，班里有一个同学性格比较极端，小廖主动申请陪这个同学坐，坐了近两年。后来这个同学发展得很好，我感觉这与姚老师当初引导孩子学会做人有密切关系。小廖现在在国外的学校，班里有来自世界各地的学生，还有不同信仰的同学，小廖表现出了自己的真诚，愿意站在别人的位置去考虑问题，班里他和大家相处得很融洽，实际上这些都是来自于姚老师的引导。姚老师这么多年不仅教育了学生，而且培养了家长，让我们大家共同受益。感谢成师附小，感谢姚老师。

程科：接下来我们请王树杰的妈妈来跟我们分享她的故事。

王树杰妈妈：对于廖爸爸刚刚分享的观点，我也是感同身受。姚老师在滋养孩子的同时，也改变了我们每一位家长。姚老师常说，"教育学生是一种幸福"，我觉得作为她的学生家长也是非常幸福的。我的儿子是四年级时转入成师附小进入姚老师班的，开学第一天我非常担忧。大家都知道姚老师所带的班级学生综合能力都非常强，孩子们的素质非常高。我怕孩子跟不上班级和同学的节奏，怕他融入不了这个大集体。可是入学一个月之后，我的担忧就烟消云散了，取而代之的是满心的温暖和感动。因为我看到孩子每天回来的作业本上都有姚老师的爱心留言。比如说"你真棒""加油，继续努力""你的书写要再工整一点儿就更好了"。正如姚老师所说，"文字是温暖的，是有温度的。"孩子在姚老师的鼓励下，被爱和温暖包裹着，顺利快速地融入了这个集体。姚老师说，"孩子是在错误中去不断获得成长。"记得有一天晚上，九点多，我听到儿子小声地抽泣，我以为他是不舒服，问他怎么了。他说："妈妈我很难过，今天姚老师重感冒，去医院输了液之后回学校带病给我们上课，而我在课上说了小话，没有管好自己，课后姚老师跟我谈了心，让我做好自我管理，我觉得自己太不懂事了，我很难过。"正当我准备安慰他时，我的电话响了，正是姚老师打来的。听筒那边是姚老师非常沙哑的声音，姚老师把孩子近期的表现告诉了我，说他有点浮躁，希望家长多关注，多鼓励。当时我的心里有种想收拾这个小家伙的冲动，姚老师可能感觉到了我情绪的变化，她说："王妈妈，你不要太着急，不要一味地指责孩子。孩子犯错误也是一种成长，他在犯错误的过程中会自我完善，他会收获其他。"那晚姚老师跟我谈了半个多小时，声音沙哑，触动我心。我还记得姚老师说过一句话，那就是教育孩子要扬长避短，多看长处。孩子读五年级的时候，有一场区级比赛，我害怕耽误孩子学习没有给他报名，尽管他很符合报名条件。后来姚老师知道了，当天晚上打电话给我，问我怎么没有给孩子报名？我把我没报名的原因给姚老师说了。姚老师说："你可不能一味地盯着成绩不放，你得看到他的长处，教育孩子还是得扬长避短。"第二天，我给孩子报了名。一个月后，孩子确实没有辜负期望，获得了锦江区舞蹈少儿组第一名。在之后的很长一段时间，姚老师也在不断地发现孩子的长处，鼓励他参与各种艺术大赛，孩子也获得了很多奖项。在参与的过程中，孩子的自信心和意志力都增强了，成绩并没有落下，还进步了很多。前不久，有一天我和孩子谈话，问到他快毕业了，你最喜欢哪门学科？孩子脱口而出——语文。我问为什么，他说姚老师的课特别好玩，特有挑战性，而且他也喜欢做姚老师布置的语文作业，因为特别新颖有趣。五班的家长们都见证了姚老师设计非常多针对孩子特点的活动。比如，班歌创作大赛、经典诵读、课前主播、课本剧表演、演讲比赛、辩论会等。这些活动，为孩子们提供了广阔自由的发展空间，让孩子们的精神生命在这个自由空间中享受了无限的自由呼吸。她的每一堂课都是孩子所期待的。说句不夸张的话，刚刚姚老师的课，我到现在都还感动着。有一种冲动就是真的想当一回她的学生。在应试教育体制下，姚老师可以用大把的时间来让孩子们开展丰富的语文活动，这真是太不容易了。非常幸运，儿子成为姚老师的关门弟子。姚老师送走了我儿子这批学生之后，她将成为老师的老师，将向我们呈现怎样的精彩，我非常期待。

程科：我们听到姚老师班的很多位家长说过这样的话，姚老师不仅滋养了孩子，而且是家长们的导师，以独特的魅力感染着家长和孩子。我想，赤诚教育就是像姚老师这样专注专业，就是像姚老师一样去浸润恩泽每一位学生、每一位家长。接下来请姚老师二十多年前的学生分享她们最难忘的小故事。

王雯芊：我现在也是一名小学语文老师，就职于成都金苹果公学。现在想想为什么会与这个职业结缘，应该是在我小的时候，姚老师在我内心播下了一颗小小的种子吧。我还记得那时候放学回家之后，做完作业最喜欢做的事情是跑到我家小黑板面前，学着姚老师的模样给全家人上课，然后自己拿报纸裹成长条指指点点，还批评爸爸妈妈没有坐端。那时候我跟我妈讲，我长大要当姚老师，我妈说你当什么姚老师啊，你当王老师啊。我说不，我就要当姚老师，要成为跟姚老师一样的语文老师。没想到儿时的一句话，今天真的成了现实，我心里也暗自庆幸，这也算梦想成真了吧。教学四年之际，反观当年姚老师对我们的教育，闪耀着智慧的光芒。三年级时，我们班有一盆漂亮的君子兰，当时已经长出花骨朵，听说君子兰一年才开放一次，大家都特别兴奋，期待它的绽放。可是，第二天，君子兰厚厚的叶子和花朵上都扎满了针眼，密密麻麻的。我们看着可心疼了，更是气愤。这个消息很快传到了老师耳朵里。姚老师来到了班上，当时我们想着：哈哈，这个同学肯定完蛋了。当时姚老师的反应是这样的，她说："我不相信我们班的孩子会这样来对待有生命的东西，我希望这个同学下课之后主动来告诉我原因是什么，我肯定会为你保密的。"我对这件事情印象很深，因为这和我的预想完全不同。姚老师话音刚落，一个小男孩站起来，他说是他做的，他只是单纯以为用注射器给花瓣打针花儿会开得更快。当时全班哄堂大笑，甚至有人嘲笑他、责骂他。但是姚老师却说："你们应该送给他掌声。"我们诧异极了，姚老师接着说："他敢于承认自己的错误，这是值得你们学习的地方，他敢于站起来说出真相，而且他是为了花开得更快，他是出于好意。"班主任的话就是这样带有力量，带有魔法，可以用几句话给小朋友力量，让他在那样的时候站起来，承认自己的错误，姚老师用宽容的爱去引导孩子在错误中成长。姚老师不仅关心我们的内心世界，当年的家长会也使我印象深刻。当时我们是小朋友上台表演语文课的课本剧、体育课的韵律操、个人书法作品、分享学习经验等等，我听大人们说以前的家长会大多数是秧田式的，老师在上面讲，家长在下面听，被批评的难受，被表扬的开心。可是，我记得我们班的家长会形式可多了，有时甚至是由我们带着骄傲和自豪给爸爸妈妈和爷爷奶奶表演，真的觉得很幸福。现在作为班主任老师，我也会像姚老师那样，热爱教育，尊重学生，为每一位学生的成长打好坚实的基础。我将带着这样的情怀，用这样的准则，继续我的教育之路，我想这就是一脉相承吧。

程科：我们也听出来了，在王雯芊的印象中，姚老师是有魔法的老师，她也想成为这样的老师。是的，赤诚教育就是像姚老师一样，有智慧，懂得孩子的心。姚老师总是不断地去学习新的东西，与时俱进。新的 APP，新的沟通方式，新的打车方式，我们还玩不转的时候，姚老师已经用微云存储文件了。我在想，她二十几年前的学生，现在仍把她视为偶像，如果没有她的求新与突破，没有对新事物的不断吸纳，那可能达不到这一点。让我们再次向姚老师致敬，谢谢你，姚老师！牟岚，你想说些什么？

牟岚：对姚老师的记忆特别多，今天时间有限，我也是最后一个，就长话短说。我记得姚老师给我们上的印象最深的一堂课，名字叫作《老师最喜欢的人是谁》。小小的我们都希望自己是那个幸运儿，姚老师告诉我们，答案就在前面课桌的盒子里面。当我们排着队走过去，探下头，看见盒子里是一面镜子时，我们百思不得其解，镜子里是迷惑的又带着惊讶的脸，之后恍然大悟，原来姚老师爱的是我们，是我们每一个人。这堂课是一堂普通的课，可是这堂课又极其不同寻常。它的道具仅仅是一面普通的镜子，但是姚老师却有创意地、温暖地表达了她的爱。很多年过去了，那一课的情形，镜子里的自己，和姚老师对我们的爱，那种感觉就像太阳照进心里，暖洋洋的。另外我还有一个特殊情况，小学的时候我爸爸出了车祸，那时候我的年龄很小，这件事对我是不小的打击，当时内心很无助，很害怕。姚老师每天中午都给我打饭，照顾我，因为有了姚老师坚定而温暖的陪伴，我度过了那段艰难的时光。受到帮助的人会在心里生出感恩，那以后当别人遇到困难，我愿意伸出自己的手帮助别人，也让别人感受到美好。正如姚老师对"人"字的解读，一撇一捺很简单，但是是相互支撑的。姚老师不仅是我的语文老师，也是我的启蒙老师，不仅教我知识，教我做人，还在我艰难的时候帮助我，所以我理解的赤诚教育就是让我和她的每一个学生都能在走出校门的时候怀揣着一颗赤子之心，去做勇敢美好的自己，同时也尽力帮助他人。

姚嗣芳与她的学生在一起（中间系作者　摄于 2016 年）

程科：听了牟岚的话，我们感受到赤诚教育就是像姚老师一样以身作则，让每一个学生都怀揣着赤子之心，帮助他人。难怪姚老师能够永葆青春，童心不泯，因为她就怀揣着一颗博爱之心，无条件地爱着她每一个学生。听完了这些代表的发言，我们不禁感叹：什么是赤诚教育？其实就是在教学教育当中的精进，是百年附小精神的传承，是一种责任和情怀，更是一种智慧，一种与时俱进，一种大爱，对每个生命的尊重，对每日工作的热爱，对美好生活的追求，对美好事物的赞叹。让我们一起用掌声把我们最亲爱的姚老师请到台上来！

（姚老师上台与代表握手、拥抱）

学生代表：我是姚老师的毕业生，今天非常开心能够对姚老师说几句话。都说师恩难忘，姚老师不仅是我们的老师，更是我们最初的人生导师，教会了我们很多东西。也许我们不能成为你最优秀的学生，但您永远是我们心中最尊敬的老师，我今天代表姚老师教过的所有学生，送上我们对姚老师的祝福，希望姚老师身体健康，开开心心，桃李满天下。

　　程科：你们想知道礼物盒子里面是什么吗？是一尊女神塑像，请把它拿出来吧。这是所有学生，所有爱姚老师的人，和成师附小一起送给姚老师的神秘礼物，愿姚老师永远年轻美丽，永远是我们心中的女神！

五、同事笔下语

心驻芳华

　　成都师范附属小学　吴洁平　何　琳

　　春去秋来，岁月流逝
　　细细看，那一树树的桃花李花历尽千载
　　却铅尘未染，依然生动清晰
　　在这里我们不妨用只言片语
　　记录下那个深深影响我们的身影

——成师附小特级教师姚嗣芳

　　她，拥有那份素面朝天的美丽气质，她的人生实实在在，默默无闻。她没有惊天动地之举，只是从烦琐细小的工作中理出一天的思路来；她没有精彩动听的故事，只是校园爬山虎一绿再绿的新意；她没有惊险的飞跃，只是岁岁年年、朝朝暮暮与孩子们的风雨兼程！在灿烂的日子里，让人总忍不住去探寻……

以爱为灯

　　人的一生中能留下的影像能有多少呢？回忆，总是一波一波地袭来。4年前，我带着对工作的好奇与满腔热情来到了成师附小。初到成师附小的我对教学知之甚少，每当看到老师们上出一堂堂精彩的观摩课时，我总是心生羡慕。多盼望自己也能尽快成长。庆幸的是我分在了姚老师所在的年级组，作为年级组长的她拉着我的手笑眯眯地说："我的课堂永远为你敞开！"于是，我成了姚老师名副其实的"小跟班"。从此，一有时间，我就端个小凳到她班上去听课。在那里，我仿佛走进了一个情知和谐的世界。在姚老师的课堂上，你能感受到一种民主平等的合作氛围。她以亲切的教态，和蔼的语言，体贴的心思去创造和谐、民主的育人环境，把快乐融入全过程。她的每一节语文课都有班上不同的激情和智慧相伴随，她不仅关注学生的智慧生命，还关注学生的价值生命。姚老师的课，总是给我太多的惊喜，太多的启迪。

每每听到从姚老师班上传来琅琅读书声时，那次参加"四赛"的经历就浮现在我脑海里。阳春三月，我有幸接到了参加"四赛"的任务。从来没有赛课经历的我不知所措，害怕由于教学经验不足而辜负了学校对我的信任。这时，姚老师走到我身边，拍拍我的肩膀，笑着说："我相信你的能力。只要带着思考，带着理解进课堂，哪有上不好的课呢？咱们一起研究吧！"从那天起，每天下班后，我们总是坐在一起研究教案，一句一句地说课，逐字逐句地修改。还记得有一天，当姚老师的儿子捂着肚子说"妈妈，我好饿"的时候，我才发现已是晚上 8 点多。望着被我耽搁到这么晚的他们，我由衷的感动哪里是一句"谢谢"所能表达的呢？在她毫无保留的帮助下，我终于自信满满地走上讲台，获得了"四赛"一等奖。姚老师就是这样用真心关注着学校里每一位年轻人的成长，听课、说课、评课，早已成为我们永恒的交流主题之一，甚至连有时外出一块儿吃饭聊天时，说着说着大家才恍然大悟——怎么又成了一次小型的教学研讨会呢？！

在学生的心目中，姚老师是"真的种子，善的信使，美的旗帜"。她随时随地都不忘把自己的所感所悟与学生分享，他们永远是她的朋友、学生、孩子。记得一次姚老师去天津考察，坐在火车里看着窗外纷纷扬扬的大雪时，她想起的竟是与学生在雪地中尽情地打雪仗、堆雪人，让寂静的原野上留下他们的欢声笑语。于是她马上提笔给自己的学生写信，希望透过文字和孩子们共同圆一次关于雪的梦想。当学生听到其他老师念姚老师的来信时，他们听了一次又一次还不满足，希望老师念得慢一点再慢一点，好让他们有足够的时间用笔把姚老师的每一句话都记录下来，好让他们在老师的话音中去感受姚老师那来自千里之外的惦念与牵挂。我想，虽然姚老师当时不在他们的身边，但是从孩子那一双双充满渴求的眼睛中，我们知道了姚妈妈的爱无时不在，无处不在。那份浓浓的师生情早就把他们彼此紧紧地连在一起……

面对这么热爱学生的姚老师，我想她的儿子应该是最幸福的吧！每当姚老师对我们谈起儿子的点点滴滴时，脸上总是会浮现出会心的微笑。是啊！在母亲眼里，儿子永远是那么可爱；在母亲心里，始终写满了对儿子最深情的关怀。可我们都知道，为了工作，姚老师常常顾不上给儿子更多的母爱。为此，对儿子，她总有着一份深深的愧疚。所以，不论多么繁忙，她总会为儿子递上一杯开水，削上一个苹果，让妈妈的爱在儿子心间静静地流淌……

如果说，风在水上写诗，云在天空写诗，灯在书上写诗，那么姚老师，她在心灵上写诗。

姚嗣芳担任成都市名师工作室领衔人（中间系作者　摄于2018年）

以美为光

也许有人会说讲台和黑板分割的青春，缺少一种诗情。也许生命会如粉笔的磨损，而世界却并不会因此吃惊。但是，只要有一颗热爱生活的心灵，以美为生命的灯塔，这里依然风光迤逦，诗情画意，美妙无比。

姚老师是一位很唯美的人，她无时无刻不用美丽来装点着自己充实而又忙碌的生活。每次我到她家里，总是要把她的像册一读再读。那里有戈壁滩白杨树的孤绝与傲气，那里有宏村南湖水波不兴的寂静，那里有西递深巷中娓娓道来的故事，那里有《红楼梦》中飞来石的感慨与无奈，那里有塞纳河畔的夕阳无限，那里有对卢浮宫艺术品的心驰神往……

"我特别喜欢北京秋天的树叶。第一种是白桦树的树叶，不光是树干上的无数双眼睛很打动你，它的树叶在阳光中，在寒风中跳动着，闪着亮光，真的像一个个绿色的小精灵。第二种是银杏树叶，满树的叶子都黄得那么灿烂。在蓝天的映衬下，简直美极了。第三种是一些叫不出名字的红叶，在秋风的浸染下，向人们展示着鼎盛的生命……"无论谁读到这一番话，都会感受到作者那颗洞察美、感受美的心灵。而这一番话，正是姚老师在北师大学习时写给我们办公室老师们的信中所提到的美景。

姚老师就是这样的人，她愿意把自己心底的那份感动与快乐同大家一起分享。她用自己细腻而敏锐的心灵，为我们带来了许多关于美丽的点滴感受。世上的美千姿百态，但真正打动我的还是姚老师的乐观与开朗。

记得去年暑假，有幸和姚老师同去安徽出差。一路上，她的欢声笑语、幽默风趣，引得我和同车厢的旅客笑声不断。特别是当我们准备踏上返程的旅途时，由于火车票紧张，只买到了凌晨3点的票。于是漫长的等待开始了，当我们拖着连日来极为疲惫的身体坐在冷气极强的候车厅里，满眼是横七竖八躺在地上的旅客时，我的心情糟糕到了极点。这时身体的酸痛和睡眠像是商量好了似的一齐向我袭来。谁知，姚老师灵机一动，说："我们来把这次出差的一些趣事编成顺口溜吧，回去告诉老师们，让他们也乐一乐。"就是她的一句话，我们忘情地投入到了自己的创作中去，身体的疲乏、周围的凉意以及对家的思念都变作一个个生动而诙谐的文字，将这一路的点点滴滴精心地收藏起来，串成了生命中一段难忘的记忆。从姚老师的身上，我懂得了只要用乐观的心态去看待世界，用积极的态度去拥抱生活，那么世界无时无刻不阳光灿烂，就算是雨后也一定会有彩虹。

姚老师就是这样的人，她用美来装点自己的生活，用爱来书写自己的人生。虽然她现在已经获得了不少鲜花与掌声，但她依然干着自己平凡的工作，过着自己平实的生活。在岁月的流逝中，她始终没有停下自己匆忙的脚步。每当看到她行色匆匆，我们便不由得想起这样一番话语："路，是一步一步走出来的；爱，是一点一点换回来的；人生，也是这样：一页一页，真真实实，脚踏实地地活下去的。"